学校体育伤害事故的法治应对研究

韦志明 著

图书在版编目（CIP）数据

学校体育伤害事故的法治应对研究 / 韦志明著. 厦门 : 厦门大学出版社, 2025.1. -- ISBN 978-7-5615-9532-9

I. D922.164

中国国家版本馆 CIP 数据核字第 2024W35D30 号

责任编辑	甘世恒
美术编辑	李夏凌
技术编辑	许克华

出版发行 厦门大学出版社

社　　址	厦门市软件园二期望海路 39 号
邮政编码	361008
总　　机	0592-2181111　0592-2181406（传真）
营销中心	0592-2184458　0592-2181365
网　　址	http://www.xmupress.com
邮　　箱	xmup@xmupress.com
印　　刷	厦门集大印刷有限公司

开本　720 mm×1 020 mm　1/16
印张　15.75
字数　290 千字
版次　2025 年 1 月第 1 版
印次　2025 年 1 月第 1 次印刷
定价　66.00 元

本书如有印装质量问题请直接寄承印厂调换

厦门大学出版社
微信二维码

厦门大学出版社
微博二维码

国家社科基金后期资助项目
出版说明

　　后期资助项目是国家社科基金设立的一类重要项目，旨在鼓励广大社科研究者潜心治学，支持基础研究多出优秀成果。它是经过严格评审，从接近完成的科研成果中遴选立项的。为扩大后期资助项目的影响，更好地推动学术发展，促进成果转化，全国哲学社会科学工作办公室按照"统一设计、统一标识、统一版式、形成系列"的总体要求，组织出版国家社科基金后期资助项目成果。

全国哲学社会科学工作办公室

前 言

学校体育是学校教育的有机组成部分。然而,受制于体育活动本身所追求的极限性、对抗性和学生主体的不成熟性,在学校体育活动中发生体育伤害事故在所难免,由此引发的纠纷或诉讼也日益增多。可以这样认为,学校体育伤害不仅是最频发而且也是最有争议性的校园侵权类型,是教育治理的重点和难点问题。随着依法治国的理念逐步深入人心,特别是党的十八大以来全面依法治国的推进,法治已然成为社会治理的核心内容和依赖路径。因此,学校体育伤害事故的治理也需要放在法治的框架内以法治思维与法治方式来应对。

我们认为,从法治化视角看,对学校体育伤害事故的治理可以采取的应对路径有:方法应对、救济应对和制度应对。其中,"方法"解决学校体育伤害事故中的责任承担与赔偿问题,"救济"解决救助问题,"制度"解决预防问题,法治作为主线贯穿其中。三者在发挥着各自功能的同时,也能发挥出相互支持的功效。

从法律方法层面来解决学校体育伤害事故中的司法问题,既是一种法治方法论上的认识,也是一种法治方法的实践运用。通过法律方法的运用,一方面有助于提升法官的司法能力,进而有助于减缓学校的对立情绪,改善司法裁判与学校体育教育的紧张关系。另一方面,学校也可以运用法律方法来维护自己的合法利益,有效推动学校体育教学的开展。学校体育伤害事故的救济路径有二。一是建立学校体育伤害事故的国家责任。二是建立及时且有效救助受害学生为首要价值目标的"基金/保险为主、司法为辅"综合救济模式。学校体育伤害事故的制度防范应注重在司法裁判文书中寻找学校体育安全防范漏洞。因为司法裁判文书中以过错责任对学校体育伤害案件进行归责最能反映学校在体育安全防范上的主观过错以及安全防范漏洞所在,在此基础上找出学校体育安全防范的重点所在以及应对措施。

本书正是基于如上理念孕育而生。书中结合了大量的司法案件进行分析,结合学校体育的特殊性,希望能提供一些有关学校体育伤害事故的治理方案和路径论证。本书除导论以外,共分为九章,分别为学校体育伤害事故概述、《民法典》对学校体育产生的可能影响、学校体育伤害案件中的"过错认定"、学校体育伤害案件中的利益衡量、学校体育伤害案件中校方责任的法律论证、自甘风险在学校体育伤害案件中的法律方法分析、学校体育伤害事故中的国家责任、学校体育伤害事故的多元化救济机制、学校体育的安全防范。

  本书的研究方法主要是文献分析法、规范分析法、案例分析法和数据分析法。尽管作者已尽最大努力进行修改论证，但仍然有不完善之处，希望广大读者批评指正。

目 录

导 论 ……………………………………………………………………… 1

第一章　学校体育伤害事故概述 …………………………………… 12

　一、学校体育伤害事故的法律界定 ………………………………… 12

　二、学校体育伤害事故相关的概念范畴 …………………………… 14

　三、学校体育伤害行为的发生原因 ………………………………… 18

　四、学校体育伤害事故中的法律关系 ……………………………… 22

　五、学校体育伤害事故中的责任主体和赔偿（补偿）主体 ……… 29

　本章小结 ……………………………………………………………… 33

第二章　《民法典》对学校体育产生的可能影响 …………………… 34

　一、《民法典》涉及学校体育方面立法变化的法教义学理解 …… 34

　二、《民法典》相关条款修改对学校体育可能产生的影响 ……… 43

　三、学校的战略应对 ………………………………………………… 47

　本章小结 ……………………………………………………………… 48

第三章　学校体育伤害案件中的"过错认定" …………………… 49

　一、学校体育伤害案件中的法律推理 ……………………………… 49

　二、学校体育伤害案件中"过错认定"存在的问题 ……………… 52

　三、学校体育伤害案件中"过错认定"的应对路径 ……………… 61

四、学校在"过错认定"中的应对措施⋯⋯⋯⋯⋯⋯⋯⋯⋯⋯　68
　　本章小结⋯⋯⋯⋯⋯⋯⋯⋯⋯⋯⋯⋯⋯⋯⋯⋯⋯⋯⋯⋯⋯　69

第四章　学校体育伤害案件中的利益衡量⋯⋯⋯⋯⋯⋯⋯⋯　71
　　一、学校体育伤害事故中的利益范畴⋯⋯⋯⋯⋯⋯⋯⋯⋯⋯　71
　　二、利益衡量在学校体育伤害案件中的规范类型展开与特点⋯　73
　　三、学校体育伤害案件中利益衡量的问题与挑战⋯⋯⋯⋯⋯　79
　　四、利益衡量方法在学校体育伤害案件中的优化路径⋯⋯⋯　84
　　五、学校在利益衡量案件中的应对措施⋯⋯⋯⋯⋯⋯⋯⋯⋯　89
　　本章小结⋯⋯⋯⋯⋯⋯⋯⋯⋯⋯⋯⋯⋯⋯⋯⋯⋯⋯⋯⋯⋯　90

第五章　学校体育伤害案件中校方责任的法律论证⋯⋯⋯⋯　92
　　一、司法实践中校方责任的法律论证样态⋯⋯⋯⋯⋯⋯⋯⋯　93
　　二、校方责任论证在司法实践中的挑战与问题⋯⋯⋯⋯⋯⋯　99
　　三、校方责任论证中的路径选择⋯⋯⋯⋯⋯⋯⋯⋯⋯⋯⋯　104
　　四、学校在校方责任论证中的应对路径⋯⋯⋯⋯⋯⋯⋯⋯　112
　　本章小结⋯⋯⋯⋯⋯⋯⋯⋯⋯⋯⋯⋯⋯⋯⋯⋯⋯⋯⋯⋯　113

第六章　自甘风险在学校体育伤害案件中的法律方法分析⋯　115
　　一、学校体育伤害案件中自甘风险的司法实践⋯⋯⋯⋯⋯　115
　　二、学校体育伤害案件中自甘风险规则的法律方法挑战⋯　123
　　三、学校体育伤害案件中适用自甘风险规则的法律方法应对⋯　128
　　四、学校对自甘风险规则的应对⋯⋯⋯⋯⋯⋯⋯⋯⋯⋯⋯　141
　　本章小结⋯⋯⋯⋯⋯⋯⋯⋯⋯⋯⋯⋯⋯⋯⋯⋯⋯⋯⋯⋯　142

第七章　学校体育伤害事故中的国家责任⋯⋯⋯⋯⋯⋯⋯　143
　　一、法治意义上的国家责任⋯⋯⋯⋯⋯⋯⋯⋯⋯⋯⋯⋯⋯　143
　　二、国家责任在学校体育伤害事故中的缺场⋯⋯⋯⋯⋯⋯　146
　　三、学校体育伤害事故中国家责任的法理论证⋯⋯⋯⋯⋯　149
　　四、比较法视野中学校体育伤害事故的国家责任⋯⋯⋯⋯　156
　　五、中国学校体育伤害国家责任的立法现状⋯⋯⋯⋯⋯⋯　165
　　六、学校体育伤害国家责任的路径选择⋯⋯⋯⋯⋯⋯⋯⋯　177

七、基于《体育法》第33条国家保障责任之体现 ……………… 187
本章小结 ……………………………………………………… 195

第八章 学校体育伤害事故的多元化救济机制 …………………… 196
一、学校体育伤害现有救济机制困境 ………………………… 196
二、多元化救济机制的探索 …………………………………… 200
三、建立"基金或保险为主、司法为辅"的救济模式 ………… 204
四、"基金/保险为主"中的制度优化 ………………………… 207
本章小结 ……………………………………………………… 211

第九章 学校体育的安全防范 ……………………………………… 212
一、学校体育安全防范的制度依据 …………………………… 212
二、学校体育安全防范的司法视角 …………………………… 216
三、学校体育安全防范 ………………………………………… 221
本章小结 ……………………………………………………… 230

参考文献 ……………………………………………………………… 231

后　记 ………………………………………………………………… 242

导 论

一、选题的出发点

学校体育是学校教育的有机组成部分。然而,受制于体育活动本身所追求的极限性、对抗性与竞争性,再加上学生个体对体育运动了解的有限性以及对动作的技术要领的掌握程度不同,在学校体育活动中产生体育伤害在所难免,由此引发的纠纷或诉讼时有发生。可以这样认为,学校体育伤害不仅是最频发的校园侵权类型,而且也是最有争议性的校园侵权类型,无疑也是教育领域治理的重点和难点问题。

目前,我国关于学校体育伤害事故的立法较为薄弱,尽管《体育法》的第三章专门涉及学校体育,但该章的 15 个条文中只有一个条文涉及学校体育伤害事故问题(即《体育法》第 33 条规定[①])。教育部 2002 年制定、2010 年修正的《学生伤害事故处理办法》是专门针对学校伤害事故进行立法,其中也包含了学校体育伤害事故的处理,但是由于该法属于较低的部委规章,也很难进入法院的法眼。目前司法实践中基本上以《民法通则》及其司法解释、《民法总则》、《侵权责任法》、《民法典》、《未成年人保护法》、《教育法》等相关规定来处理学校体育伤害事故[②],但是这些法律法规在责任认定以及赔偿方面的立法规定还存在一定的模糊性,可操作性与针对性不强。此外,学校体育伤害事故中受害人的司法救济以及保险救济也陷入了一定的困境,如何建立并完善相应的救济方式也是需要认真对待的问题。

学校体育伤害事故的这些问题需要放在法治的框架内以法治思维与法治方式来应对。尽管目前采取的应对措施在法治化方面已经取得不少进步,但还有诸多可以完善的空间。

---

① 《体育法》第 33 条规定:国家建立健全学生体育活动意外伤害保险机制。教育行政部门和学校应当做好学校体育活动安全管理和运动伤害风险防控。

② 按照《民法典》第 1260 条规定,《民法典》生效之日,《民法通则》、《民法总则》、《侵权责任法》即同时废止。

二、本书的研究意义

本书的研究对于学校体育伤害事故的法治应对具有理论意义与实践意义。

本书的学术价值:有利于把学校体育伤害事故的制度建构研究推进到方法论层面。既有研究以制度的法治化建构为主,对法治方法论的关注不多。本书主张从法律方法层面来解决学校体育伤害事故的司法问题,这既是一种法治方法论上的认识,也是一种法治方法的实践运用,本书的研究有助于将学校体育伤害案件的司法解决研究推向方法论层面。

本书的应用价值:(1)为学校体育伤害事故的法治应对提供有益的论证思路与参考样本。本书通过对学校体育伤害事故的法治分析并提出相应的制度建构为目标,有利于建立健全学校体育伤害事故的预防与应对措施,减少并有效解决学校体育伤害事故的发生。(2)有助于提升法官的司法能力,减缓司法裁判与学校体育教学的紧张关系。不可否认,当下的学校体育教学与司法裁判之间存在着一定的紧张关系,特别是学校方对法院裁判的不理解、不接受,这与法官不能充分运用法律方法进行说理有关。法律方法不仅仅是一种知识性的存在,更是一种对法律的理解、解释和运用的能力。法律方法对判决书的说理功能与优势在于,法律方法是一种理性的证成性说理,通过法律方法的说理论证具有逻辑有效性和可接受性,从而使裁判决定具有正当性和合法性,使论证具有说服力。本书的相当部分内容是从法律方法视角对此类侵权案件的裁判文书进行法律方法分析。一方面可有助于从法律方法上提升法官的司法能力,另一方面可有助于减缓学校的对立情绪,改善司法裁判与学校体育教育的紧张关系。(3)学校体育伤害事故的多元化救济模式以及国家责任的论证有助于解决目前学校体育伤害事故赔偿困境。本研究将从法理上论证国家责任在学校体育伤害事故中的必要性和正当性,并提出国家责任在学校体育伤害事故中实现的路径选择,可有助于目前学校体育伤害事故赔偿走出困境。

三、国内外研究现状概述

国内研究:国内学者主要从学校体育伤害事故预防和事故处理两个阶段进行研究。

学校体育伤害事故预防方面的研究有:(1)从学校体育伤害事故的致

因中研究预防措施。王岩通过事故致因理论研究了学校体育伤害事故致因中的人的因素、物的因素、管理因素以及社会因素,并通过准实验方法验证了教育干预是预防伤害发生的有效手段,根据学校体育活动风险理论认为师生进行安全教育有助于提高师生的安全意识,降低伤害事故的发生率。[①] 胡帆通过借鉴事故树分析法(FTA)分析学生校园体育伤害事故,在此基础上提出具体的针对性预防措施。[②] 这两种通过准实验的方法建立起来的预防措施具有可靠性和可行性。(2)从司法判例总结校园体育伤害防范措施。卢轩对754份裁判文书进行对比研究,认为导致校园体育伤害事故发生的问题主要集中在校园的安全管理与场地器材条件,教师的秩序组织与管理,学生的自身疾病与纪律性等方面。因此,第一,需要校方增加经费投入,不断完善体育场地设施器材,强化安全管理水平,完善相关制度。第二,强化教师专业素养水平,提升教师的安全责任感。第三,学生加强锻炼提高身体素质水平,提高自身纪律性。[③] 类似的研究还有李春桃对我国8—16岁学生体育课伤害事故的145个裁判文书的案例分析。[④] 这种以裁判文书为样本的研究方法具备极高的严谨性与真实性,预防措施的针对性较强。(3)以某些地区学校体育伤害为样本研究学校体育伤害的预防。如边宇等人研究了我国台湾地区的学校体育伤害事故预防措施,认为借鉴我国台湾地区的"体适能检测安全注意事项"和"运动安全问卷"的制定和实施,制定相关章程明确规定体育教师在组织、实施教学或运动训练过程前、中、后的职责和任务,要求体育教师在教学和训练过程中充分重视学生在学习和训练中的情绪、注意力等心理感受,以预防学校体育伤害事故的发生。[⑤] 石忠燕在对丹寨县中学体育伤害事故进行调查分析的基础上,提出学校应在硬件设施上和在软件条件上完善学校体育伤害事故的预

[①] 王岩.我国学校体育伤害事故致因模型及其预防[D].北京:北京体育大学,2011:74-133.

[②] 胡帆.事故树分析法(FTA)在学生校园体育伤害事故中的应用研究[D].苏州:苏州大学,2016:18-28.

[③] 卢轩.校园体育伤害事故特征分析与预防措施研究——基于中国裁判文书网案例分析[D].哈尔滨:哈尔滨师范大学,2016:23-30.

[④] 李春桃.8—16岁学生体育课伤害事故的特征及预防措施—基于裁判文书分析[D].成都:四川师范大学,2020:8-31.

[⑤] 边宇,马燕,吕红芳.我国台湾地区学校体育伤害事故预防措施的研究[J].体育科学研究,2007(2):59.

防措施。① (4)研究某项体育运动中的学校体育伤害事故的预防。如陈龙龙研究了足球运动伤害的预防,认为足球运动强对抗性和足球活动形式多样性决定了校园足球伤害事故呈现频发性、规律性、隐蔽性、客观性、复杂性的特点,提出试点学校应制定校园足球活动安全管理制度,编写全国青少年校园足球活动安全指导手册,建立完善校园足球活动安全保障体系,形成包括安全教育培训、活动过程管理、保险赔付的校园足球风险管理制度。② 袁江南研究了校园篮球运动伤害防控机制。③

学校体育伤害事故处理方面的研究主要从以下方面展开。(1)探讨学校体育伤害事故的纠纷解决机制。这方面的论著既有倾向于建立多元化的纠纷解决机制,也有倾向于以某种纠纷解决机制优势来解决学校体育伤害事故。前者如谭小勇等认为,应建立包括诉讼、校内协商和解、校内调解、教育行政部门调解、仲裁等多元化的纠纷解决机制来解决学校体育伤害事故。④ 后者有宋彬龄、王艺明特别强调了人民调解在学校体育伤害纠纷中扩大适用的程序法优势。⑤ 王国侠以校园足球伤害事故为例,认为足球运动具有激烈冲撞性以及证据难以保全等因素导致诉讼解决出现一定的局限性,主张引入调解机制,以更好地解决校园足球运动纠纷,解除学生、家长和学校的后顾之忧。⑥ (2)探讨学校体育伤害事故的法律责任。这方面研究的论著最多,但争议性也最大,主要的争议点在于学校体育伤害事故能否适用无过错责任和公平责任。劳凯声教授认为,学校或教师在履行教育教学职责时如果由于过错伤害了学生的身体,因而可能构成民事侵权行为,所承担的是一种基于自己的侵权行为而产生的过错责任。⑦ 汤卫东教授主张学校体育伤害事故中不能适用无过错责任,只能适用过错责

---

① 石忠燕.丹寨县中学体育伤害事故预防与处理对策研究[D].贵阳:贵州师范大学,2016:7-18.
② 陈龙龙.校园足球活动学生体育伤害事故处理与预防机制的法理研究[D].福州:福建师范大学,2013:17-46.
③ 袁江南.校园篮球运动伤害防控机制研究[J].当代体育科技,2017(34):15-16.
④ 谭小勇,宋剑英,杨蓓蕾,等.学校体育伤害事故法律问题研究[M].北京:法律出版社,2015:153-160.
⑤ 宋彬龄,王艺明.学校体育伤害救济的程序法进路——论人民调解在学校体育伤害纠纷中的扩大适用[J].北京体育大学学报,2020(1):59-69.
⑥ 王国侠.论校园足球伤害事故纠纷的调解机制[J].民间法,2016,18(2):267-279.
⑦ 劳凯声.中小学学生伤害事故及责任归结问题研究[J].北京师范大学学报(社会科学版),2004(2):20.

任原则和公平责任原则,[①]王小平教授认为在特定条件下可以适用无过错责任原则。[②] 孙重秀、高仁兰主张公平责任不能适用于学校体育伤害事故,[③]李宜江、张海峰则认为可以适用公平责任。[④] (3)探讨学校体育伤害事故的损害赔偿。建立多元化的学校体育伤害事故赔偿责任是学界的基本主张,争议点在于建立何种多元化的学校体育伤害事故赔偿救济模式,不同研究者提出的具体模式不同。研究者中,向会英教授主张以侵权损害赔偿制度为基础,结合保险和社会保障建立综合救济赔偿体系,[⑤]劳凯声教授认为,把学校的办学活动纳入保险责任范围,使学校事故的赔偿责任社会化。[⑥] 赵毅、王扬认为,我们应当基于我国大多数地区现实国情,结合去司法化模式与司法化模式之利弊,提炼侵权法救济、社会保障基金、保险各自优势,在深度融合多种救济机制基础上建立"基金为主、司法化为辅、保险补充"的层次化救济模式。[⑦] 王利明却认为应建立"侵权赔偿责任与保险赔偿、社会救助平行模式"。[⑧] 连小刚、石岩专门研究了学校体育伤害的保险模式,认为应建立"多元整合型"模式,政府、学校与个人共同承担学校体育保险责任。[⑨] (4)学校体育伤害事故中的国家责任问题。有关学校体育伤害事故中的国家责任问题,目前学界已有涉及,但没有系统论述。杨挺、李伟论述了公办中小学教师作为国家公职人员的特殊法律地位,国家教育权的行使最终必然延伸到教师的职务行为上,作为学校代理人的教师在履行教育教学职责时,其代表的不是私人利益,而是国家公共利益,其

[①] 汤卫东.学校在学校体育伤害事故中的归责原则及法律责任[J].体育学刊,2002(3):3.

[②] 王小平.学校体育伤害事故的法律应对[M].北京:中国政法大学出版社,2012:142-143.

[③] 孙重秀,高仁兰.学生伤害事故责任的归责原则探析[J].临沂大学学报,2011(4):19.

[④] 李宜江,张海峰.高校学生伤害事故的法律审思[J].黑龙江高教研究,2012(7):91.

[⑤] 向会英.学校体育伤害赔偿制度研究[J].南京体育学院学报,2012(1):64-68.

[⑥] 劳凯声.中小学学生伤害事故及责任归结问题研究[J].北京师范大学学报(社会科学版),2004(2):22-23.

[⑦] 赵毅,王扬.论多元化校园体育伤害救济模式之构建[J].成都体育学院学报,2017(6):118-120.

[⑧] 王利明.建立和完善多元化的受害人救济机制[J].中国法学,2009(4):151.

[⑨] 连小刚,石岩.我国学校体育保险模式研究[J].我国学校体育保险模式研究,2020(3):309-311.

所承担的职责并不是教师个体的行为,而是代表国家来履职的公务行为。① 陈鹏、李莹认为教师是一种特殊的国家公职人员。② 虽然他没有直接论述教师教学行为的责任问题,但通过法理可以推论:教师的国家公职教学行为所产生的伤害后果应该由国家来承担。谭小勇等认为,政府教育行政部门应该成为可能的学校体育伤害事故责任主体之一,并应在相关法律法规中加以明确。③ 其虽然只是说到了政府责任,间接上已经是国家责任,但没有展开论证。乔京帅从义务教育受教育权实现的国家责任理论和义务教育成本分担的国家责任理论这两个角度,论证国家在义务教育学校体育意外伤害事故中的责任。④ 这些理论研究也为本课题提供了有益的方法论论证和理论论证。(5)介绍国外学校体育伤害事故中的相关问题。主要研究集中于如下方面:一是介绍国外学校体育伤害事故中的法律责任问题。如陈华荣、王家宏介绍了美国学校体育伤害事故责任构成和免责理由,⑤周爱光对日本学校体育保险的法律基础进行考察,考察反映了法制建设在日本学校体育中的重要作用,尤其是在处理学校体育伤害事故的经济赔偿方面日本学校教育有一套系统完善的法律体系。⑥ 姚利介绍了加拿大学校事故细心父母原则、替代性责任原则、共同责任原则以及相应的操作性原则等认定原则。⑦ 二是介绍国外学校体育伤害事故中的赔偿问题。如费杰介绍了欧美发达国家学校体育伤害事故民事责任免责制度,指出:欧美发达国家都建立了多方面的社会保障制度,通过保险,转嫁赔偿责任,使赔偿责任社会化;建立完善的学校伤害事故赔偿责任免责制度;政府介入并作为事故赔偿责任主体之一,形成专门处理学校伤害事故的社会组织或机构团体,使学校从这类事件纠纷中脱离。⑧ 李登贵介绍了西方主要

---

① 杨挺,李伟.公办中小学教师作为国家公职人员的特殊法律地位[J].中南民族大学学报(人文社会科学版),2021(7):109.
② 陈鹏,李莹.国家特殊公职人员:公办中小学教师法律地位的新定位[J].教育研究,2020(12):141-148.
③ 谭小勇,向会英,姜熙.学校体育伤害事故责任制度研究[J].天津体育学院学报,2021(6):525.
④ 乔京帅.义务教育视角下学校体育伤害事故国家责任研究[D].南京:南京师范大学,2017.
⑤ 陈华荣,王家宏.美国学校体育伤害事故责任分析[J].体育学刊,2009(3):31-35.
⑥ 周爱光.日本学校体育保险的法律基础[J].体育学刊,2005(1):8-10.
⑦ 姚利.加拿大学校事故立法对我国学校体育伤害事故认定和预防的启示[J].中国学校体育,2003(4):62-63.
⑧ 费杰.学校体育伤害事故民事责任免责制度[J].体育科研,2012(1):51.

国家学校事故赔偿法制的比较研究,并指出西方国家都建立了国家或自治体等为赔偿主体以国家经费等为主要赔偿金的赔偿救济制度。[①] 三是介绍国外学校体育伤害事故中的保险问题。如孙金蓉介绍了日本体育学校健康中心的灾害共济补偿制度、都道府县的学校管理者赔偿责任保险、全国市长会学校灾害赔偿补偿保险、全国镇村会综合保险、特别区自治体综合赔偿责任保险、学校教育研究灾害伤害保险及学生综合共济保险六种保险制度。[②] 张国斌比较分析了我国与发达国家学校体育保险制度,并提出了我国学校体育保险的发展思路即提高学校、学生、家长的体育保险意识,建立、健全学校体育保险法律、法规,开发针对性强的学校体育保险险种。[③] 驰骋比较了我国和美国在校方责任险的区别与借鉴。[④] 这些研究为本课题的研究提供了有益的参照价值。

不可否认,上述研究给本书以诸多的启发与借鉴。但从法治化的要求来看,仍然有待完善之处。(1)目前学界对学校体育伤害事故发生的制度研究较为深入,但从方法论的视角(即法律方法视角)研究较为薄弱。(2)对学校体育伤害事故的法律责任和赔偿责任仍然停留在民事责任中的一般主体(即学校以及学生及其监护人)的论证,没有上升到国家责任主体进行研究。(3)对学校体育伤害事故国家责任的研究仅限于理论论证,没有结合中国的立法实践与现实操作进行论证,也没有把学校体育伤害事故中的国家责任与损害救济模式进行勾联研究。(4)对学校体育伤害事故赔偿的社会化责任停留在社会保险和社会基金的社会化论证,但没能与"国家责任"进行有效衔接。(5)对国外的制度介绍对于学校体育伤害事故的法治应对有一定的助益作用,但此研究尚属薄弱领域,有待加强研究。而且最重要的是如何结合中国国情进行法律移植才是此类研究的难点,但目前的研究以介绍性为主,建构性研究不多。(6)从准实验方法和司法判例中研究学校体育伤害事故的预防对策具有很强的针对性与真实性,但是缺少立法与政策的制度分析与衔接。

国外研究:国外学者对学校体育伤害方面的研究都比较深入。较为引

---

① 李登贵.西方主要国家学校事故赔偿法制的比较研究[J].内蒙古师范大学学报(教育科学版),2003(4):13.
② 孙金蓉.日本学校体育伤害事故的现状及事故补偿制度的考察[J].武汉理工大学学报(社会科学版),2004(3):402-404.
③ 张国斌.中国与发达国家学校体育保险比较研究[J].宜春学院学报,2009(4):43.
④ 驰骋.比较法视野下高校校方责任险的现状、困境与突破路径——以美国模式为例[J].中国教育法制评论,2017(14):218-230.

人注目的是,他们的研究基本上以某个方面的法律应对为主。如Lederer C.等人研究了学校体育运动伤害的法律预测问题,主张通过完善立法或加强司法解释,严格限制过失责任制的适用,逐步实现风险社会化。[1] Peter Williams研究了澳大利亚学校体育中的法律责任问题。他认为,学校体育活动每天都在发生,把学生像在"棉花"中一样保护起来不可取也不现实,正如法院判例指出的,教师的个人职责是保护学生的教育安全,以及教育机构对学校体育运动中学生人身安全所承担的不可授权转移的谨慎义务责任是法定的。[2] Jan McDonald研究了学校体育教练的安全违法责任问题,他论述了南非学校法的五个基本要素在学校体育教练中的应用,认为《南非学校法》第60条不应过分保证教育教练的安全,确保学习者的安全和保障乃是所有教育者的首要责任。[3] G.R. Gray研究了学校体育安全中的伤害预防问题,他认为教师可以通过制定政策对体育学生进行安全的教学和监督来避免诉讼。[4] 另外,Andrew T. Pittman等编著的 *Case Studies in Sports Law* 中对一些案件进行了评注,[5]欧洲侵权与保险中心编写的"侵权与保障法"丛书中专门讨论了欧盟各国的"作为侵权人的孩子"中的法律问题,[6]这些研究为本书提供了比较法视角的帮助。总体看来,国外的研究对本书具有借鉴意义和法理论证作用,但需要结合中国实际进行辩证分析。

---

[1] HAO F X,TANG C J,HUANG D Y,et al.Pre-test into legal issues on the school sports injury accidents[J].2nd.International Conference on Swarm,Evolutionary,and Memetic Computing,2011.

[2] WILLIAMS P.Sport in Schools:Some Legal Liability Issues[J].Legal Issues in Business,2011(3):8.

[3] ROSSOUW J P KEET W.Delictual Liability of the School Sports Coach-A Security Matter[J].Potchefstroom Electronic Law Journal,2011(6).

[4] GRAY G R. School sport safety: injury prevention [J]. CAHPER Journal,1985(51):5.

[5] MITTEN M J,DAVIS T,DURU N J,et al. Sports Law and Regulation:Cases,Materials and Problems[M].Aspen Publishers,2013.

[6] EUROEAN CENTRE of TORTS and IMSURANCE lAW.Tort and Insurance law[M].Speringer Wein New York,2006.

四、研究内容

(一)研究对象

根据《学生伤害事故处理办法》第 2 条规定:在学校实施的教育教学活动或者学校组织的校外活动中,以及在学校负有管理责任的校舍、场地、其他教育教学设施、生活设施内发生的,造成在校学生人身损害后果的事故的处理,适用本办法。本课题的学校体育伤害事故是学生伤害事故中的下位概念,因此类推出学校体育伤害事故的概念,是指在学校实施的体育教育教学活动或者学校组织的校外体育活动中,以及在学校负有管理责任的体育场地、场馆或其他体育设施内发生的,造成在校学生人身损害后果的事故。本课题的研究对象是学校体育伤害事故,在此基础上分析学校在体育伤害事故中的法治应对问题,从法治化视角提出学校体育伤害事故的制度应对和方法应对,进而在多元化救济模式中提出国家责任在学校体育伤害事故中的实现路径。学校体育伤害事故主要是一种民事责任,不包括刑事责任。尽管学生伤害事故中就包括了一些因学校欺凌而产生的刑事责任,但是在学校体育伤害事故中,很难产生刑事责任,因为在学校的体育伤害事故中,无论是哪一方当事人,均不具刑事犯罪的意图,最多是基于过失的民事责任。故本课题不研究学校体育伤害中的刑事问题。

(二)总体框架

本研究除了第一章从概述上论述了学校体育伤害事故以外,其余的章节分三个部分:

第一部分:学校体育伤害事故的法律方法应对。从法治化视角看,法律方法作为一种理性的分析方法,它本身就体现着法治化的要求,是法治的方法体现。因此,如果能运用法律方法分析学校体育伤害案件,则有助于法官正确适用法律,这对于学校体育伤害案件的公正审判以及纠纷的有效解决,无疑是法治化的方法论贡献。本部分内容将包括《民法典》对学校体育产生的可能影响、学校体育伤害案件中的过错认定、学校体育伤害案件中的利益衡量、学校责任承担的法律论证、学校体育伤害案件中自甘风险的法律方法分析。在这些章节中,主要运用法律方法进行分析。

第二部分:学校体育伤害事故的多元化救助机制的法治应对。目前大多数人倾向于主张学校体育伤害事故赔偿的社会化,这也是许多国家的基本做法,但这种路径没有考虑到中国保险制度不完善的现实,是一种理想化的路径。我们认为,从法治化来看,应该在目前的责任构成与赔偿制度中加入国家因素,国家应该成为学校体育伤害事故的赔偿责任主体之一,唯此才能解决学校体育伤害事故的赔偿困境。国家责任应通过基金和保险的注入来实现,在此基础上建立起"基金+诉讼+保险"的多元化学校体育伤害事故救助模式。这部分内容有两部分:学校体育伤害事故中的国家责任、学校体育伤害事故的多元化救助机制建构。

第三部分:学校体育伤害事故风险防范的制度应对。在制度上建立有效的防范应对措施可以有效减少学校体育伤害事故的发生。目前,国内研究者倾向于从学校体育伤害事故的产生原因上来建构相应的防范措施,这固然也是一种防范制度建构的有效路径,但还需要以法治化来增强其内涵。本部分主张从两部分汲取法治营养:一是结合学校教育法律法规则中的法治要求来建构防范措施;二是在司法判例中总结防范措施。在此基础上,致力于建立起并完善学校体育伤害事故的风险防范制度。

(三)重点难点

本课题的研究重点是学校体育伤害案件国家责任的法理论证和多元化救济路径。因为这两部分是解决学校体育伤害事故的关键环节:一是学校体育伤害事故的国家责任问题,如果能从法理上去证成并进行立法完善,则有利于使目前学校体育伤害事故赔偿走出困境。二是从多元化救济论证当下学校体育伤害事故的救济模式,探索当下的学校体育伤害事故的救济路径。

本课题的研究难点是学校体育伤害案件的法律方法分析。因为这需要建立在大量的裁判文书基础上进行实证分析,也需要研究者有深厚的法律方法理论功底。这对于研究者而言,是最为困难的部分。

(四)主要目标

(1)为学校建构法治化的风险预防措施,以减少学校体育伤害的发生。(2)为司法实践提供学校体育伤害案件的法律方法分析,完善纠纷解决机制的法治化建构,为学校体育伤害事故的公正解决提供法律方法智慧和纠纷解决机制的制度贡献。(3)为学校体育伤害事故的国家赔偿提供法理论证,并为立法完善提供论证思路。(4)为学校体育伤害事故多元化救济提供论证路径。

五、思路与方法

(一)基本思路

本课题按"方法—救济—制度"的思路来展开论述,其中法治应对作为一个主线贯穿其中。

其中,"方法"主要解决学校体育伤害中的责任承担问题,具体包括《民法典》对学校体育可能产生的影响、学校体育伤害案件中的过错认定,司法判例中的利益衡量、校方责任论证、学校体育伤害中的自甘风险案件。第二部分是重构学校体育伤害事故的多元化救济模式来实现对伤害学生的及时救助问题,具体包括第七章"学校体育伤害事故中的国家责任"和第八章"学校体育伤害事故的多元化救济机制"。第三部分通过完善学校体育安全防范制度的建构来预防和减少学校体育伤害事故的发生,具体包括第九章"学校体育的安全防范"。由此构筑一个由方法解决责任与赔偿,到重构救助模式,再到制度预防来建构学校体育伤害事故的法治应对体系。

(二)具体研究方法

(1)文献资料法。以"学校体育伤害""school sports injuries"为关键词,在中国知网和国际著名法学数据库 Westlaw、EBSCO、百链云图书馆等搜索学校体育伤害文献,同时在现有学术资源条件下研读体育法学英文专著中涉及体育伤害的章节,并对这些文献资料进行梳理与分析。(2)规范分析法。对现行有效的规范性文件进行规范分析与解读。(3)统计分析法。对收集到的学校体育伤害裁判文书进行统计分析,以"数据真实"来反思此类案件法律方法运用的真实情况和问题所在。(4)案件分析法。本课题将通过大量的学校体育伤害案件裁判文书的样本分析来呈现学校体育伤害案件司法实践的基本样态,并借此反思这些案件裁判说理的法律方法问题。

第一章 学校体育伤害事故概述

一、学校体育伤害事故的法律界定

学校体育是学校教育的重要组成部分,在全面实施素质教育的今天,学校体育更是关乎国民体质健康、民族生命力旺盛、国家综合实力的重要指标。近年来,随着"阳光体育运动"计划的启动和"体教融合"的推进,学生的体育活动日益丰富多彩。由于体育运动的对抗性和风险性等特点,不可避免地发生体育伤害,由此引发的法律问题和法律纠纷日益凸显。但是由于法律对学校体育伤害事故缺乏明确规定,导致了学界对学校体育伤害事故在概念和范围的界定上争议不断,没有形成共识。在学术界,对学校体育伤害事故的界定大致有如下几种观点。

第一种观点把学校体育伤害限定为未成年人学生的伤害事故。如韩勇教授认为"学校体育伤害是指中小学校在校学生在学校体育教学、课外活动、运动训练、体育竞赛和学生在校自发进行的体育活动中发生的人身伤害或者死亡事故"[1]。但是这种把成年的大学生主体排除在学校体育伤害事故范围之外,显然是对学生体育伤害事故概念范围的缩小。

第二种观点主要从过错角度来界定学校体育伤害事故。如范志勇、杜青茶认为"学校体育伤害事故是指在学校实施的体育教学活动或课外活动中,由于学校、体育教师、管理人员的疏忽没有预见或者已经预见而轻信能够避免,从而导致在校学生受伤、致残乃至死亡或其精神上受到的损害"[2]。王小平教授也持类似观点,"学校体育伤害事故是在学校组织实施的校内外体育活动或学生在校自发进行的体育活动中,以及在学校负有管理责任的体育场、馆或其他体育设施内进行体育活动发生的,因过错造成

---

[1] 韩勇.体育法的理论与实践[M].北京:北京体育大学出版社,2002:206.
[2] 范志勇,杜青茶.论学校体育伤害事故中的学校责任[J].教学与管理,2008(16):35-36.

在校学生人身伤害或者死亡以及对他人造成人身伤害或者死亡的事故①"。这种过错标准排除了无过错情况造成的意外体育伤害事故,但其实在学校体育活动的很多事故中,造成人身伤害或者死亡事故中的当事人在主观上是无过错的。

第三种观点把学校体育伤害限定在学校体育教学期间发生的学生人身伤害或者死亡事故。比如白莉、曹士云等认为:"学校体育意外伤害事故处理是指在学校体育教育教学活动期间发生的学生人身伤害或者死亡事故的处理。"其中,"体育教育教学活动期间是指在校内与体育教育教学相关的活动期间"。② 这种界定排除了学生课外活动期间以及学校组织的校外训练或比赛期间发生的学生人身伤害或死亡事故。

第四种观点从学校组织、管理的视角定义学校体育伤害,认为"所谓学校体育伤害事故是指在学校组织实施的校内外体育活动(包括体育课、课外体育活动、体育竞赛和课余体育训练),以及在学校负有管理责任的体育场、馆或其他体育设施内发生的,因过错或意外造成在校学生人身伤害或者死亡,以及对他人造成人身伤害或者死亡的事故"③。这种界定已经较为全面了,但他只强调"学校组织"的体育教学活动发生的学生人身伤害或者死亡事故,排除了学生在学校期间自发进行的体育活动发生的人身伤害或者死亡事故。

第五种观点认为"学校体育伤害事件是指学校组织实施的校内外体育活动(包括体育课、课外体育活动、体育竞赛和课余体育训练),以及在学校负有管理责任的体育场馆和其他设施内发生的、造成在校学生实质性人身伤害或死亡的事件"④。谭小勇等人也持有类似观点。⑤ 这种观点有扩大解释的嫌疑,因为"在学校负有管理责任的体育场馆和其他设施内发生的、造成在校学生实质性人身伤害或死亡的事件"可能与体育毫无关系,显然

---

① 王小平.学校体育伤害事故的法律对策研究[M].北京:中国政法大学出版社,2012:83.
② 白莉,曹士云,季克异,等.关于学校体育伤害事故处理的若干法律问题的研究[J].武汉体育学院学报,2003(5):26-27.
③ 文红为.实施"阳光体育运动"过程中学校体育伤害事故的规避与处理研究[R/OL].(2009-05-05)[2021-04-26].https://www.sport.gov.cn/n322/n3407/n3416/c564858/content.html.
④ 杨军,阎建华.学校体育伤害事件责任分析[J].体育文化导刊,2008(11):111.
⑤ 谭小勇,向会英,姜熙.学校体育伤害事故责任制度研究[J].天津体育学院学报,2011(6):521.

就不应该被划分在学校体育伤害的范畴中。①

以上这些观点均有一定的合理性,但由于研究视角和理论立场需要,有些观点不免带有一定的褊狭性。我们认为,学校体育伤害事故属于学生伤害事故中的一种,二者从概念来讲是种属关系,因此对学校体育伤害事故的定义也可以借助《学校伤害事故处理办法》第2条规定中的上位概念"学生伤害事故"的定义进行类推界定,但应该根据学校体育伤害事故的教育属性和体育属性进行限定:学校体育伤害事故是指学校实施的体育教学活动或者学校组织的校外体育活动中,以及在学校负有管理责任的体育场、馆或其他体育设施上发生的,与学校体育活动有关的,造成在校学生人身损害或死亡后果的事故。从这里的定义出发,有两个要素是判断是否属于学校体育伤害事故的关键:一个是体育活动要素,一定是因体育活动产生的伤害事故;二是学校要素,一定是发生于学校场所或者由学校组织的体育活动。

二、学校体育伤害事故相关的概念范畴

为了更加全面地了解学校体育伤害的内涵,有必要对下列与学校体育伤害相关的概念进行梳理。

(一)学生

在学校体育伤害事故的法律关系中,学生是最主要的法律关系主体。这里的学生必须是在校的学生,而不包括函授类的学生。在校学生可分为未成年人学生和成年人学生,但是在这里,对于成年人学生是否属于学校体育伤害事故中的学生主体,学术界有争议。有学者认为,"法律确定学生伤害事故概念,其立意不在于保护一般的学生,而是着意保护在校学习的未成年人,以及被在校学习的未成年人侵害权利的其他人"②,"学生伤害事故人身损害赔偿问题所要解决的是未成年人在脱离法定监护人的情况下涉及的民事责任承担,所以已经在脱离法定监护人监护情况下涉及的民事责任承担不应包含在学生伤害事故的概念之中"③。这种定义值得商

---

① 韩勇.学校体育伤害的法律责任与风险预防[M].北京:人民体育出版社,2012:2-3.
② 吴红枝.浅析学校伤害事故的认定和处理[D].武汉:华中师范大学,2006:3.
③ 罗海艳,赵小琳.学生伤害事故案件认定与处理实务[M].北京:中国检察出版社,2006:4.

权,因为官方的法律文本《学生伤害事故处理办法》是包括了高等院校的成年人学生,其第37条规定:本办法所称学校,是指国家或者社会力量举办的全日制的中小学(含特殊教育学校)、各类中等职业学校、高等学校。本办法所称学生是指在上述学校中全日制就读的受教育者。由于《学生伤害事故处理办法》第38条和第39条分别规定:幼儿园发生的幼儿伤害事故,应当根据幼儿为完全无行为能力人的特点,参照本办法处理。其他教育机构发生的学生伤害事故,参照本办法处理。在学校注册的其他受教育者在学校管理范围内发生的伤害事故,参照本办法处理。故这里的学校体育伤害事故中的学生还应扩大到全日制学前教育的幼儿和其他培训学校的在读学生。而且这里的学生既包括国家举办的公立学校中的学生,也包括社会力量举办的私立学校中的学生。

(二)学校

学校是学校体育伤害事故法律关系中的另一个重要主体,同时也是学校体育伤害事故中的场所要素。按照《学生伤害事故处理办法》第37条的定义,学校应指各类国家或者社会力量举办的全日制的中小学(含特殊教育学校)、各类中等职业学校、高等学校。基于第38条和第39条的"参照适用"规定,学校体育伤害事故中的学校也应扩大至学前教育的幼儿园以及其他培训学校。

(三)学校体育活动

有学者把学校体育归为四种类型:体育课教学、课外体育活动、课余体育训练和体育竞赛四部分。[1] 根据《学校体育运动风险防控暂行办法》(2015年)第2条的规定:"学校体育运动指教育行政部门和学校组织开展的体育课程、课外体育活动、课余体育训练、体育比赛,以及学生在学校负有管理责任的体育场地、器材设施上自主开展的体育活动。"据此可以这样认识学校体育活动:学校体育活动是指教育行政部门和学校组织开展的体育课程、课外体育活动、课余体育训练、体育比赛四种类型,以及学生在学校负有管理责任的体育场地、器材设施上自主开展的体育活动。

(四)学校体育伤害事故的时空概念

学校体育教学活动总是发生在一定的时空中,因而学校体育伤害事故

---

[1] 林清华,郭秀晶.学校体育伤害的法律分析:司法实践的视角[J].现代教育管理,2014(5):57.

在范围上包括时间范围和空间范围。

1. 学校体育伤害事故的时间范围。从《学生伤害事故处理办法》第2条可以看出,学生伤害事故发生于两个时间段:一是学校实施教育教学的时间,这个时间段除了每天上、下午的上课时间,还包括课间休息时间、课余活动时间和晚自习时间。二是学校组织的校外活动时间,主要指学校组织的校外体育训练和校外体育竞赛时间。也由此排除了学生自行上学、放学、返校、离校途中发生的即使与体育活动有关的伤害事故,不归为学校体育伤害事故。因为在这种情况下发生的体育活动伤害事故不在学校的教育与管理职责范围之内。

有学者认为,在判断学生参加学校的教育教学活动期间的起始和结束上应当采取"门对门"的原则,即学生从进到校门开始到放学、放假离开校门为止,学校组织的活动从学生来到指定的集合地点到活动结束离开活动地点期间。[1] 应该说,以这个原则来界分学校体育伤害事故的时间范围是准确的,因为在此期间是属于学校教育与管理职责之义务范围,由此产生的体育伤害事故当属于学校体育伤害事故的范畴。但是有学者认为,对于坐校车的学生而言,学校体育伤害事故的研究范围扩大至上学的途中和放学的途中。[2] 这看上去似乎符合扩大解释的法理,因为劳动法中的工伤认定也是采用这种扩大解释的思路。[3] 我们认为,这种扩大解释用于学校伤害事故概念中是可以的,但不应当归为学校体育伤害事故概念中(尽管学校体育伤害事故属于学校伤害事故下面的一种特殊类型),因为学校体育伤害事故除了具有"教育"属性以外,还要同时具备"体育"属性。在上学或放学的坐校车途中发生伤害事故,如果不是因为"体育"而发生的伤害事故,就不应归为学校体育伤害事故,而只能以学生伤害事故来处理。

2. 学校体育伤害事故的空间范围。有学者认为,"学生伤害事故的伤害行为或伤害结果必须有其一或同时发生在学校对学生负有教育、管理、指导、保护等职责的地域范围内"[4]。据此,学校体育伤害事故的空间范围包括:

---

[1] 吴红枝.浅析学校伤害事故的认定和处理[D].武汉:华中师范大学,2006:3.

[2] 谭小勇,宋剑英,杨蓓蕾,等.学校体育伤害事故法律问题研究[M].北京:法律出版社,2015:21.

[3] 《工伤保险条例》第14条第6项规定:"职工在上下班途中,受到非本人主要责任的交通事故或者城市轨道交通、客运轮渡、火车事故伤害的,应当认定为工伤。"

[4] 谭小勇,宋剑英,杨蓓蕾,等.学校体育伤害事故法律问题研究[M].北京:法律出版社,2015:22.

(1)学生在学校内进行体育活动产生人身伤害事故的场所；

(2)学生在学校组织的校外进行体育训练、体育竞赛发生人身伤害事故的场所；

(3)学生在学校负有管理责任的体育场、馆或其他体育设施上进行体育活动发生人身伤害的事故的场所。

但是，校外人员在学校对外开放期间的体育场、馆或其他体育设施上进行体育活动产生的人身伤害事故，除非因这些设施不安全造成的伤害外，不属于学校体育伤害事故范畴，因为这些人员不属于学生主体，学校对其不负有教育与管理职责。

(五)学校体育伤害

学校体育伤害事故中的"体育伤害"是指人身伤害，不包括财产损失。根据最高人民法院、最高人民检察院、公安部、国家安全部、司法部颁布的《人体损伤程度鉴定标准》(司发通〔2013〕146号)，伤害分为轻微伤、轻伤、重伤。与其他学校伤害不同，学校体育伤害有以下特征。(1)加害主体的确定性。一般来说，学校体育伤害的加害主体有三种：学校作为学校体育教育的实施者，它在实施体育教学以及管理的过程中有可能成为加害主体。学生作为学校体育运动的直接参加者，学生之间的动作难免会生碰撞而成为加害者。其他第三方也有可能成为加害方。(2)发生时空的确定性。学校体育伤害的发生需要时空条件，即它需要是发生在学校体育活动中的运动伤害，如果运动伤害不是发生在学校的体育锻炼、体育教学以及训练、比赛的时空范围内，即使符合学校体育运动伤害的主体特征，比如学生放学后在其他公共体育场馆发生了运动伤害，也不属于学校体育伤害，只能以其他伤害事故处理。(3)体育伤害的不可避免性。体育运动追求极限性、对抗性，因而体育运动的风险是其自身带有的，体育运动伤害具有不可避免性。学校体育伤害的发生和体育的这种特性有关，所以也具有不可避免性。(4)大部分体育伤害行为的意外性。有人认为体育运动伤害产生的原因在于体育锻炼或者训练、比赛中的过错行为。一般来说在体育运动中发生的伤害都不是故意的伤害行为，事故的发生多出于当事人的疏忽大意、过失、渎职，很少是当事人的主观故意，它们常常是参加体育运动的结果。[1] 但其实这并不是体育运动伤害的最主要原因。体育运动伤害之所以发生频率那么高，并不是主要源于相关主体的过失，而是主要因为体育

---

[1] 段荣芳.体育运动伤害侵权责任研究[D].济南：山东大学，2011：24.

运动所追求的对抗性、激烈性所必然带来伤害的不可避免性(不否认人为过失因素也会造成体育伤害)。因而在这种情况下的当事人在主观上没有过失,而是一种意外。学校体育伤害亦然,意外性是学校体育伤害的主因。

三、学校体育伤害行为的发生原因

在学校体育伤害事故中,引发伤害事故的原因是复杂多样的。但是,如果从行为主体来划分学校体育伤害事故的发生原因,大致可以划分为如下几类。

(一)因学校的教学与管理行为引起

《民法典》第1199条、第1200条分别规定了学校对无行为能力人、限制行为能力人的教育与管理责任。《学生伤害事故处理办法》第2条也规定:在学校实施的教育教学活动或者学校组织的校外活动中,以及在学校负有管理责任的校舍、场地、其他教育教学设施、生活设施内发生的,造成在校学生人身损害后果的事故的处理,适用本办法。可见,学校的教育教学活动中,学校的主要职责是教育与管理。在学校伤害事故的主体行为原因中,主要也是因为学校的教育行为与管理行为引发。

首先是学校的教学行为引起。学校体育教学行为引起的学校体育伤害事故可分为两种情况:(1)学校的无过错体育教学行为引起。在这种情形伤害中,学校已经尽了教育与管理职责,学校的体育教学行为没有过错。比如在"施甲与上海市南汇第一中学教育机构责任纠纷"中,[①]老师安排该班学生进行首次跳箱器械练习时,原告在跳箱时摔在垫子上受伤。经查明,被告授课时进行了相关动作讲解、安全教育等工作,符合教学常规,被告在练习场地铺设防护垫,有助于学生跳跃后落地缓冲,被告教师在器械侧前方,能有效协助学生完成技术动作并降低运动风险。原告肢体碰触器械后摔落属于跳箱项目中较为常见的一类运动伤害事件,原、被告双方对此均无过错。但是在因果关系上,确实是学校的教学行为导致了学生的伤害后果,因此在司法实践中,法院往往依照公平责任规则下判,要求学校分担一定的损失补偿。(2)学校的过失体育教学行为引起。由于体育运动的风险性,因此要求体育教师在教学过程中要按照体育运动规范进行教学,如果教师的教学不规范,往往是学校体育伤害事故发生的重要原因。比如

[①] 上海市浦东新区人民法院(2016)沪0115民初3643号。

在"单某某与济南市长清区孝里中学侵权责任纠纷案"中,①法院认为,学校在组织双杠训练时没有铺护垫是造成学生体育伤害的主要原因,学校在组织体育教学过程中存在过失。

其次是学校的管理行为引起。在学校体育活动中,管理职责是学校的一项法定义务。在学校体育活动中,学校的管理行为不当也是导致学生体育伤害的一个重要致因。学校管理行为引起的原因又可以分为:(1)学校的组织与管理行为引起。在学校组织的一些学校体育活动中,如校运动会、运动项目比赛、教学比赛等,学校负有组织与管理的安全保障责任。在此过程中,如果学校的组织与管理不力,安全保障措施不到位,就会导致学生伤害事故发生,学校需要承担相应的责任。比如在"刘某强与永兴县实验中学教育机构责任纠纷案"中,②原告在学校校运会跑接力赛时不慎将右腿拉伤,法院认为,被告实验中学既未提供证据证明其组织学生进行了赛前热身活动,也未举证证明其告知或提醒学生进行赛前热身活动,因此被告实验中学未尽到充分的防护和注意义务,其对原告损害结果的发生有一定过错。(2)因学校对运动器材、场地或场馆的管理行为引起。《学生伤害事故处理办法》第4条明确规定:学校的举办者应当提供符合安全标准的校舍、场地、其他教育教学设施和生活设施。第9条第1款规定:学校的校舍、场地、其他公共设施,以及学校提供给学生使用的学具、教育教学和生活设施、设备不符合国家规定的标准,或者有明显不安全因素造成的学生伤害事故,学校应当依法承担相应的责任。在这种类型的学校体育伤害案件中,看似是由学校的体育教学设施、场地、场馆等直接引起,实际上是由于负有管理职责的学校管理不力造成的。比如在"唐山市冀东中学教育机构责任纠纷案"中,③法院认为,上诉人在课间打篮球时因校内篮球架突然倒塌受伤,系被上诉人未定期检查和维护校内体育设施所致,被上诉人应当对上诉人的损失承担主要赔偿责任。

(二)因学生的行为引起

在学校体育活动中,学生是直接的参加者,因而其行为是学校体育伤害事故发生的最主要致因。学生行为致因又可分为三种:(1)学生的无过失行为引起。在这种情形中,学生的行为在主观上没有故意,也没有过失,

---

① 山东省济南市长清区人民法院(2014)长少民初字第34号。
② 湖南省永兴县人民法院(2013)永民初字第2119号。
③ 河北省唐山市中级人民法院(2018)冀02民终8122号。

学生的伤害属于体育运动中的意外伤害。比如在"刘某宇与高某生命权、健康权、身体权纠纷"中,①在学校体育课的篮球比赛过程中,刘某宇带球上篮时撞到作为防守队员的高某而倒地受伤。法院认为刘某宇在篮球比赛中受伤属于意外事件,并非高某的过错造成,刘某宇要求高某承担赔偿责任,于法无据。在"覃一与覃二人身损害赔偿纠纷上诉案"中,②覃二与覃一在柳州市铁一中参加踢足球运动中由于双方抢球而致覃二被摔倒受伤。法院认为,双方在足球场上依照比赛规则进行竞赛,上诉人在拦截被上诉人时,他不能预见自己的行为会造成损害后果而积极地追求或者放任后果发生,其主观上不具有过错,被上诉人的受伤应认定为在激烈的对抗性比赛中发生的意外事件。(2)因受害学生自己的过失行为引起。在这种学校体育伤害中,事故是由学生自己的过错行为而引发的。比如在"易某与宜都市松木坪镇初级中学生命权、健康权、身体权纠纷案"中③,原告易某返校的课余时间在校内打篮球过程中自行摔倒受伤。法院认为原告受伤并非学校组织或正常的教学活动,学校在原告受伤后,及时将原告送往医院进行救治,亦尽到了帮助义务。(3)因侵权学生的过失行为引起。比如原告李某与被告王某为某农中学生,2004年2月25日下午,该校4名体育生在学校操场上训练时,王某从操场上拾起一根标枪,未在投掷区内投掷,投出的标枪被球栏阻挡后反弹在李某头上,将李的头部扎伤。法院认为:被告王某在课余时间投掷标枪不注意周围安全,且不在投标枪区内投掷,致使原告受伤。王某虽为未成年人,但根据他的年龄、智力应该考虑到标枪的危险性及一旦投偏有可能致人伤害的后果,因此,应负事故的主要责任。④

(三)因各当事人的混合行为引起

在学校体育活动中,往往有学校、加害学生、受伤害学生三方行为主体,有些学校体育伤害事故是由各行为主体的混合作用引起的。这种混合行为引起的学校体育伤害事故又分为两种情况:(1)各行为主体对事故的发生均有一定的过错,需要承担相应的责任。比如在"吴某与郑某、安徽省

---

① 上海市第二中级人民法院(2015)沪二中民一(民)终字第2353号。
② 广西柳州市中级人民法院(2012)柳市民一终字第771号。
③ 湖北省宜都市人民法院(2015)鄂宜都民初字第01226号。
④ 游新宇.投掷标枪误伤同学谁应承担损害赔偿责任[EB/OL].(2004-09-10)[2021-05-08].https://www.chinacourt.org/article/detail/2004/11/id/140055.shtml.

金寨第一中学等教育机构责任纠纷案"中,[①]一审法院认为,金寨一中因其对学生的安全教育不够、安全保护不到位对吴某损害事实存在一定的过错,应承担相应的赔偿责任。郑某作为限制民事行为能力人在此次运动中未尽到相应的注意义务,与吴某发生碰撞导致其受伤,具有一定的过错,应承担相应的赔偿责任。吴某在户外进行体育运动时,未能注意自身安全,对其损害后果的发生也有一定过错。(2)各行为主体对事故的发生均没有过错,但由于各主体的行为与事故的发生存在因果关系,一般法院会以公平责任进行归责。比如在"戴某与孙某起、蛟河市漂河镇九年制学校及戴文强教育机构责任纠纷案"中,[②]戴某强在学校组织的足球比赛中,射门时将足球打到孙某起左眼部导致孙某起左眼受伤。二审法院认为,孙某起按照老师要求参加学校正常的教学活动,其动作行为没有超出足球运动的规则范畴亦不存在重大过失,其行为没有过错。戴某强按照老师要求参加学校正常的教学活动,其动作行为没有超出足球运动的规则范畴,且无伤害他人故意,亦不存在重大过失,孙某起受伤属于意外伤害事故。蛟河市漂河镇九年制学校组织学生进行足球比赛是正常的教学活动,学校提供的足球比赛场地符合安全标准且上课时已经对学生进行了相应的安全教育,在孙某起受伤后,学校打电话通知了学生的监护人,尽到了妥善处理义务,在足球比赛正常进行中发生意外,学校不应该承担民事责任。最后法院判决孙某起、戴某强、蛟河市漂河镇九年制学校按照公平原则,平均分担。

(四)因第三人行为引起

《民法典》第1201条规定:无民事行为能力人或者限制民事行为能力人在幼儿园、学校或者其他教育机构学习、生活期间,受到幼儿园、学校或者其他教育机构以外的第三人人身损害的,由第三人承担侵权责任;幼儿园、学校或者其他教育机构未尽到管理职责的,承担相应的补充责任。幼儿园、学校或者其他教育机构承担补充责任后,可以向第三人追偿。在因第三人原因造成学校体育伤害事故中,如果幼儿园、学校或者其他教育机构未尽到管理职责的,学校有过错,这个过错责任是补偿责任。如果学校已经尽到了管理责任,则学校不存在过错。比如山东省桓台县某小学修建学校食堂,承包工刘某为防施工物品被盗,在工地上拴了一只狼狗。某日,该小学三年级二班上体育课时,工地上的狼狗挣脱绳索,扑向正在操场上

[①] 安徽省金寨县人民法院(2016)皖1524民初1337号。
[②] 吉林省吉林市中级人民法院(2018)吉02民终2957号。

活动的小学生。学生玲玲被狼狗扑倒在地,遭到恶犬的疯狂撕咬。① 这个案件就属于学校体育伤害事故中的第三人侵权,恶狗主人刘某是动物的管理者,他应该承担侵权责任。当然,在这个案件中,学校在管理上也存在过错(学校没有采取任何防范措施的情形下组织学生在操场上体育课),应该承担补充责任。

四、学校体育伤害事故中的法律关系

在法理学上,法律关系是以法律规范为基础形成的、以法律权利与法律义务为内容的社会关系。② 由于法律所调整的社会关系领域非常宽泛,现实生活中的法律关系也是多元化的,因此法律关系可以分为多种类型。按照法律关系所依据的法律部门的不同,法律关系可以分为:宪法法律关系、民商事法律关系、行政法律关系、经济法律关系、社会法律关系、刑事法律关系、诉讼法律关系、国际法法律关系等。目前,学校体育伤害事故中的法律关系的主要争议集中在以下几个方面。

(一)学校与学生之间的法律关系

1. 监护关系说。监护关系说的主要观点是认为家长把子女送入学校之时,由于父母无法继续行使监护权而监护权自然地由家长转移到学校身上,学校是学生在校期间的监护人,"如果无行为能力人或限制行为能力人是在学校、幼儿园学习或在精神病院生活和治疗期间,则因学校、幼儿园、精神病院具有的特殊职业要求,应由学校、幼儿园、精神病院作为行为人的监护人,承担行为人的民事责任"③。监护关系说又分为监护转移说和监护委托说。监护转移说认为,在一定的时间和空间条件下,学生的法定监护人失去了对学生的监督和管理,行为人在学校、幼儿园或精神病院学习、生活、治疗时致人损害的,此时监护责任已从父母、其他监护人等身上转移到学校、幼儿园、医院身上,它们应承担监护责任,原亲权人、监护人对行为人在学校、幼儿园、医院的行为不负监督义务。④ 监护委托说认为"未成年人的监护人将被监护人送入学校学习,实际上与学校之间形成了一种委托

---

① 韩勇.学校体育伤害的法律责任与风险预防[M].北京:人民体育出版社,2012:48.
② 张文显.法理学[M].4版.北京:高等教育出版社,北京大学出版社,2011:111.
③ 杨立新.侵权行为法案例教程[M].北京:中国政法大学出版社,1999:305.
④ 王利明,杨立新.侵权行为法[M].北京:法律出版社,1996:249.

监护关系"①。

但是,无论是监护转移说还是监护委托说都是不能成立的。这是因为:(1)这只是学者的一种推论,并没有哪一部法律法规明确规定学校的监护责任。(2)法定监护权不可转移。监护制度以一定的亲属或身份关系为前提,法律对监护人有明确规定。原《民法通则》第16条至第18条按照监护人与被监护人的亲疏关系排列了监护人范围:父母、祖父母、外祖父母、成年兄妹、关系密切的其他亲戚、朋友、居委会、村委会、民政部门,除此之外的其他任何人和组织都不能成为监护人。《民法典》第27条第3款第3项虽然规定"其他愿意担任监护人的个人或者组织,也可以担任监护人",看似学校也有可能成为监护人,但该项同时规定"须经未成年人住所地的居民委员会、村民委员会或者民政部门同意",也就意味着学校要想成为未成年人的监护人需要得到相关组织或部门的同意,而不是当然地"转移"获得。(3)学校不具备监护人的某些职责。学校无权管理和保护学生的财产,无法代替学生进行民事行为或代理诉讼。

2. 契约关系说。契约关系说认为,学校与学生之间是一种民事契约关系。这种观点认为,教育本质上并非是公权力行为,而是一种商品,学生交纳学费来购买教育,并同意为实现教育的契约目的而自愿接受学校的管理。比如有学者认为:"受教育者和教育主体所进行的知识和金钱的交换,使双方的关系转化为一种有偿的契约关系,这种契约关系产生的根据是教育主体和教育者的设立行为——学校和其他教育机构向受教育者发出入学通知是要约,学生报到入学是承诺,双方意思表示一致,教育契约关系成立,即形成对双方具有法律约束力的权利和义务关系。"②还有学者认为,虽然在学校与学生之间并没有签订明确的书面契约,但是在二者之间实际上是存在着一种默示契约的,这种契约的内容就是相关的教育法规、惯例、政策等。③ 这种观点在日本及欧美等国有相当多的支持者,这种观点有助于学生摆脱对学校的绝对服从,防止学校权力的滥用,把学生与学校的关系建立在民主、平等的基础上。但是这种观点最多能体现在私立学校中的学校与学生关系,很难体现为公立学校的学校与学生关系。因为公立学校不可能像私立学校一样可以自由地决定学生入学申请,不可能按照契约原

---

① 司伟.在校未成年学生人身伤害赔偿浅议[J].法学论坛,2001(4):81.
② 石旭斋,李胜利.高等教育法律关系透析[M].长春:吉林大学出版社,2007:191.
③ 胡龙林.学生伤害事故立法基本问题研究——兼论《学生伤害事故处理办法》之规定[J].西南师范大学学报(人文社科版),2003(5):51.

则选择权利相对人。而且,学校在教育管理中的很多行为都具有公法的强制性、单方意志性特征,而非平等主体之间的权利义务关系。所以说,这种观点很难适应我国目前的教育体制。

3. 教育行政管理说。其理论根源于大陆法系的特别权力说。特别权力论认为,公民与行政主体之间因特别的义务而形成权力服从关系,如学校管理关系、监狱管理关系等。① 在这种权力关系下,学校处于优越地位,对学生具有概括性的命令支配权,只要出于实现教育目的的需要,不需要特别的法律规定,即可自由发布命令规则,发生纠纷时,学生不能向法院请求救济,只能向学校的教育主管部门申诉。这种理论可以在我国相关的教育法律政策中找到支持的依据,比如《教育法》第 29 条规定学校和其他教育机构可以"按照章程自主管理","对受教育者进行学籍管理,实施奖励或者处分",第 43 条规定了受教育者"对学校给予的处分不服向有关部门提出申诉"的权利,没有赋予学生对学校处分不服时获得司法救济的权利。

教育行政管理说虽然很契合我国教育实际状况,但该观点偏重于管理者的权力而忽视被管理者的权利。如果用这种观点来套用于学校体育伤害事故,则可能会导致一些荒谬的结果,比如学校可能会制定严格的规定而将过多的责任附加到学生身上,而学生也只能服从,导致学校不公平地推卸责任的现象。②

4. 教育、管理关系说。这种观点认为,学校是国家法定的教育机构,因此学校对学生在学校的学习和生活期间负有安全教育与管理职责,因这种教育、管理职责形成的法律关系具有公权关系性质,"学校对未成年人身心方面的监护资格不是来自于私法的规定,不是来自私权利的转移,也不是来自于监护人的委托,而是来自于教育法、未成年人保护法的规定。这种关系不是民事法律关系,而是一种特殊的、具有公法性质的法律关系,是基于教育关系而成立的一种公权关系"③。这种观点较为合理,因为它比较契合我国现行教育行政管理体制下的校方与学生关系的表征。同时在法律上也能找到根据,《教育法》第 29 条规定学校及其他教育机构有"按照章程自主管理""组织实施教育教学活动""对受教育者进行学籍管理,实施奖励或者处分""对受教育者颁发相应的学业证书""管理、使用本单位的设

---

① 申素平.教育原理、规范与应用[M].北京:教育科学出版社,2009:256.
② 王小平.学校体育伤害事故的法律对策研究[M].北京:中国政法大学出版社,2012:100.
③ 劳凯声.中小学学生伤害事故及责任归责问题研究[J].北京师范大学学报(社会科学版),2004(2):18.

施和经费"等权利。第44条规定了受教育者应当"遵守学生行为规范"、"遵守所在学校或者其他教育机构的管理制度"等。《学生伤害事故处理办法》第2条规定了学校实施的教育教学活动或者学校组织的校外活动中，以及在学校负有管理责任的校舍、场地、其他教育教学设施、生活设施内发生的，造成在校学生人身损害事故处理的适用范围。第5条规定了学校对学生进行安全教育、管理和保护，应当针对学生年龄、认知能力和法律行为能力的不同，采用相应的内容和预防措施。从这些规定可以看出，学校对学生具有教育与管理职责。《民法典》第1199条、第1200条分别规定了学校对无行为能力人和限制行为能力在学校受到人身损害的过错责任，也在民事责任上明确学校或者其他教育机构的归责是以是否尽到教育、管理职责来判断其是否承担侵权责任。

我们认为，教育管理关系说较为准确地定性了目前学校与学生的法律关系。但是基于教育管理基础之上的学校与学生的法律关系不完全是公权关系，而是一种复杂的行政法律关系与民事法律关系兼具的法律关系。建立在教育管理之上的学校体育伤害事故，其法律关系也是复杂的行政法律关系与民事法律关系。至于在具体的学校体育伤害事故中的法律关系则需要具体分析，基本的判断标准是：如果学校与学生之间是教育与被教育、管理与被管理的情形，则为行政法律关系；如果二者之间是平等的涉及人身性、财产性的关系，则为民事法律关系。

上述法律关系的定性对于学校体育伤害事故的归责至关重要。在目前的法律体系和司法实践中，对学校体育伤害事故的归责是建立在民事责任基础之上，进而在此之上确认责任主体与赔偿主体。在目前的民事法律体系中，对学校体育伤害事故是建立在过错责任（包括一般的过错和过错推定）基础上，责任主体和赔偿主体通常有学校、教师、学生、未成年人学生监护人、第三方加害人、保险公司等。现在的问题是，作为学校教育的举办者——政府或教育行政主管部门是否应该成为学校体育伤害事故中的责任主体？在学校体育伤害事故司法实践中，只追究到学校或校长的责任，没有对政府或教育行政主管部门追责。但是根据前述的分析，既然学校和学生的教育管理关系中具有行政法律关系的公法属性，那么也应该有相应主体对此承担公法上的责任，这个公法上的责任应由学校的举办者承担。在我国现在的教育体系中，公立学校的举办者是教育行政部门，因为根据《教育法》第26条、第54条规定，公立学校由国家和政府设立，其经费主要来自国家的财政拨款，并由各级人民政府对经费进行管理。教育行政管理部门是学校教育的管理者，政府是行政主体，其以行政命令、行政授权的方式把国家教育交给学校来完成,因此,学校在执行国家的教育管理职能时发生的学校体育伤害事故的责任应由学校的举办者承担,这才符合公法责任。因此,目前完全以私法责任对学校体育伤害事故进行归责是有缺陷的,国家或政府应该对此承担相应责任(关于学校的国家责任,后文另有详论)。

可能有人认为,学校是一个具有法人资格的主体,它应该承担法人责任,所以在学校体育伤害事故中,学校应该成为责任主体,承担赔偿责任。《教育法》第 32 条规定了学校的法人资格,但是该条第 2 款同时规定"学校及其他教育机构在民事活动中依法享有民事权利,承担民事责任",意思是作为法人主体资格的学校承担责任的前提是"在民事活动中"承担民事责任,而不是所有的活动中均要承担"民事责任"。而且,这里规定了学校作为法人主体承担的只是"民事责任",而非所有责任。前述的分析已经指出,学校体育教育活动中的法律关系既有行政法律关系,也有民事法律关系,故《教育法》规定的学校法人责任应该仅仅是承担学校进行体育教育活动中涉及民事关系的法律责任,它不应该以法人资格承担公法责任。

(二)政府与学校的法律关系

目前,学校与政府的法律关系是一种民事法律关系,还是一种行政法律关系,抑或二者兼具? 学术界对此是有争议的。有学者认为,学校是民法中的法人组织,其与政府的法律关系是以独立的民法法人身份进行,因而是一种民事法律关系。① 这种观点是有法律依据的:《教育法》第 32 条规定,"学校及其他教育机构具备法人条件的,自批准设立或者登记注册之日起取得法人资格。学校及其他教育机构在民事活动中依法享有民事权利,承担民事责任。学校及其他教育机构中的国有资产属于国家所有。学校及其他教育机构兴办的校办产业独立承担民事责任。"《高等教育法》第 30 条也规定,"高等学校自批准设立之日起取得法人资格。高等学校的校长为高等学校的法定代表人。高等学校在民事活动中依法享有民事权利,承担民事责任"。但更多的学者认为,我国政府在履行教育管理职能而与公立学校发生的关系应当是行政法律关系。② 因为从设立的主体、依据来看,公立学校是由政府依据具有行政法性质的教育法所设立的;从存在目

---

① 褚宏启.学校在行政法律关系中的地位论[J].教育理论与实践,2000(3):32.
② 周兰领.论政府与公立学校的行政法律关系[D].北京:中国政法大学,2007:48.

的来看,它是为了广泛的公共利益目的而存在;从行使权力的性质而言,公立学校承担的由国家法律赋予的教育教学、教师及学生管理等一系列任务是教育公共行政任务。①

那么,政府与学校的法律关系是民事法律关系,还是行政法律关系?我们认为,在教育的法律关系中,很难说政府与学校的法律关系呈纯粹的民事法律关系或者说是纯粹的行政法律关系,而是一种综合性法律关系。《教育法》第32条规定了学校的法人主体资格,但是这里的法人主体资格仅仅是指民法上的法人主体。因为同样是在这条规定中,学校需要承担的是民事责任,而非行政责任。而且,也并非所有的学校都能承担民事责任,因为这条规定只是说"具备了法人条件时",自批准设立或者登记注册之日起取得法人资格。那也就意味着并不是所有的学校都是民事法人主体,而只是指那些具备了法人条件时才能具有法人主体资格,那些没有具备法人条件的学校是不具有法人主体资格的。那么,在哪些情况下政府与学校是一种民事法律关系呢?大概有如下两种:(1)当政府作为公立学校的资产投资者时,实际享有基于产权之上产生的一切权利。(2)政府与私立学校在教育过程中实施了设立、变更或终止相关民事权利和义务的法律行为。②

当然,学校与政府之间也存在着公法上人的行政法律关系。因为在现代社会中,教育权是一种国家权力,这种权力由政府代为行使,具有行政权的性质。政府在行使教育管理权能时,其相对于公立和私立学校具有单方性和不对等性,在地位是至高无上的。具体来说,只要是国家行政机关依法发布的行政命令,学校都应该遵照执行。即使学校依法提出行政申诉或行政诉讼,也还要遵循"不停止执行"原则。

除此之外,政府与学校还存在着教育宪政法律关系。教育宪政法律关系是按照宪法规范确定双方的权利义务关系。教育宪政关系主要表现为国家教育权与社会教育权、国家教育权与公民受教育权、国家教育权与学术自由权之间的关系。③ 在这种法律关系中,国家是教育义务履行者,公民是教育权利的享有者。在教育义务的履行中,国家是抽象的义务履行

---

① 周兰领.论政府与公立学校的行政法律关系[D].北京:中国政法大学,2007:22.
② 胡劲松,葛新斌.关于我国学校"法人地位"的法理分析[J].教育理论与实践,2001(6):23.
③ 胡劲松,葛新斌.关于我国学校"法人地位"的法理分析[J].教育理论与实践,2001(6):24.

者,其具体的义务由政府代为履行。

　　这种综合性法律关系也决定了在不同法律关系下学校与政府的责任承担。在民事的法律关系中,由于《教育法》已经确立了学校的法人主体资格,因此,学校在民事法律关系中应该承担民事责任。但是学校的这种民事责任能力也是有限的,因为从立法的文义表述来看,《教育法》第32条采取了"承担民事责任"而不是"独立承担民事责任"的立法表述是有立法者的考虑的。即不加"独立"二字显示了立法者对学校民事权利和民事责任能力的一种有意限制。这种有意限制来自两方面考虑:一是考虑到学校教育活动的特殊性及其对国家利益的重大影响;二是对于公立学校而言,由于其产权归属于国家,因而对其责任能力的限制也是必要的。① 因此,在学校不能完全独立承担民事责任的同时,政府作为公立学校的举办者,其应该承担相应的补充责任。这种补充责任主要是指学校承担不了或者不需要学校承担但又需要有所补偿时由政府来承担相应责任。

　　在行政法律关系中,如果学校不执行国家行政机关依法发布的行政命令,作为行政相对人的学校当然应该承担相应的行政责任。

　　在教育宪政法律关系中,由于教育权是一种国家利益和国家主权的体现,作为国家利益代行者的政府,就应该积极履行国家的教育义务。这些义务包括政府要为教育投入一定资金、人员或设备,以及教育制度制定、监督与管理等。

　　通过以上对学校与政府法律关系的分析可以看到,在教育法律关系中,政府在某些具体的教育法律关系中,是需要承担相应责任,履行相应的义务,此即教育(学校体育教育)的国家责任。这个话题我们将在后面的章节中进一步详细论证。

(三)学校与教师的法律关系

　　就目前的教学实践来看,学校与教师实际上存在三种法律关系:公勤关系(或行政关系),劳动关系,民事关系。② 公立学校与教师之间的法律关系体现为两重属性,即公勤关系属性和劳动合同关系属性同时并存。公勤关系是指公法上行政机关与其工作人员之间的勤务关系,学校因是法律法规授权的组织,能对教师实施行政管理,具有明显的公法色彩。从劳动

---

① 胡劲松,葛新斌.关于我国学校"法人地位"的法理分析[J].教育理论与实践,2001(6):20.
② 石正义.公立学校教师法律地位新探[J].湖北社会科学,2012(12):142.

关系的性质和特征来看,学校与教师签订的聘用合同本质上就是劳动合同,聘用关系本质上就是劳动关系。故公立学校中的教师与学校之间的法律关系具有公勤关系和劳动关系的特点,教师的法律身份也应该具有两重性,一是公法上的教育者,二是劳动法上的劳动者。虽然《民办教育促进法实施条例》第34条明确规定民办学校聘任教师、职员应签订聘任合同。但据学者实证调查认为,目前民办学校与教师的法律关系也有两种形式:一是任用制下的公勤关系;二是聘用制下的劳动合同关系。[①]

无论是公立学校还是私立学校的哪一种学校与教师的法律关系,由于教师在进行教学活动时是执行学校的教育任务,因而在此过程产生的法律关系归属于学校而非其个人,故由此产生的法律后果也应由学校来承担。

五、学校体育伤害事故中的责任主体和赔偿(补偿)主体

学校体育伤害事故的责任主体与赔偿(补偿)主体基本上是同一主体,但也存在责任主体与赔偿(补偿)主体不一致的情况,也存在没有责任主体却有补偿主体的情况。

(一)学校

学校是体育教育的施行者,根据《教育法》第29条、第30条的规定,学校有"组织实施教育教学活动"的权利,同时学校有"贯彻国家的教育方针,执行国家教育教学标准,保证教育教学质量"的义务。学校在施行教育包括体育教育的过程中,如果没有尽到教育与管理责任,造成学生体育伤害事故,则学校作为一种法人主体就要承担相应的责任。《民法典》第1199条、第1200条、第1201条均规定了学校对未成年人的教育与管理责任,《学生伤害事故处理办法》第9条规定了学校承担责任的12种情况,其中涉及学校体育伤害的情况有:学校组织学生参加教育教学活动或者校外活动,未对学生进行相应的安全教育,并未在可预见的范围内采取必要的安全措施的;学校知道教师或者其他工作人员患有不适宜担任教育教学工作的疾病,但未采取必要措施的;学校违反有关规定,组织或者安排未成年学生从事不宜未成年人参加的劳动、体育运动或者其他活动的;学生有特异体质或者特定疾病,不宜参加某种教育教学活动,学校知道或者应当知道,但未予以必要的注意的;学生在校期间突发疾病或者受到伤害,学校发

---

① 金劲彪.民办高校与教师的法律关系探析[J].高等工程教育研究,2009(1):92-93.

现,但未根据实际情况及时采取相应措施,导致不良后果加重的;学校教师或者其他工作人员体罚或者变相体罚学生,或者在履行职责过程中违反工作要求、操作规程、职业道德或者其他有关规定的;学校教师或者其他工作人员在负有组织、管理未成年学生的职责期间,发现学生行为具有危险性,但未进行必要的管理、告诫或者制止的。

(二)学生

学生是学校体育教育活动的参加者,在参加学校体育活动过程中,有可能成为直接的加害人。学生成为责任主体或赔偿(补偿)主体有两种情况:一是学生因为是过错责任主体,承担赔偿责任。比如在覃一与覃二人身损害赔偿纠纷案中,[①]一审法院认为,覃二与覃一在柳州市铁一中参与踢足球运动,事发当时是覃一去抢覃二带的球,覃二是向覃一方向倒下,所受伤害并非身体下肢,而是左锁骨,程度为粉碎性骨折,其损害部分与损害程度只有在不当方位与过于猛烈的撞击之下才有可能发生,已经超出了足球运动的规则范围,不但超出了一般人的注意义务,而且超出了足球运动人员应当注意的义务,故应当视为覃一存在重大过失,酌定覃一承担损害的30%责任,覃二自己承担70%的责任。二是参与学生各方均无过错,按公平责任进行补偿。比如在张某与郭某、郭某良侵权责任纠纷案中,[②]一审法院认为,在事发时,两人或已年满14周岁,或已近14周岁,已具备一定的认识和判断能力,应当能够预见在比赛过程中有可能受伤的风险性,但双方仍自愿参与其中。没有证据证明被告郭某具有伤害原告张某身体之故意或违规,被告郭某对原告的损害不具有主观上的过错。基于公平原则,法院酌定被告郭某分担原告张某损失总额的30%。

(三)未成年人学生监护人

当学校体育伤害事故中的"加害"学生是未成年人时,其监护人就成为事故的责任主体和赔偿主体。《民法典》第1188条规定:无民事行为能力人、限制民事行为能力人造成他人损害的,由监护人承担侵权责任。监护人尽到监护职责的,可以减轻其侵权责任。有财产的无民事行为能力人、限制民事行为能力人造成他人损害的,从本人财产中支付赔偿费用;不足部分,由监护人赔偿。比如在前述的张某与郭某、郭某良侵权责任纠纷案

[①] 广西柳州市柳南区人民法院(2012)南民初(一)字第983号。
[②] 广西南宁市青秀区人民法院(2014)青少民初字第30号。

中,郭某分担原告张某损失总额的30%是由其监护人(父母)来进行补偿的。①

(四)第三方加害人

在学校体育伤害案件中,造成伤害事故的直接侵权人既不是学校,也不是在校学生,而是第三人,此时,第三方加害人就成为学校体育伤害事故的责任主体和赔偿主体。对于第三方加害人的责任主体和赔偿问题,《民法典》第1201条也作了规定:无民事行为能力人或者限制民事行为能力人在幼儿园、学校或者其他教育机构学习、生活期间,受到幼儿园、学校或者其他教育机构以外的第三人人身损害的,由第三人承担侵权责任;幼儿园、学校或者其他教育机构未尽到管理职责的,承担相应的补充责任。幼儿园、学校或者其他教育机构承担补充责任后,可以向第三人追偿。比如山东省桓台县某小学因修建学校食堂,将工程承包给施工人刘某。刘某为防施工物品被盗,在工地上拴了一只狼狗。工地位于该小学操场的北端,中间无任何隔离设施。某日,该小学三年级二班上体育课期间,工地上的狼狗挣脱绳索,扑向正在操场上活动的小学生。其中玲玲被狼狗扑倒在地,遭到恶犬的疯狂撕咬,经省医院伤残鉴定等级为八级。此事告到法院后,法院经审理认为,刘某将狼狗拴在工地后疏于看管致使狼狗跑入操场将玲玲咬伤,刘某应对损害后果承担主要赔偿责任。学校在部分操场被施工单位占用,且已知刘某的狼狗拴在工地看门的情况下,未采取安全防范措施,仍组织学生在与建筑工地相毗连的操场上体育课,对于事件的发生存在过失,应承担次要赔偿责任。②

(五)保险公司

在学校体育伤害事故中,保险公司并不是责任主体,但它有可能成为补偿主体。保险公司成为补偿主体的情况是保险公司成为校方责任险或校方无过失责任险中的补偿主体。在校方责任险中,校方是责任主体,保险公司是补偿主体。比如在吕某某、中国人民财产保险股份有限公司商丘市分公司教育机构责任纠纷案中,③法院认定商丘市第一中学未尽到部分

---

① 广西南宁市青秀区人民法院(2014)青少民初字第30号。
② 韩勇.学校体育伤害的法律责任与风险预防[M].北京:人民体育出版社,2012:48-49.
③ 河南省商丘市中级人民法院(2020)豫14民终4917号。

注意义务承担对吕某某所受损害80%的赔偿责任。除去吕某某的精神赔偿4000元以外,学校对吕某某的这部分赔偿由校方责任险的中国人民财产保险股份有限公司商丘市分公司承担。如果学校购买了校方无过失责任险,在校学生发生人身意外且学校在无过错的情况下,学校仍然需要对受害学生经济补偿时,保险人可以获得保险公司的补偿。比如在黎某与华容县第一中学、中国人民财产保险股份有限公司岳阳市分公司教育机构责任纠纷案中,[1]黎某、何某、李某来等同学进行篮球比赛中,黎某在拦抢篮球时不慎摔倒受伤。法院认定华容一中在黎某受伤事故中并无疏于监管教育的过错,但依公平原则对黎某的损失负有补偿义务。学校的这部分补偿由校方无过失责任险的中国人民财产保险股份有限公司岳阳市分公司承担。

(六)政府(教育行政主管部门)

在学校体育伤害事故中,根据现有的法律制度,政府(教育行政主管部门)并不是责任主体,也不是赔偿(补偿)主体。在司法判例中,法院也并没有把政府(教育行政主管部门)列为责任主体和赔偿(补偿)主体。但是这并不妨碍我们在理论上分析政府(教育行政主管部门)成为责任主体和赔偿(补偿)主体的现实性,因为我们认为:(1)按《教育法》第26条规定,国家是教育的举办者,从法理上讲,学校的教育权来自政府教育行政部门的委托,在学校职责范围内发生的学校体育伤害事故应由委托者政府承担。(2)《教育法》第32条虽然规定了学校的法人地位,但是该条第二款同时规定学校作为法人主体承担的仅仅是"民事责任",而非"独立承担民事责任"。这意味着学校不能完全承担民事责任时,政府的教育行政主管部门承担一部分责任。(3)教育权在现代社会已经成为一项事关国家利益的国家事权,教育作为一种国家战略推行于全社会,那么国家作为教育的推行者以及最大受益者,其本应为其推行教育活动过程中产生的学校伤害事故(包括学校体育伤害事故)承担一定的责任和补偿。(4)在教育部、财政部、中国保险监督管理委员会《关于推行校方责任险保险完善校园安全伤害事故风险管理机制的通知》中,要求"省级教育行政、财政等部门为九年义务教育阶段学校投保校方责任险,所需要费用由学校公用经费中支出"。这实际上规定了教育行政主管部门代表政府成为学校体育伤害事故责任主体的政策依据。有关政府(教育行政主管部门)成为学校体育伤害事故的

---

[1] 湖南省华容县人民法院(2017)湘0623民初1669号。

责任主体问题将在后面章节中再详论。

本章小结

参照《学生伤害事故处理办法》对学生伤害事故的定义,可以把学校体育伤害事故定义为:学校实施的体育教学活动或者学校组织的校外体育活动中,以及在学校负有管理责任的体育场、馆或其他体育设施上发生的,与学校体育活动有关的,造成在校学生人身损害或死亡后果的事故。在学校体育伤害事故中的法律关系中,教育管理关系说较为准确地定性了目前学校与学生的法律关系。在教育法律关系中,政府在某些具体的教育法律关系中,是需要承担相应责任,履行相应义务的,此即教育(学校体育教育)的国家责任。学校体育伤害事故中的责任主体和赔偿(补偿)主体主要有学校、学生、未成年人监护人、第三方加害人、保险公司以及理论上的政府。

第二章 《民法典》对学校体育产生的可能影响

2020年5月28日,第十三届全国人大三次会议表决通过了《中华人民共和国民法典》(以下简称《民法典》),这是新中国历史上第一部法典化法律。《民法典》附则中第1260条规定:"本法自2021年1月1日起施行,《中华人民共和国婚姻法》、《中华人民共和国继承法》、《中华人民共和国民法通则》、《中华人民共和国收养法》、《中华人民共和国担保法》、《中华人民共和国合同法》、《中华人民共和国物权法》、《中华人民共和国侵权责任法》、《中华人民共和国民法总则》同时废止。"随着《民法典》生效实施,《民法典》中部分规定将对学校体育活动产生相应的影响。

一、《民法典》涉及学校体育方面立法变化的法教义学理解

之所以采用法教义学的立场进行解读,是因为司法的"依法裁判"要求决定了其首先要站在法教义学立场进行裁判。

(一)《民法典》涉及学校体育方面的立法变化

《民法典》涉及学校体育方面的立法变化主要集中在"侵权责任编"中的第1176条、第1186条、第1201条第2款规定。第1176条自甘风险规则是新增条款,这是体育学界多年呼吁的结果。除此之外的其他条款也有所变化,如过错责任条款在《侵权责任法》第6条表述为:行为人因过错侵害他人民事权益,应当承担侵权责任。根据(着重号者表示修改变化之处,下同)法律规定推定行为人有过错,其不能证明自己没有过错的,应当承担侵权责任。在《民法典》第1165条表述为:行为人因过错侵害他人民事权益造成损害的,应当承担侵权责任。依照法律规定推定行为人有过错,其不能证明自己没有过错的,应当承担侵权责任。再如过失相抵规则,在《侵权责任法》第26条表述为:被侵权人对损害的发生也有过错的,可以减轻侵权人的责任。在《民法典》第1173条表述为:被侵权人对同一损害的发生或者扩大有过错的,可以减轻侵权人的责任。诸如此类条款的修改在其实质内容上并没有作多大的修订改变,只是在词语的运用和表述上更加精

准罢了,但这些条款仍然对学校体育活动产生影响。另外,《民法典》第19条①对限制行为人年龄下限由原来的10周岁以上下调到8周岁以上,也将会对学校的归责产生影响,因为根据《民法典》第1199条②和第1200条③的规定,学校对无行为能力人的侵权实行过错推定责任,对限制行为能力人的侵权实施过错责任。

(二)对第1176条自甘风险条款的法教义学理解

1. 对第1176条第1款的法教义学理解。第1176条分为两个条款,分别针对体育运动参与人的自甘风险规定和活动组织者的责任适用规定。学校体育是否能适用第1176条自甘风险规则？首先,第1176条并没有对学校体育作出明确排除的规定。其次,从文义解释来讲,学校体育也在第1176条的"文体活动"范畴之内,那么就可以反推,学校体育也是可以适用自甘风险规则。但是,也并非所有的学校体育都适用自甘风险规则,这需要根据具体情况来分析。从历史解释来看,《民法典》二审稿对自甘风险没有限制适用范围:"自愿参加具有危险性的活动受到损害的,受害人不得请求他人承担侵权责任。"但在对《民法典》的审议过程中,有的全国人大常委会组成人员、专家学者和社会公众提出,"自甘风险"规则的适用范围不宜过宽,应限定为体育比赛等具有一定风险的文体活动。④ 最后立法机关接受了这个提议,把自甘风险的范围限定在"自愿参加具有一定风险的文体活动"。因此,对第1款自甘风险规定也应持法教义学立场,严格限制自甘风险在学校体育中的适用范围。(1)对"自愿"的限缩解释。所谓自愿,是指受害人并非在他人强迫之下参与了危险性的活动,而是基于自主的意思而参与该活动。所谓参加,通常是指受害人自愿从事某种危险活动,或者

---

① 《民法典》第19条规定:八周岁以上的未成年人为限制民事行为能力人,实施民事法律行为由其法定代理人代理或者经其法定代理人同意、追认;但是,可以独立实施纯获利益的民事法律行为或者与其年龄、智力相适应的民事法律行为。在此之前的《民法通则》对限制民事行为能力人的年龄下限规定为10周岁以上。

② 《民法典》第1199条规定:无民事行为能力人在幼儿园、学校或者其他教育机构学习、生活期间受到人身损害的,幼儿园、学校或者其他教育机构应当承担侵权责任;但是,能够证明尽到教育、管理职责的,不承担侵权责任。

③ 《民法典》第1200条规定:限制民事行为能力人在学校或者其他教育机构学习、生活期间受到人身损害,学校或者其他教育机构未尽到教育、管理职责的,应当承担侵权责任。

④ 程啸.中国民法典侵权责任编的创新与发展[J].中国法律评论,2020(3):55.

使自己陷入危险的境地。① 对于学校体育而言,影响参与人"自愿"参与的因素有:一是年龄要素。一般来说,所谓的"自愿"应该是在自己完全、充分认识到、意识到该项目体育运动存在的风险而仍然参与该项运动。那么,在学校体育活动中,未成年人对"自愿"参与的认知的充分性需要法官根据具体情况而定。一般规律是:年龄越小的未成年人(如小学生)越需要慎用自甘风险规则,年龄越大的未成人(如高中生),适用自甘风险规则的机会就越大。比如在一个司法案例中,法院的观点认为,张某和刘某均系限制行为能力人且不是参与学校或其他组织的比赛,无对"自甘风险"的认知能力,故不适用该项条款(指《民法典》第 1176 条)。② 除此之外,还需要结合当事人对该体育项目的了解程度进行判断。在国外,法院对于未成年人参与的体育运动,一般也不主张适用自甘风险规定。③ 二是学校的体育教学活动。在学校体育中,体育教学是学生必修的课程,他们需要参加学校安排的体育课程并达到一定的课程要求之后才能拿到相应的学分。那么,学生在学校开设的体育课程中是没有选择性的,学生必须参加体育课程教学,否则拿不到相应的学分,可见学生参加体育教学的"自愿性"是不充分的。因此对学校的体育教学活动中造成的伤害要慎用第 1176 条的自甘风险规则。另外,在学校组织的体育赛事活动中,学生参与的自愿性也是不充分的。当然,这里只是分析了可能影响"自愿"性的因素,至于在具体的案件中是否需要适用自甘风险规则,还需要法官根据具体情况结合自甘风险的立法意旨、社会法益和国家、民族利益等进行综合判断。(2)造成伤害的运动风险只应限于来自运动本身的固有风险而非运动以外的风险。因为如果不是运动本身的固有风险,当然就不是参与人"自甘"承受的风险了。体育运动中的固有风险"就是伴随体育项目而来的,很难避免的风险,这些风险是显而易见和可以预见的,并且很难与项目分割"④。曹权之称之为"内在风险",指的是只要参与该文体活动就必须承受的典型风险,其属于该文体活动不可分割的一部分。⑤ 体育固有风险具有如下特征:一是固有风险与体育项目不可分离,本身是该体育项目的组成部分。如在公开

---

① 王利明.论受害人自甘风险[J].比较法研究,2019(2):5.
② 湖南省永州市零陵区人民法院(2021)湘 1102 民初 2717 号。
③ 在 2020 年 5 月 30 日由山西运城学院和中国体育法学会联合举办的"《民法典》自甘风险条款研讨会"上,南京师范大学的张鹏博士介绍了加拿大、英国、美国等国家的自甘风险适用情况时也指出,英美法系的自甘风险一般不适用于未成年人。
④ 韩勇.《民法典》中的体育自甘风险[J].体育与科学,2020(4):20.
⑤ 曹权之.民法典"自甘风险"条文研究[J].东方法学,2021(4):131.

水域进行的划船等水上项目很难避免因风浪等原因造成落水的风险。若想完全避免这些风险的发生,除非不在水上进行。这是其他参与者或者活动组织者无法消除抑或消除十分困难的风险。二是固有风险的发生具有不可避免性,除非不开展或不参加此类活动。例如拳击比赛的目的就是伤害对方,这些致伤风险与拳击运动紧密相连不可分割,根本不可能避免与消除。三是固有风险是明显的。明显表明该运动风险是显而易见的,而不是不明显或者潜在的风险,例如足球比赛中的被拉伤、撞伤、铲伤的风险等。当然,这种显而易见的标准应该是一般理性人的标准,而非每个原告的主观认知风险。四是这种固有风险是必然的。必然指的是只要组织、参加该运动,就伴随着某种风险,这种风险是运动本身固有的,没有办法消除或者消除十分困难。[①] 但是不是所有体育固有风险造成的伤害都可以适用本条自甘风险规则。如果固有风险来源于参加者自身的行为或者非人力的自然因素,如体操、跳水、攀岩、滑雪、单人魔术等。由于此类损害不是由他人的行为所造成的,而是由参加者自己的行为或者非人力的自然因素所造成的,因此由这类固有风险造成的伤害不能适用自甘风险规则。只有固有风险来源于其他参加者实施的侵害行为(主要存在于多人文体活动中,如足球、篮球、拳击、多人武术表演等)时,由于此类损害是由其他参加者实施侵害行为所造成的,因此造成的伤害适用自甘风险规则。(3)"一定风险的文体活动"应只限于体育比赛及其他与之相似的文体活动。首先,必须是文体活动而非其他活动,因此诸如在学校中学生相互打闹以及翻墙攀越、爬窗等行为均不应适用。其次,活动须存在多个参加者。因为第1176条明确规定"因其他参加者的行为受到损害的,受害人不得请求其他参加者承担侵权责任",意即如果没有其他参加者,则不能成立自甘风险。这意味着学校体育中的单人项目如跳远、跳高等不能适用自甘风险规则。因场地或组织等隐患在参加单人运动时受伤害,也不能适用自甘风险规则,此时应直接适用组织者的教育、管理职责规定。最后,"参加"只限于直接参加者,不包括赛场外的观众。既然立法者有意限制自甘风险的适用范围,那么从立法的历史解释看,场外观众不应包括在"参加者"的范围内。不过,这里对"参加者"也不能理解得过于窄狭,它不仅包括正式的参加者,也包括场上的教练员、裁判员等。(4)故意或重大过失的不能适用第1176条自甘风险规则。故意是具有主观恶性,属于过错造成的伤害后果,行为人应承担过错赔偿责任。在体育运动中,一般是指体育行为针对的是

---

① 周金荃.论运动伤害中的固有风险[D].苏州:苏州大学,2017:15.

人而不对事,比如打篮球时"对人不对球",借打篮球之机行打人之目的,在此情况下造成的人身伤害即属于故意。重大过失是一种过失行为,在体育运动中是指该体育行为的动作明显会造成严重体育伤害后果而行为者仍然行为,则造成的人身伤害即属于重大过失。比如在篮球比赛中,当进攻方队员在空中做扣篮动作时,其身体已经不能控制其平衡,如果防守队员从背后用力推而造成进攻方队员的受伤,就应认定为重大过失。

2. 对第1176条第2款的法教义学理解。《民法典》第1176条第2款规定:活动组织者的责任适用本法第1198条至第1201条的规定。按照字面解释,学校属于体育活动的组织者。其中,涉及学校责任的有三条,分别是第1199条教育机构的过错推定责任、第1200条教育机构的过错责任和第1201条第三人侵权时教育机构的补充责任。这三条规定其实都是建立在过错责任基础之上的,即有过错就需要承担责任,没有过错就不需要承担责任。只不过具体的归责要求不同罢了,有些以过错推定进行归责,有些以过错进行归责。之所以这三条都以过错责任为基础,是因为学校等教育机构对学生负有教育、管理职责。既然教育机构有教育、管理职责,那么学校在进行体育教学等活动时就需要履行教育、管理职责,否则就要承担过错责任。所以,第1176条第2款规定是一种特殊的自甘风险规定,即活动组织者需要履行其安全保障义务或者教育、管理义务时,其就可以对受伤参加者提起自甘风险抗辩权。反之,如果这些活动组织者没有履行其法定义务,就存在过错,就应该承担损害赔偿的过错责任。

《民法典》第1176条自甘风险规则对于学校体育的最大意义在于:它理顺了学校体育伤害中的部分法律关系,而且也理顺了那些不属于自甘风险规则调整的学校体育伤害事故的法律关系,即这些法律关系需要其他侵权规则来调整。这样,有助于学校体育的有序展开。

(三)对第1186条公平责任条款的法教义学理解

《民法典》第1186条规定:受害人和行为人对损害的发生都没有过错的,依照法律的规定由双方分担损失。从法教义学分析,本条规定由适用范围和法律效果两部分构成。

1.《民法典》第1186条的适用范围。本条的适用范围是:受害人和行为人对损害的发生都没有过错的。据此对适用范围的理解,在解释上应当具备如下一般条件:(1)须有损害的发生。该损害包括人身损害和财产损害,但不包括精神损害。因为公平责任的救济并非填平,而是分担损失,填平是一种"矫正正义",它是建立在过错基础上的归责,分担损失是一种"分配正义",它是建立在无过错基础上的分担,精神损失主要是建立在过错基础之上的归责。另外,"分配正义"需要斟酌双方当事人对损失的承受能力来决定,精神损失会增加当事人的补偿压力。(2)受害人和行为人主观上均无过错。适用公平责任的主观要件,即当事人主观上均无过错,也称之为"消极主观要件",以区别于过错的"积极主观要件"。(3)须成立条件因果关系。这里的因果关系只需具备事实上的因果关系,即可成立因果关系,它接受"无A必无B"规则的检验(无此原因必无此结果),它不需要具备法律上的相当性因果关系(即"有A通常有B")。因为公平责任并非严格意义上的侵权责任,其分担亦无须填平损害,仅是合理分担即可,不需要严格按照侵权责任的构成要件成立相当因果关系。

2.《民法典》第1186条的法律效果。本条的法律效果是:依照法律的规定由双方分担损失。从规范来分析,将法律适用指向具体的法律规定的转致规范。"依照法律的规定"的内涵是:一是本条的规范意旨是限制公平责任的适用。公平责任原则并非过错责任和无过错责任之外的第三种归责原则,不能成为独立的归责原则。二是基于以上理由,应将公平责任的适用范围加以类型化,避免"公平责任"的泛化适用。[①]

另外,对《民法典》第1186条"依照法律的规定"中的"法律"应作限缩解释,即只限于全国人大及其常委会制定的法律以及全国人大常委会所作的立法解释,不包括行政法规及其以下法规与规章。之所以作限缩解释,是因为可以从编纂过程中的官方立法说明看出立法者对这个条款的立法目的。第一稿"侵权责任编草案"的立法说明指出,在实践中,《侵权责任法》的公平责任规定因裁判标准不明导致适用范围过宽,社会效果不是很好。为了进一步明确该规则的适用范围,统一裁判尺度,草案将侵权责任法规定中的"根据实际情况"修改为"依照法律的规定"(草案第九百六十二条)。可见,立法对公平责任修改的目的是缩小公平责任规则的适用范围,因此对公平责任规则中的"法律"作限缩解释符合立法目的。根据这样的理解,在《民法典》中"法律规定"由双方分担损失的情况只有两个条款。第1190条第1款:完全民事行为能力人对自己的行为暂时没有意识或者失去控制造成他人损害有过错的,应当承担侵权责任;没有过错的,根据行为人的经济状况对受害人适当补偿。第1254条第1款:禁止从建筑物中抛掷物品。从建筑物中抛掷物品或者从建筑物上坠落的物品造成他人损害的,由侵权人依法承担侵权责任;经调查难以确定具体侵权人的,除能够证

[①] 邹海林,朱广新.民法典评注:侵权责任编(1)[M].北京:法制出版社,2020:263.

明自己不是侵权人的外,由可能加害的建筑物使用人给予补偿。可能加害的建筑物使用人补偿后,有权向侵权人追偿。

(四)对第1199条至第1201条学生伤害事故责任体系法教义学分析

1. 第1199条的法教义学分析。《民法典》第1199条规定:无民事行为能力人在幼儿园、学校或者其他教育机构学习、生活期间受到人身损害的,幼儿园、学校或者其他教育机构应当承担侵权责任;但是,能够证明尽到教育、管理职责的,不承担侵权责任。本条是对《侵权责任法》第38条的承袭,因此,从举证责任上看,本条要求教育机构对无民事行为能力人的人身损害承担过错推定责任,除非教育机构能够证明其尽到了教育和管理责任,否则就要承担侵权责任。从法教义学分析,本条在构成要件上是:(1)无民事行为能力人受到"人身损害"。本条只规定对无民事行为能力人在教育机构学习、生活期间受到的人身损害。由此可推定:就同一侵权行为导致的非人身伤害损害赔偿问题(如精神损害)不能适用本条规定,只能适用一般过错侵权责任,具体赔偿规定适用《民法典》第1183条的侵害人身权益的精神损害赔偿和第1184条的侵害财产造成财产损失的计算。(2)教育机构不能证明尽到"教育"和"管理"职责。据此,如果教育机构未能尽到"救助"职责的,不能适用本条进行归责,而是适用第1165条的一般过错条款进行归责,此时对教育机构的归责适用的是过错责任。(3)教育机构未尽"教育"和"管理"职责与无民事行为能力人的人身损害有因果关系。这里的未尽"教育"和"管理"职责主要是指《学生伤害事故处理办法》第9条中列举的除第8项之外的11项规定。教育机构未尽"教育"和"管理"职责与无民事行为能力人的人身损害有因果关系,才能成立侵权责任。需要注意的是,《学生伤害事故处理办法》第9条中列举的第8项"学生在校期间突发疾病或者受到伤害,学校发现,但未根据实际情况及时采取相应措施,导致不良后果加重的"属于未尽"救助"职责,不是"教育"和"管理"职责,不适用本条归责,而是适用第1165条的一般过错责任归责。

《民法典》第1176条第2款规定:"活动组织者的责任适用本法第1198条至第1201条的规定。"但是第1199条并没有明确教育机构作为活动组织者的责任,因此需要通过解释,比照第1198条第1款规定并结合第1199条的适用规则:无民事行为能力人在幼儿园、学校或者其他教育机构学习、生活期间(自愿参加具有一定风险的文体活动,因其他参加者的行为受到损害的,受害人不得请求其他参加者承担侵权责任;但是,其他参加者对损害的发生有故意或者重大过失的除外)受到人身损害的,幼儿园、学校或者其他教育机构应当承担侵权责任;但是,能够证明尽到教育、管理职责的,不承担侵权责任。考虑到无民事行为能力人不宜认定为故意,同时无民事行为能力人在主观上也无法具备辨识重大过失这一复杂认知能力,故如果活动参加者同为无民事行为能力人,则受害人不得请求(并且受害人不得以故意或重大过失为由)其他参加者承担侵权责任。

2. 第1200条的法教义学分析。《民法典》第1200条规定:限制民事行为能力人在学校或者其他教育机构学习、生活期间受到人身损害,学校或者其他教育机构未尽到教育、管理职责的,应当承担侵权责任。本条是对《侵权责任法》第39条的承袭,从举证责任上看,本条要求教育机构对限制民事行为能力人的人身损害承担过错责任,需要受害学生证明教育机构未尽到教育和管理责任,教育机构才能承担侵权责任,否则教育机构不承担侵权责任。在构成要件上,本条与第1199条的构成要件类似,此处不再重述。需要注意的是,限制行为能力人虽然已经具备了一定的认知能力,但其在主观上对重大过失的复杂认知能力仍然不够具备。因此,如果其自愿参加了具有一定风险能力的学校文体活动造成其他限制行为能力人受到伤害,不宜以重大过失对其进行归责,但可以故意进行归责。故《民法典》第1176条的实质性适用规则是:限制民事行为能力人在学校或者其他教育机构学习、生活期间自愿参加具有一定风险的文体活动,因其他参加者的行为受到损害的,受害人不得请求其他参加者承担侵权责任;但是,其他参加者对损害的发生有故意的除外。

3. 第1201条的法教义学分析。《民法典》第1201条规定:无民事行为能力人或者限制民事行为能力人在幼儿园、学校或者其他教育机构学习、生活期间,受到幼儿园、学校或者其他教育机构以外的第三人人身损害的,由第三人承担侵权责任;幼儿园、学校或者其他教育机构未尽到管理职责的,承担相应的补充责任。幼儿园、学校或者其他教育机构承担补充责任后,可以向第三人追偿。本条有两个内容:一是第三人在教育机构造成人身损害的侵权责任;二是教育机构的补充责任和追偿权。这里的侵权构成要件是:(1)学生受到教育机构以外的第三人人身损害。这里的难点是如何理解"第三人",本条相较于《侵权责任法》第40条规定的重要调整是将"教育机构以外的人"改为"第三人",那么,这里的"第三人"是否包括了教育机构的工作人员以及本校的其他学生?这里需要进行体系解释,根据《学生伤害事故处理办法》第14条规定:因学校教师或者其他工作人员与其职务无关的个人行为,或者因学生、教师及其他个人故意实施的违法犯罪行为,造成学生人身损害的,由致害人依法承担相应的责任。这里的"第三人"应该包括教育机构工作人员与其职务无关的个人行为造成学生人身损害的情况。除此之外,如果可以确定侵权人是本校学生,但无法确定具体侵权人的,此时也应将无法查明的具体侵权人视为"第三人"。(2)教育机构未尽到管理职责。注意这里只是要求教育机构未尽到"管理"职责,不包括"教育"和"救助"职责,也就意味着如果教育机构未尽到后面这两个职责,应以《民法典》第1165条一般条款进行归责。(3)学生受到人身损害。根据前面阐述的法理,这里的赔偿责任只能是人身损害,不包括财产损害和精神损失的诉求。

本条的法律效果是:由第三人承担全部赔偿责任,如果教育机构未尽到管理职责,由教育机构承担相应的补偿责任。第1201条第2款教育机构追偿权是一种真正不连带责任,对于教育机构的补充责任和追偿权,从法教义学的理解是:(1)教育机构的补充责任在求偿顺位上是第二位。当直接责任主体能承担赔偿责任时,并不需要教育机构承担责任,只有在直接责任主体即第三人不能确定或者无力承担责任时,教育机构才需要承担补充责任。(2)"相应的补充责任"是指教育机构在其过错范围内承担的那部分责任,而非全部责任。目前《民法典》没有对"相应的补充责任"作出进一步解释,但根据第1201条第1款的规定是对《侵权责任法》第40条的直接沿用,因此可以按《侵权责任法》的官方理解来解释第1201条中的"相应的补充责任"。立法机构认为,所谓"相应的补充责任",是指补充责任人并非对第一顺位的责任人无法赔偿的剩余部分都承担赔偿责任,而是仅在其过错范围内承担责任。[①] (3)追偿权存在教育机构没有尽到管理职责的前提。教育机构承担补充责任的前提是在第三人侵权的校园伤害中教育机构没有尽到管理职责,如果教育机构在管理中尽到了教育管理职责,则不承担补充责任。(4)需要教育机构承担补偿责任之后才能启动追偿权。(5)教育机构在承担了补充责任之后,享有对第三人直接追偿权。

与前述的法理相通,本条与《民法典》第1176条的关系是:对于教育机构的侵权责任,可以比照第1198条规定,第三人行为造成的人身损害,教育机构未尽到管理责任的,承担相应的补充责任。限制行为能力人在教育机构学习、生活期间,自愿参加有一定风险的文体活动,因其他参与者的行为受到损害的,受害人不得请求其他参与者承担责任,但是其他参与者对损害的发生有故意的除外。

---

① 全国人大常委会法制工作委员会民法室.《侵权责任法》条文说明、立法理由及相关规定[M].北京:北京大学出版社,2010:134,161,170-171.

二、《民法典》相关条款修改对学校体育可能产生的影响

(一)第1176条自甘风险条款对学校体育可能产生的影响

1. 明确了学校是否尽到教育、管理职责是是否享有自甘风险抗辩权的前提。在以前的侵权法体系中,即使学校证明了其在学校体育活动中尽到了教育与管理职责,其仍然不能对抗受害学生的诉讼索赔,因为法院仍然可以适用公平责任规则来判定学校分担损失。《民法典》第1176条第2款的规定其实已从功能上划定了学校在学校体育中的责任适用问题。根据1176条第2款的规定,活动组织者的责任应该以《民法典》第1199条至1201条规定进行归责,这三条都是以过错责任进行归责。因此,学校要想免除自己的责任,唯有举证证明它在学校体育中尽到了教育、管理职责,否则就会面临承担过错责任赔偿损失的后果。但如果学校证明了它已经尽到了教育、管理职责,则学校可以主张免除其责任,受害学生就要自己承担伤害后果。这个条款的功能不仅在于明晰了学校的归责方式,还在于能对刺激学校完善学校体育的安全防范措施起到导向作用。因为学校要想不陷入过错归责,就需要在平时建立并完善相应的安全防范措施,才能杜防学校体育伤害事故的发生。

但是这只是一种功能上的判断。实际上在司法实践中,如果法官要想判决学校承担责任还是很容易的,因为目前法律对学校的教育与管理职责的规定比较抽象、模糊,法官认定学校是否尽到教育与管理责任有很大的伸缩空间。这可能会对学校产生不利影响。

2. 第1176条对学生产生影响分两种情况。首先,第1176条规定是一种"全有全无"的结果。即如果抗辩者抗辩成功,则其他参加者不负赔偿责任;如果抗辩不成功,则参加者都要负赔偿责任。正如第一部分指出的,自甘风险规则也可以适用于部分学校体育伤害事故。故如果其他参加者的自甘风险抗辩成功,则意味着受伤害学生不能从其他参加者那里获得任何的赔偿,这对受害学生是非常不利的。即便该学生购买了学生平安险,但由于保险补偿的有限性,也有可能得不到完全的补偿,他将不得不承受自己出钱医治伤害的不利后果,这可能会对该学生在学习及心理方面产生负面影响。其次,对于"加害方"的学生而言,由于允许以自甘风险规则进行抗辩,不仅可能免除了赔偿责任,而且也会对其他参加者产生导向作用,这将从正面鼓励学生积极参加学校体育活动,有助于学校体育活动的有序展

开,符合学校的体育教育目标。但这可能会刺激受伤害学生把损害赔偿的诉讼请求转向学校,希望从学校这里获得赔偿。那么,司法实践中针对学校的诉讼索赔可能会增加,学校将会因此承担更多的诉讼压力。

(二)第1186条公平责任条款对学校体育可能产生的影响

以往《民法通则》和《侵权责任法》的公平责任条款对学校体育的影响最大,争议最多,因为在双方均无过错的前提下法院以公平责任来判决双方分担损失。一方面,对于受伤害学生及其家庭而言,公平责任规则的适用确实可以从经济上减缓其医治伤病的压力。但是另一方面,这个条款遭到学校和"加害"学生方的反对,因为这两方都是在无过错的前提下分担损失,尽管在称谓上没有称作"赔偿"而称之为"分担损失",但实际上的经济后果是一样的,都会给无过错的学校和学生增加经济负担。特别是学校方,其正常开展学校体育活动并且已经尽到了教育与管理的责任,但最后还是要在经济上承担不利后果,这将打击学校正常开展学校体育活动的积极性。

这种局面将因为《民法典》第1186条的修改而大为改变。因为《民法典》1186条修改为"依照法律的规定"由双方分担损失,将公平责任规则仅仅限制在"法律的规定"。它将大大缩小法官的自由裁量权,对于法官而言,他如果要以第1186条公平责任规则进行裁判,必须找到"法律的规定"。对于当事人而言,如果法官作出由双方分担损失而又没有指出"法律的规定"的出处,当事人及其辩护律师也有权利要求指出"法律的规定"的出处,而且上级法院的上诉审也会从这里进行审查。那么在这种明确的适用条件下,法院的模糊审判将无处遁形,这将极大地改变学校方以及"加害"学生方在公平责任案件中的被动局面,对学校体育的正常开展来说是利好消息。但是对受伤害学生而言,由于第1186条的这种限制性规定,其获得公平责任条款救济的可能性将大大降低,甚至没有。如果该学生没有购买学生平安险,他将面临自己承担损害的不利后果,这对他的学习与生活以及他的家庭将会造成影响。

另外,第1186条的限制性规定完成了与其他归责条款在功能上的划分。在《民法典》中符合第1186的限制性规定的只有:第182条第2款的紧急避险人受害人的补偿责任;第183条第2款的见义勇为时受益人的补偿责任;第1190条第1款的完全民事行为能力人对自己的行为暂时没意识或者失去控制造成他人损害且没有过错时,对受害人的补偿责任;第1192条第2款提供劳务一方因第三人的行为遭受损害时,接受劳务一方承担的补偿责任;第1254条第1款不明抛掷物、坠落物造成他人损害,经调查难以确定具体侵权人且无法证明自己不是侵权人时,可能加害的建筑物使用人的补偿责任。但学校体育中的侵权伤害都不在这几个条款的可能射程范围之内,实际上就等于从"法律"要件上排除了学校体育伤害事故适用第1186条公平责任规则的可能性。由于学校体育伤害事故不能适用公平责任规则,《民法典》第1186条公平责任规则其实起到了防波堤的作用:学校体育伤害事故不能以第1186条进行归责。这样《民法典》第1186条公平责任的限制规定实际上激活了其他归责条款在学校体育伤害案件中的归责功能,即涉及学校体育伤害事故不能以公平责任进行归责,只能以其他归责条款进行归责。这些归责条款是:第1165条的过错责任规定①,第1173条的过失相抵规定②,第1199条教育机构的过错推定责任规定③,第1200条教育机构的过错责任④和第1201条第三人侵权时教育机构的补充责任⑤。这些条款看似针对不同情形作出不同规定,但其实均是建立在"过错责任"基础之上的,都是以过错进行归责。那么,当第1186条明确了限制条件之后,法官只能以这些条款对学校伤害事故进行过错归责。这对于学校体育的积极影响在于:一是它可以使学校与学生摆脱公平责任条款的归责困境;二是由此也确立了过错责任在学校体育伤害事故中的主导地位;三是有利于学校摆正心态来开展学校体育活动,建立并完善学校体育安全防范制度。因为对于学校而言,只需要在体育教学与管理上尽到了职责,就不用担心承担责任。而要做到这一点,就需要在平

---

① 《民法典》第1165条规定:行为人因过错侵害他人民事权益造成损害的,应当承担侵权责任。依照法律规定推定行为人有过错,其不能证明自己没有过错的,应当承担侵权责任。

② 《民法典》第1173条规定:被侵权人对同一损害的发生或者扩大有过错的,可以减轻侵权人的责任。

③ 《民法典》第1199条规定:无民事行为能力人在幼儿园、学校或者其他教育机构学习、生活期间受到人身损害的,幼儿园、学校或者其他教育机构应当承担侵权责任;但是,能够证明尽到教育、管理职责的,不承担侵权责任。

④ 《民法典》第1200条规定:限制民事行为能力人在学校或者其他教育机构学习、生活期间受到人身损害,学校或者其他教育机构未尽到教育、管理职责的,应当承担侵权责任。

⑤ 《民法典》第1201条规定:无民事行为能力人或者限制民事行为能力人在幼儿园、学校或者其他教育机构学习、生活期间,受到幼儿园、学校或者其他教育机构以外的第三人人身损害的,由第三人承担侵权责任;幼儿园、学校或者其他教育机构未尽到管理职责的,承担相应的补充责任。幼儿园、学校或者其他教育机构承担补充责任后,可以向第三人追偿。

时注重学校体育安全防范制度的建立与完善,才能在学校体育伤害事故中改变被动局面。

当然,正如前述分析的,这样的功能划分对于受伤害学生而言,可能会使其面临自己承担伤害的不利后果。所以说,一方面,《民法典》把学校体育伤害事故的归责建立在过错责任基础上,明晰了学校在学校体育中的教学与管理职责,基本上理顺了学校体育伤害事故的法律关系,这将有利于学校体育教学的有序展开。但是在另一方面,受伤害学生在《民法典》的侵权归责体系中处于更加不利的境地。

但是,受伤学生的这种不利境地也可能被法官在司法实践中通过提高过错的认定标准来让当事人承担"过错责任"以获得赔偿。比如 A 某在课余时间和同班其他几个同学在学校篮球场上进行对抗比赛,A 某在做上篮动作落地时脚踩到了另一个同学脚上,该同学立即把脚抽走致 A 某落空摔伤。A 某受伤后学校立即将 A 某送到医院救治并通知其家长。按照现在《民法典》第 1186 条的规定,此种情况无法让学校承担公平责任。但是法官如果想支持 A 某获得赔偿,可以通过放宽认定标准来认定学校的过错责任,以实现对 A 某的赔偿。因为目前法律法规对学校的过错责任规定比较抽象、概括、模糊,法官对过错的认定还有很大的伸缩空间。这样,法官可以通过放宽过错标准的认定实现对第 1186 条公平责任规则的转换适用,而第 1186 条公平责任规则的限制适用在法官的自由裁量权面前可能会打折扣。

(三)第 1199 条至第 1201 条教育机构侵权责任体系对学校体育可能产生的影响

《民法典》第 1199 条至第 1201 条共同构成学生伤害事故责任体系,故这三个条文对学校等教育机构的学校体育的正常开展影响巨大。首先,从第 1199 条对教育机构的过错推定责任规定到第 1200 条、第 1201 条的过错责任规定,清晰地从责任归责上划清了教育机构的责任问题,有利于学校根据责任划分来开展正常的学校体育活动,制定学校体育安全防范措施。其次,这三个条文从教育与管理职责上划定了教育机构在学生伤害事故责任体系中的归责基础,进而指明了学校在开展体育活动时的责任范围所在,学校也可以围绕着这两个责任基础来建立更为详细的教育与管理防范措施。再次,第 1201 条规定赋予教育机构的追偿权对于学校正常开展体育活动有积极意义。对于第三人而言,由于他才是损害发生的根源,责令其承担真正不连带责任,更有利于制裁该第三人。对于教育机构而言,毕竟教育机构对侵权的发生不是终极责任人而只是间接责任人,让其承担补充责任也会增加教育机构的赔偿压力。赋予学校等教育机构的追偿权,就可以使学校等教育机构从补充责任的赔偿压力中解放出来。

但是,追偿权与教育机构的补充责任在法理上是相矛盾的。因为教育机构的补充责任仍然是建立在"未尽到管理职责"的过错基础上,按照侵权法理,既然存在过错,那就应该承担相应的责任。教育机构的追偿权实际上就把教育机构的补充责任通过追偿权实现了对第三人的转嫁,这可能会弱化补充责任对教育机构的制裁功能。当教育机构的补充责任被弱化后,教育机构的安全防范意识和压力也会随之减少,反而不利于学校安全管理制度的建构。

三、学校的战略应对

根据前面的分析可知,《民法典》中对学校体育影响最大的条款是第1176条自甘风险、1186条公平责任和第1199条至第1201条教育机构责任体系,为此,学校的体育教学活动应在战略上采取应对措施。

1. 学校敦促学生及其家长购买保险实现赔付的风险转移。因为无论是第1176条的自甘风险规则还是第1186条的公平责任规则,都从法律上缩小了学校体育活动中受害者的获赔范围,受伤害学生可能面临自我承担伤害的风险。在此前提下,唯有通过购买保险实现受伤害学生的损失补偿。为此,学校应该加大宣传力度,向学生和家长讲解法律规则变化带来的风险,宣讲购买人身意外伤害险或学平险的重要性,尽量做到每个学生都能通过购买保险转移自甘风险规则和公平责任规则可能带来的风险。

2. 通过购买校方责任险和校方无过错责任险来转移学校赔偿的风险。《民法典》中的自甘风险规则和公平责任规则都没有减轻学校在学校体育活动中的责任,这样,在学校体育活动中,学校要想避免陷入赔偿困境,一个有效办法是购买校方责任险和校方无过错责任险,通过保险的补偿转移学校的赔偿风险。

3. 学校建立更完善的风险防范机制。由于体育运动的极限性和激烈对抗性等特征,学校体育伤害不可避免。但是这并不等于说学校就只能无所作为,它可通过积极建构良好的制度来减少学校体育伤害事故的发生。《体育法》第33条第2款也提出了"教育行政部门和学校应当做好学校体育活动安全管理和运动伤害风险防控"。为此,学校需要从教育干预、制度建构、运行机制、重点防范方面建立更为完善的学校体育安全防范措施(具体的安全防控措施将在第九章详论)。

本章小结

《民法典》中对学校体育影响最大的条款是第1176条自甘风险、第1186条公平责任和第1199条至第1201条教育机构责任体系。总体看来,这次《民法典》相关条款的立法变化纠正了过去相关法律法规对学校体育法律关系中某些主体的过度保护,有利于学校体育的正常开展,形成有利的学校体育秩序。在此前提下,学校可以通过敦促学生及其家长购买保险实现伤害事故损失的风险转移,通过购买校方责任险和校方无责任险来实现学校赔偿的风险转移,除此之外,学校还可以建立更完善的风险防范机制来减少学校体育伤害事故的发生。

第三章　学校体育伤害案件中的"过错认定"

学校体育伤害案件都是以过错责任进行归责的,①因此"过错认定"环节是此类案件的关键。对于受害人来说,"过错认定"决定着其是否获得赔偿以及在多大限度上获得赔偿的问题。对于侵权人来说,"过错认定"决定着是否需要承担责任以及赔偿的问题。总而言之,"过错认定"的过程是一个主观见之于客观的过程。但从法律方法来看,它是案件事实如何与规范中的事实构成进行对接的小推理过程。在学校体育伤害案件中,其推理的难度与特殊性在于:在过错认定过程中掺和着体育因素和教育因素。

一、学校体育伤害案件中的法律推理

在案件中,法律人需要处理两个问题:事实与规范。法律推理就是以确认的案件事实和一般法律条款为已知前提,为法律上的判处结论提供理由的思维过程。② 简而言之,法律推理过程就是把具体的案件事实与抽象的一般规范进行对接(涵摄)的问题。在这个推理过程中,首先面临着小前提的建构问题,即对事实的认定。对事实的认定需要实现从生活事实向证明事实再向法律事实的转化。生活事实是指已经存在的客观事实;证明事实是指通过证据、自认和推定等手段所证明的生活事实;法律事实是指经过证明了的且具有法律意义的生活事实。③ 举例说明,李某在某商场偷盗了5部手机,价值4万多元,后被商场工作人员当场抓到。在这个案件中,李某在某商场偷了5部手机是生活事实;经商场工作人员指认李某偷了

---

① 在《民法典》颁布以后,涉及学校体育伤害的侵权条款如第1165条的一般过错责任原则,第1173条的与有过失规定,第1199条、第1200条的教育机构对未成年人的校园伤害规定,第1201条第三人校园伤害规定,均是以过错原则进行归责。而新增的第1176条自甘风险规则也是建立在无过错基础之上的,即需要在对当事人进行无过错认定基础上才能适用该条规则。原来《侵权责任法》第24条公平责任规则经过《民法典》第1186条中"依照法律的规定"的限制性规定,已经不能适用于学校体育伤害案件。
② 付子堂.法理学进阶[M].4版.北京:北京大学出版社,2015:171.
③ 郑永流.法律方法阶梯[M].3版.北京:北京大学出版社,2015:36.

5部手机是证明事实;李某的行为是我国《刑法》第264条规定的"盗窃数额较大的公私财物"行为是法律事实。从生活事实向证明事实的转化,是因为有证据证明了李某在商场的盗窃行为:商场工作人员指认了李某的偷盗行为。从证明事实向法律事实的转化,是因为李某盗窃商场5部手机的证明事实符合我国《刑法》第264条规定中"盗窃数额较大的公私财物"的事实构成。但是这个事实构成中的"数额较大"仍然是一个模糊词语,需要明晰其范畴。根据最高人民法院、最高人民检察院、公安部关于盗窃罪数额认定标准问题的规定(法发〔1998〕3号):个人盗窃公私财物"数额较大",以五百元至二千元为起点。这样就可以从法律意义上把李某盗窃商场5部手机评价为"数额较大"的盗窃行为。其中,向法律事实的转化意义重大且较为复杂,因为生活事实向法律事实的转化需要"生活事实"具有法律意义,这里的"具有法律意义"事实是指受到了法律规范的评价、具有了法律意义的事实。从制定法上来看,是指生活事实符合了法律规范中抽象的"事实构成"(通说为"行为构成")。① 比如李某在某商场偷盗手机的事实中,是因为李某在某商场偷盗手机的行为只有符合了《刑法》第264条的一般规定"盗窃公私财物,数额较大的"事实构成,《刑法》对这个事实进行评价,具有了法律意义,才可能变成法律事实。当然,这个过程不是一次完成的,而是一个事实不断向规范靠近、接受法律的事实构成评价并获得法律意义的过程。比如李某偷盗手机案中,对李某偷盗5部手机是否属于《刑法》第264条的"盗窃公私财物,数额较大的"的事实构成判断并非一次性完成,还需要依据法发〔1998〕3号偷盗数额认定标准进行判断。

同理,在对大前提的建构过程中,也是一个规范不断向事实靠近并在与事实的对接中获得新义的过程。

比如,2006年3月27日,甘肃天祝藏族自治县××镇发现121个人头骷髅,公安部及甘肃、青海两省警力调查后确认,青海农民乔×等人结伙在荒郊野地的年久无主墓穴中盗挖得121个人头盖骨后,转手出售给梁×,随后梁×将锯下的头盖骨再次转卖给刘×。刘×将其加工成工艺品出售,非法谋取利益。②

---

① 这里的"事实构成"就是法律规范中的"行为模式"。一般法律规范的结构要素是:行为模式+后果,其典型表达是"如果……那么……"。在这种表达结构中,"如果"后面便是"事实构成",它是抽象的事实,"那么"后面便是法律结果。

② 郑永流.法律方法阶梯:第三版[M].北京:北京大学出版社,2015:5.

在这里,只有把《刑法》第 302 条①的盗窃、侮辱尸体罪中的"尸体"概念与这里的案件事实结合以后,把"尸体"扩大解释为:不仅自然人死亡之后所遗留的躯体,还包括尸骨和遗骨,才能把本案中乔×等人偷盗"头盖骨"行为涵摄在盗窃、侮辱尸体罪之下。这样,《刑法》第 302 条的盗窃、侮辱尸体罪中的"尸体"概念在与本案的事实进行对接之后获得了新义:从自然人死亡之后所遗留的躯体扩展到尸骨和遗骨。之所以说规范只有不断向事实靠近才能清晰并获得新义,是因为规范中的"事实构成"是对普遍事实的概括,因而是抽象的,这种抽象的"事实构成"只有遇到个案事实时才变得清晰起来,甚至是因为个案事实而获得新义。可见,在大前提的建构过程中,也是一个规范不断向事实靠近的过程。

因此可以说,法律推理的过程就是法律人的目光需要在事实与规范之间"来回穿梭"不断地往返流转的过程,推理的思维过程大致需要经过如图 3-1 步骤:

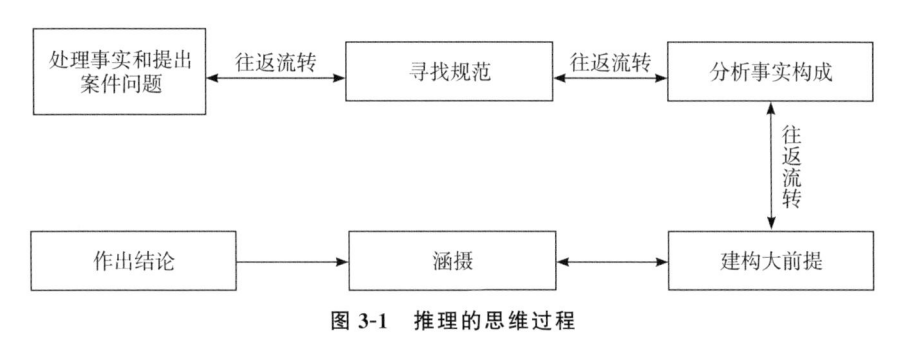

图 3-1 推理的思维过程

学校体育伤害案件中的"过错认定"过程也是一个"小三段论"的建构过程,同样存在着事实与规范的"往返流转"。其中,在小前提的建构中,也会有生活事实、证明事实、法律事实之分。试举一例说明,宋某系被告实验小学六年级七班学生,2017 年 9 月 11 日,宋某在学校操场上体育课时,因跑道破损不慎摔倒受伤,当即被送至西充县人民医院住院治疗 11 天,出院诊断为:右侧锁骨中段骨折。此处,宋某在上体育课时摔倒受伤是生活事实。学校承认宋某是在学校操场跑道上体育课时摔倒受伤是证明事实。宋某因学校操场跑道破损受伤是法律事实。因为《学生伤害事故处理办法》第 9 条第 1 项规定:学校的校舍、场地、其他公共设施,以及学校提供给学生使用的学具、教育教学和生活设施、设备不符合国家规定的标准,或者

---

① 2020 年修正后的表述为"盗窃、侮辱、故意毁坏尸体、尸骨、骨灰",因此需修改加相关说明。

有明显不安全因素造成的学生伤害事故,学校应当依法承担相应的责任。"学校跑道破损"属于第9条规定的"事实构成"之一。在本案中,由生活事实和证明事实向法律事实转换的前提是《学生伤害事故处理办法》第9条第1项的规定,该条规定对"学校跑道破损"作了法律评价,属于学校需要承担责任的一种情况。另外,在大前提的规范建构中,"规范"也是在不断地与事实的靠近中获得其清晰含义的。这里也举例说明,李某是北京市第三十九中学的初中学生,2013年10月23日李某在学校上体育课进行"跳箱"运动时不慎摔倒受伤,后协商不成起诉学校。合议庭在认定第三十九中学对于李某受伤是否存在过错时,其"规范"依据是《侵权责任法》第39条:限制民事行为能力人在学校或者其他教育机构学习、生活期间受到人身损害,学校或者其他教育机构未尽到教育、管理职责的,应当承担责任。但什么是"未尽到教育、管理职责"是一个抽象规定,需要合议庭结合案件事实对"未尽到教育职责"进行清晰化界定,进而才能断定三十九中学在李某受伤事件上是否存在过错。在案中,合议庭认定:证人指认体育教师余某乙在学生跳箱时,站在跳箱一侧,观察做运动的学生助跑、起跳、腾空;李某本次摔倒前曾正常完成跳跃,并非第一次跳箱,本次跳跃过程中突然摔倒,并非器械故障等硬件原因所致。通过这些事实,合议庭认为三十九中学对于李某受伤的损害后果不存在"未尽到教育职责",没有过错。[①] 正是通过证人的指证、学生起跳时教师的站位、李某曾正常完成跳跃、李某跳跃中突然摔倒等事实使学校"是否尽到教育、管理职责"的抽象规定获得了清晰化。

二、学校体育伤害案件中"过错认定"存在的问题

通过司法案例的研析发现,法院在学校体育伤害案件中的"过错认定"存在如下问题。

1. 不遵守举证分配规则加重了学校的举证责任。民事案件中的事实认定,从生活事实到证明事实的转化主要是根据证据来认定的,而这又主要根据证据规则来进行认定。除此之外,民事法律对证据举证责任分配进行了规定。在未成年人的学校体育伤害案件上,教育机构的责任主要根据《民法典》第1199条、第1200条、第1201条(即《侵权责任法》第38条、第39条、第40条)规定来归责。其中,第1199条规定了教育机构对无行为能

---

① 北京市第二中级人民法院(2015)二中少民终字第00400号。

力人受到人身伤害的过错推定责任,即推定学校有过错,除非学校能举证证明学校已经尽到教育、管理职责,才能免除责任。第1200条规定了教育机构对限制行为能力人受到人身伤害的过错责任,即受伤害的限制行为能力人需要举证证明学校没有尽到教育、管理职责,否则承担败诉后果。第1201条规定了第三人在教育机构造成人身损害的侵权责任,其中,对教育机构的归责也实行过错责任。除此之外,作为完全行为能力人的大学生的学校伤害事故,是以《民法典》第1165条的过错责任进行归责。实践中学校体育伤害案件的举证问题主要出现在第1200条规定的实际执行中,在此类案件中,有些法院并没有严格遵守第1200条中的"谁主张,谁举证"的责任分配要求,而是以结果为导向进行推理:因为"学校未能举证证明其在教学、管理中尽到了教育、管理职责",故"学校应该承担责任"。比如在中国平安财产保险股份有限公司安徽分公司、毕某教育机构责任纠纷案中,[1]一、二审法院均认为,毕某在上体育课时应体育老师要求进行前滚翻练习时摔倒,造成伤害,寿春中学未举证证明其尽到管理、保护、提醒的职责,故寿春中学应承担主要责任。在这个案件中,毕某是限制民事行为能力人,其在体育课中受伤应按《侵权责任法》第39条(即《民法典》第1200条)规定由其承担举证证明寿春中学未尽到教育、管理职责,否则就应承担败诉后果。但是在这个案件中,法官没有坚持过错责任分配规则,而是实行了举证责任倒置,实际上加重了学校的举证责任,导致学校在过错认定中处于不利地位。类似的案件还有:沈某某诉上海市民办金盟中学教育机构责任纠纷案,[2]大连市第七十一中学、徐某教育机构责任纠纷案,[3]中国人民财产保险股份有限公司信阳市分公司、龚某教育机构责任纠纷案等。[4] 当然,更多的法院坚持过错责任归责原则,如在许某、清丰县马庄桥镇初级中学教育机构责任纠纷案中,[5]一审法院认为,许某受伤时年满14周岁,属于限制民事行为能力人,根据《侵权责任法》规定适用过错责任原则,只有在学校未尽到教育、管理职责时才承担责任。现许某没有提供证据证明马庄桥中学的事故场地存在安全隐患,经本院审查也没有发现存在上述情形,故没有证据证明马庄桥中学对该事故的发生存在过错。

2. "过错认定"中的技术难题。在学校体育伤害案件的"过错认定"中,

---

[1] 安徽省淮南市中级人民法院(2020)皖04民终983号。
[2] 上海市第一中级人民法院(2017)沪01民终10141号。
[3] 辽宁省大连市中级人民法院(2020)辽02民终5639号。
[4] 河南省信阳市中级人民法院(2020)豫15民终2806号。
[5] 河南省濮阳市中级人民法院(2019)豫09民终3069号。

经常需要借助于运动技术规则或运动规律来认定"过错"。一方面,"过错认定"中的事实需要借助于运动技术规则或运动规律中"事实构成"进行认定。另一方面,"过错认定"中的规范建构需要运动技术规则或运动规律来释明、延释。在此基础上,通过对行为人违反运动技术规则或运动规律的审查,判断行为人主观上是否有过错。比如在北京房山区某中学 2000 年 5 月的一场足球赛中,门将张某上前扑球倒地后被随后赶到的对方前锋李某补射的一脚踢中腹部,导致腹部损伤、脾破裂、失血性休克。法院认为李某在比赛中应该预料到在守门员抱住足球后,仍然起脚去踢球可能伤害守门员,李某在主观上有过错,在客观上造成了对张某的伤害,应当承担责任。[①] 在本案中守门员已经抱住足球,李某仍然起脚去踢球不仅违反了足球竞赛规则,而且这种动作极具危险性,因此主观上有过错。但必须指出,违反运动技术规则或运动规律的行为并不能当然地等同于民事侵权行为中的"过错"。在足球、篮球等运动项目中,一方面,一般的违反运动技术规则只是构成"故意犯规"(如篮球比赛中采取技术犯规或犯规战术),但并不构成法律上的"过错"。但另一方面,如果运动参加者故意或严重违反运动技术规则或运动规律造成伤害的,就不仅会受到运动技术规则的否定评价,而且也会受到法律规范的否定评价,则构成侵权法上的过错。并且,不同性质的比赛、运动情境,同样的违反运动技术规则行为在法律上的评价也是不一样的。比如大力滑铲动作这一犯规行为在职业足球比赛中能够获得理解,只需受到足球竞赛规则的否定评价,当值主裁判可以根据具体情况判罚警告或黄牌处罚。但在业余足球比赛中,如果采取大力滑铲动作,则不仅会受到足球竞赛规则的否定性评价,也可能会受到法律的否定评价。运用运动技术规则或运动规律进行"过错认定"既非常必要,又具有挑战性。在学校体育伤害案件中,运用运动技术规则或运动规律进行"过错认定"将会遇到如下挑战:(1)证据收集困难。在学校体育伤害案件中,一般没有视频证据,在双方各执一词的前提下,很难通过其他证据来查证事实。(2)证人证言难以确证。因为体育运动中的动作具有转瞬即逝的特点,现场观众,包括运动员,很难真切、准确地观察到每一个运动员的每一个动作。故在学校体育伤害案件中,证人证言也很难准确描述事发经过,只能是大概、模糊描述,这势必增加证人证言的确证难度。(3)体育运动中的固有风险与其他风险的辨识存在一定的难度。所谓固有风险(inherent

---

① 韩勇.学校体育伤害的法律责任与风险预防[M].北京:人民体育出版社,2012:68.

risk),又被称为自明风险(obvious risk),是指蕴含于危险性活动之中的、无法被消除的自带风险。① 在学校体育伤害案件中运用运动技术规则或运动规律来认定事实,需要区分体育运动中的固有风险与其他人为风险。比如足球运动中的踢球动作产生的伤害后果就有可能是固有风险,也有可能是其他人为风险,此时需要运用运动技术规则或运动规律来认定。以前述北京市房山区某中学足球伤害案为例,如果在守门员还没有抱住足球的前提下,根据足球运动技术规则,李某起脚去踢球造成张某的伤害后果,可以被认定为是足球固有风险产生的伤害后果。如果守门员已经抱住了足球,根据足球运动技术规则,此时不允许进攻方再进行踢球动作,如果进攻方还是进行了踢球动作,其产生的伤害后果就不应被认定为是固有风险,而是为人为制造的风险,行为人对此具有重大过失。(4)辨识体育违规与法律上的"过错"有一定的难度。体育运动中的犯规故意是违反运动技术规则或运动规律的一种体育行为,它在主观上并不是积极追求或放任后果的发生。如果行为人严重违反体育运动技术规则或运动规律时,它在主观上就有过错,就进入了法律评价范畴,则需要在法律上进行过错认定。但是何种行为"严重违反体育运动技术规则或运动规律"? 在何种情形上就能断定行为人在主观上具有故意或过失之过错? 这需要结合具体情景进行辨识。比如在覃某1与覃某2人身损害赔偿纠纷案中,②一审法院认为,事发当时是覃某1去抢覃某2带的球,覃某2是向覃某1方向倒下,所受伤害并非身体下肢,而是左锁骨,程度为粉碎性骨折,其损害部分与损害程度只有在不当方位与过于猛烈的撞击之下才有可能发生,已经超出了足球运动的规则范围,不但超出了一般人的注意义务,而且超出了足球运动人员应当注意的义务,故应当视为覃某1存在重大过失。

在司法实践中,法官在实务中对借助运动技术规则或运动规律来对事实进行认定的态度有三种。(1)按照"谁主张,谁举证"的举证责任原则处理。在学校体育伤害案件中,一般都不能提供视频证据,在人证又无法作为"三性"有效证据来使用的前提下,受伤害者一般都不能完成举证责任。在此前提下,法院一般会按意外伤害来处理。如在赵某诉上海市某第二中学等身体权纠纷案中,法院认为:"就本案查明的事实来看,原告受伤系在足球射门过程中发生,对此损害后果,原告与查某均无法预知,无证据表明

---

① RUSS VER STEEG.Consent in Sports & Recreational Activities:Using Contract Law Terminology to Clarify Tort Principles[J].Depaul Journal of Sports Law & Contemporary Problems,2016(1):1-43.
② 广西柳州市柳南区人民法院(2012)南民初(一)字第983号。

原告与查某的行为存在过错,原告受伤属于意外。"①在王某飞与首都师范大学等生命权、健康权、身体权纠纷案中,②一、二审法院均认为,王某飞主张其受伤系王某慧恶意侵害其身体造成,未提供充分证据,与查明事实不相符,法院不予采信。由于王某飞的损害结果处于足球比赛中合理运动伤害范围之内,而王某飞与王某慧对此损害均无过错。这种看似是坚守了证据的举证规则,但是要求受害人举证伤害是由加害人过错导致的,未免强人所难。③ 实质上对受害人是不公平的。(2)以运动技术规则或运动规律进行过错认定。比如在戴某与孙某起、蛟河市漂河镇九年制学校及戴某强教育机构责任纠纷案中,④一审法院认为,孙某起按照老师要求参加学校正常的教学活动,其动作行为没有超出足球运动的规则范畴亦不存在重大过失,其行为没有过错。戴某强按照老师要求参加学校正常的教学活动,其动作行为没有超出足球运动的规则范畴,且无伤害他人故意,亦不存在重大过失。在这里,法院认定双方当事人的动作行为"没有超出足球运动技术规则范畴"实际上就是按照足球运动技术规则进行过错认定。(3)采取避重就轻的模糊处理。在这种进路中,法院对事实的认定采取轻描淡写的叙事策略实行模糊处理。比如在高某1与上海市民办万源城协和双语学校、邹某1等教育机构责任纠纷案中,⑤法院对事实的认定是,在进行足球体育课程教学中,原告与被告邹某1发生碰撞,致原告倒地受伤。在汪某1、汪某2、刘某因与被上诉人虞某1、上海市泥城中学教育机构责任纠纷案中,⑥一审法院对事实的认定是:汪某1、虞某1在2014年10月17日上体育课踢球时,双方碰撞,虞某1受伤。但是这种模糊处理在充分说理上是欠缺的。

3."过错认定"中的法官自由裁量权难题挑战。学校体育伤害案件中的"过错认定",无论是"小前提的事实建构",还是"大前提的规范建构",法官都拥有很大的自由裁量权。一方面,学校体育伤害事故中的事实认定,法官在证明责任的分配、证据能力的确定和证明力的判断上,都不可避免地带有法官自由裁量权的成分。⑦ 另一方面,在规范的建构上,除了法律

---

① 上海市普陀区人民法院(2011)普民一(民)初字第4184号。
② 北京市高级人民法院(2018)京民再80号。
③ 孟艳.竞技体育中运动员侵权责任研究[D].北京:首都经济贸易大学,2014:7.
④ 吉林省蛟河市人民法院(2018)吉0281民初1796号。
⑤ 上海市闵行区人民法院(2017)沪0112民初22569号。
⑥ 上海市浦东新区人民法院(2016)沪0115民初51749号。
⑦ 张榕.事实认定中的法官自由裁量权[J].法律科学,2009(4):72-78.

规范以外,还需要结合体育运动技术规则、运动规律以及学校的规章制度来建构"大前提",法官在对这些"规范"进行选择与理解时也有很大的自由裁量权。但是在实践中,法官对自由裁量权的运用容易出现两种偏差。一种偏差是无限加重校方责任。比如在某中学与叶某教育机构责任纠纷案中,[1]叶某被体育老师安排进行跳箱及垫上运动练习。(1)该班学生此前已接触过跳箱项目,叶某参加垫上运动练习后,又在体育老师的单独指导下进行了跳箱练习。(2)叶某经体育老师示范并讲解动作要领后进行起跳分解动作,随后进行了数次完整动作练习均未成功,叶某再次尝试时摔倒受伤。(3)事发时,体育老师在横箱侧前方保护。但是一审法院仍然认为学校方存在过失,原因是:在叶某连续数次均未顺利完成跳箱动作的情况下,既未进一步考察学生的接受情况而适时调整辅导方案,也未给予必要的消化吸收及状态调整时间,其在单独辅导基础上的连续试跳安排有违循序渐进的教学及学习规律,更忽视了密集或高强度练习可能造成的运动伤害,明显不当。需要指出的是,在体育教师事前做了示范动作并单独指导,教师又站在学生动作侧旁保护的前提下,实际上体育教师在此事件中已经尽到了安全保障义务。但法院仍然以体育教师未适时调整辅导方案、违反循序渐进教学及学习规律要求判断体育教师有过错,实际上是无限加重了校方责任。这种做法实际上是法官不遵守体育运动规律滥用自由裁量权的体现。事实证明,一审法院的这种偏差认定被二审法院推翻了。[2] 同样,在于某与天津市静海区独流镇育英小学教育机构责任纠纷案中,[3]原告等男生在接力比赛训练完毕后被体育老师要求在原地休息,体育教师对女生组进行教学。此时,原告自行来到学校体育器械区进行活动,在做攀爬单双杠时摔倒致伤。一审法院认为被告理应考虑到该年龄段儿童好动的特点,在体育课中安排教师在旁监护和指导,其未尽到监护、管理、教育职责,应对原告摔伤而产生的损害后果承担主要责任。在这个案件中,法院同样是拔高了校方的过错,没有考虑体育教学的现实情况。因为根据正常的体育教学安排,一个班级安排一名体育教师进行教学,在对男女学生分开进行接力比赛训练后,在该体育教师去指导女生进行训练并安排男生原地休息时,是不可能还要求体育教师在男生旁边进行监护和指导的。那么,原告自行来到学校体育器械区做攀爬单双杠时摔倒致伤,完全是原告

---

[1] 上海市浦东新区人民法院(2012)浦少民初字第363号。
[2] 上海市第一中级人民法院(2013)沪一中民一(民)终字第200号。
[3] 天津市静海区人民法院(2019)津0118民初1085号。

的过错,学校在这个事件中没有过错。另一种偏差是无限减轻学校方责任。在某些案件中,本应归责到学校方的责任,由于法院对学校体育运动的技术规则、标准、规律了解不全面,也会导致对学校方的过错认定出现偏差。比如在姚某、滕州实验小学新校教育机构责任纠纷案中,①一审法院只认定了被告滕州实验小学新校对原告所受伤害未尽审慎注意义务,酌情认定被告滕州实验小学新校承担30%的责任,原告承担70%的责任。但经二审法院查明,被上诉人滕州实验小学新校用于跳高的海绵垫子规格不符合相关国家标准,没有使用跳高立柱、横杆等专用设备,在使用器材上存在过错,且在姚某起跳时体育教师未做近身指导保护,应承担主要过错。

4."大前提"的抽象性规定挑战难题。在学校体育伤害案件中,能成为"过错认定"中的大前提的主要是《侵权责任法》第6条的一般过错规定,第26条的共同过失规定,第38条、第39条的教育机构侵权责任规定,第40条的第三人侵权过错规定,除此之外,《民法通则》、《民法总则》以及相应的司法解释也对此作了类似规定。② 但是这些规定都比较抽象、模糊,特别是教育机构侵权责任的第38条、第39条,仅仅规定了教育机构的教育、管理职责,至于什么情况属于教育机构的教育、管理职责,并不能从这些条文规定以及相类似的司法解释中直接推理得出。虽然《学生伤害事故处理办法》第9条和第12条分别从学校构成侵权责任和学校免除责任两个方面列举了具体的事项,但即使是采用了列举的立法形式,这些具体事项仍然是抽象的、模糊的。如第9条第6项的"学校违反有关规定"、第8项学校"未根据实际情况""及时"采取"相应措施"、第10项学校"未进行必要的管理、告诫或者制止的"、第11项中学校"未及时告知"未成年学生的监护人等。在这些规定中,什么是"有关规定"?什么是"根据实际情况"?"及时"的度是什么?"相应措施"又是指哪些措施?什么才是"必要"的管理、告诫或制止? 等等,仍然是抽象搅糊的。这意味着,在法官对学校体育伤害案件的"过错认定"中,不仅"大前提"的自身建构将面临着抽象性挑战,而且小前提建构所依赖的规范的"事实构成"部分也面临着抽象性挑战。

5."过错认定"判断标准不统一的难题挑战。在理论上,过错认定标准可分为主观标准和客观标准。所谓主观标准,是指通过判定行为人主观心

---

① 山东省枣庄市中级人民法院(2017)鲁04民终671号。
② 《民法典》生效后,相对应的条文分别是:第1165条、第1173条、第1199条、第1200条、第1201条。

理状态来确定其有无过错。所谓客观标准,是指以某种客观的行为模式作为衡量行为人行为是否适当的标准,进而认定行为人是否存在过错。[1] 一般来说,主观过错标准是以行为人行为时的心理状态是否有过错进行评价,强调意识对行为的支配作用,行为人在意识上有过错,则其行为就有过错,反之,则无过错。客观过错标准主张将过错与主观心理状态相剥离,根据行为人的外在行为进行评价,此时过错被认为是与一个正常谨慎之人行为相偏离的行为。由于《侵权责任法》和现在生效的《民法典》都没有对过错认定采取何种标准作出直接规定,导致司法实践中出现了对学校体育伤害案件中"过错认定"的认定标准呈现主观标准与客观标准不一的局面。一方面,在判定行为人有过错时,不同的案件采用不同的判断标准。比如在陈某芳与海宁市长安镇辛江初级中学、朱某霞人身损害赔偿纠纷上诉案中,[2]二审法院采用主观标准进行判断:上诉人在事发时站在白线外10~20厘米处,是在老师的错误指导下,误以为该区域为安全区,且当时上诉人为初一学生,属限制民事行为能力人,对朱某霞投掷的铅球会伤及其人身,缺乏预见和判断能力,故上诉人主观上无过错,不应承担民事责任。原审被告朱某霞是在老师的指导下,在规定的区域内投掷铅球,主观上无过错,也不应承担民事责任。但在李某涵与张某睿、新乡市卫滨区人民路小学侵权责任纠纷案中,[3]一审法院采用客观标准判断过错:被告张某睿在上体育课时未遵守校规校纪,擅自出队,入队时没有尽到注意安全义务,与原告李某涵发生碰撞,导致李某涵倒地受伤,存在过错,应承担相应的赔偿责任。另一方面,在认定行为人无过错时,也存在主观标准和客观标准之分。比如在覃某1与覃某2人身损害赔偿纠纷上诉案中,[4]法院采用主观标准判断行为人无过错:双方是在足球场上依照比赛规则进行竞赛,上诉人在拦截被上诉人时,他不能因预见自己的行为会造成损害后果而积极地追求或者放任后果发生,其主观上不具有过错。但在戴某与孙某起、蛟河市漂河镇九年制学校及戴某强教育机构责任纠纷案中,[5]法院采用客观标准认定行为人无过错:孙某起按照老师要求参加学校正常的教学活动,其动作行为没有超出足球运动的规则范畴亦不存在重大过失,其行为没有过错。戴某强按照老师要求参加学校正常的教学活动,其动作行为没有超出

---

[1] 方益权.学生伤害事故中学校过错的认定[J].教育评论,2003(3):31-32.
[2] 浙江省嘉兴市中级人民法院(2000)嘉民终字第300号。
[3] 河南省新乡市卫滨区人民法院(2017)豫0703民初996号。
[4] 广西柳州市中级人民法院(2012)柳市民一终字第771号。
[5] 吉林省蛟河市人民法院(2018)吉0281民初1796号。

足球运动的规则范畴,且无伤害他人故意,亦不存在重大过失,戴某强踢球时并不能够预见到自己行为的损害后果,导致孙某起受伤应属于意外伤害事故,戴某强的行为没有过错。这里,法院以行为人的"动作"判断行为人无过错就是一种客观标准。过错认定标准不统一产生的问题是:它无法在司法实践中有效指导法官对过错的统一认定,容易造成同案不同判。

6. 重大过失的认定难题。在《民法典》第1176条自甘风险的除外条件中,故意与重大过失都是排除适用自甘风险的除外条件。故意是过错认定中的"有或者无"的定性问题,重大过失属于过错在"程度上"的量的认定问题,区分的难度在于一般过失与重大过失的区别,这是一个很主观化的认定过程,过失判定的标准本来就模糊,重大过失的判定难度则更大。司法实践中对学校体育伤害事故案件中的重大过失的认定主要的问题有:(1)重大过失与一般过失的区别认定难题。重大过失与一般过失的区别认定决定着是否适用自甘风险的问题,如果其他参与人对损害属于重大过失,就不能适用自甘风险进行抗辩,反之,如果属于一般过失,就可以适用自甘风险进行抗辩。在民法学界,一般过失与重大过失实际上很难进行区分。[①] 司法实践中对认定为重大过失的情况更是慎之又慎,有学者在96份自甘风险判决书中分析,当事人引用"重大过失"作为抗辩理由的案件高达66起,但最终被法官认定为"重大过失"的案件只有6起。[②] 可见,法官认定"重大过失"例外的态度是极其审慎的。在学校体育伤害案件中,一般过失与重大过失的区分认定的难度更大,因为对体育规则的重大违反并不必然产生法律上的重大过失。比如在篮球比赛中,加害人"拉扯被害人肩部"系严重犯规行为,但并非一定构成"重大过失"。事实上,严重违反比赛规则只是构成重大过失的一个必要而非充分条件。[③] 这不仅需要法官从法律上对各种过失进行区分,还需要法官对体育运动规则中的各种过失进行区分,更增加了实践中对一般过失与重大过失的认定难度。(2)"重大过失"认定标准模糊。在魏某与陈某1、陈某2、陈某3、福建省福州铜盘中学生命权、健康权、身体权纠纷案中,[④]二审法院虽然认定陈某1在篮球活动中具有重大过失,但并没有充分论证构成"重大过失"的理由,只是简

---

① 叶名怡.重大过失理论的构建[J].法学研究,2009(6):79.
② 熊瑛子,贺清.文体活动自甘风险条款中"重大过失"的识别——基于《民法典》实施后一年内96份司法裁判文书的实证分析[J].武汉体育学院学报,2023(1):51.
③ 米歇尔·贝洛夫,蒂姆·克尔,玛丽·德米特里.体育法[M].郭树理,译.武汉:武汉大学出版社,2008:122-123.
④ 福建省福州市中级人民法院(2021)闽01民终8167号.

单地指出陈某1未尽合理限度的安全注意义务,争抢力度过大致魏某头部损伤、创伤性牙脱位的身体损害结果,至于陈某1的哪些行为未尽合理限度的安全注意义务,并没有详细论证。(3)很难以未成年人的认知能力来辨认重大过失。有观点就指出,限制行为能力人主观上不宜认定重大过失这一复杂认知能力。① 对于无行为能力人,主观上不宜认定为故意。② 在学校体育伤害案件中,有许多案件就是未成年人之间的侵权行为,那么,在未成年人本身就重大过失欠缺辨认能力的基础上,法官又凭何能力来认定他们的重大过失呢?

三、学校体育伤害案件中"过错认定"的应对路径

1. 对法官"过错认定"自由裁量权的合理规制。"过错认定"是法官的客观见之于主观的过程,自由裁量权无所不在又不可避免。但同时法官的情感、欲望、偏见等以及特有的经历、心理素质、价值观念等也会对其"过错认定"产生影响。因此,需要对法官自由裁量权进行合理规则。(1)借助法律论证来限制法官自由裁量权。法律论证的任务是论证法律大前提和小前提的合法性和合理性,使法律推理的结论建立在正确判断的基础上。由于论证过程是建立在理性的推理基础上,而论证过程的论辩性与说服性使论证结论具有可接受性。学校体育伤害事故中的"过错认定"中的法官自由裁量权体现在"规范"的大前提建构和事实认定的小前提建构上。一方面在"规范"的建构上,由于学校体育伤害事故中的"过错认定"需要结合具体的学校规章制度以及体育规则、行业标准和运动规律等来对"规范"进行解释,这要求法官在行使自由裁量权时,应对这些"法外规则"进行论证,使"抽象的法律规定"与"具体的法外规则"具有可通约性。另一方面在"事实认定"上,如果法官依自由裁量权改变证明责任分配规则或确定证据能力以及法官认可某一证据的证明力大于另一证据时,法官也应该给出详细而充分的论证。(2)以审级制度保障当事人的权利。对法官自由裁量权的合理规制,除了通过法律论证等进行法律方法上的规制以外,还可以通过程序上的设计进行合理规制。即当事人有权通过上诉来提出异议,要求法官改变决定。比如在前述的某中学与叶某教育机构责任纠纷案中,上海市某

---

① 邹海林,朱广新.民法典评注:侵权责任编(1)[M].北京:法律出版社,2020:367.

② 邹海林,朱广新.民法典评注:侵权责任编(1)[M].北京:法律出版社,2020:362.

中学就通过上诉审改变了一审法院的错误裁判,纠正了一审法院在任意行使自由裁量权加重学校的过错认定上的错误。①(3)法官应以"善良管理人"标准来判断学校的安全注意义务。学校的安全注意义务是建立在学校的教育、管理责任基础上,但学校的教育、管理职责是非常宽泛的,因此不可能通过制定详细的规章制度来一劳永逸地限制法官自由裁量权。对法官自由裁量权的合理限制除了方法和程序路径以外,还要求法官以"善良管理人"标准来判断学校的安全注意义务。"善良管理人"标准来源于罗马法的"善良家父的勤谨注意",在罗马法中,是以行为人是否尽到善良家父的勤谨注意来判断行为人有否过失及是否承担过失责任。根据拉贝奥的定义,善良家父的勤谨注意不是难以达到的最细致完美的注意程度,也不是粗枝大叶、满不在乎,而是具有一般知识与经验的人诚实地处理事务时所要具有的注意,是遵循善意原则,小心谨慎、行为端正的主观状态。② 在学校体育伤害案件中,法官对学校的安全注意义务应以"善良管理人"标准判断,即判断学校的安全注意义务应在其合理的预见范围,以学校对能够和应该预见到的将来会受其行为影响的人承担的注意义务为限,而不能要求学校履行超出其职责范围、能力范围的无限的注意义务。③ 比如前述的于某与天津市静海区独流镇育英小学教育机构责任纠纷案,在体育老师已经去指导女生进行接力比赛,不可能要求其对男生进行直接监管,所以在于某私自去攀爬双杠跌落受伤的前提下,一审法院仍然认定学校没有尽到教育、管理职责,实际上已经超出了"善良管理人"的判断标准。"善良管理人"标准可以从两方面进行判断。一方面,从客观上依据现有的法律、法规、规章规定去判断学校的安全注意义务,如果学校违反了这些规定或者说没有履行这些义务,就可以认定学校存在过错。另一方面,从主观上根据不同情境判断学校的安全注意义务。总体而言,在进行体育教学时,学校需要负有特殊的安全注意义务,包括事先的提醒义务、事中的监督和管理义务、事后的及时施救义务。在课间和课余时间学校只需要尽到一般照管职责,即只能从宏观上用规章制度纪律约束教育学生遵纪守法,并采取积极有效的管理措施防范违法犯纪现象的发生,而无须也不可能对每个学

---

① 上海市第一中级人民法院(2013)沪一中民一(民)终字第200号。
② 陈志红.罗马法"善良家父的勤谨注意"研究[J].西南民族大学学报人文社科版,2005(8):56.
③ 解立军.在学生伤害事故中如何界定学校的安全注意义务和过错[J].中国教育法制评论,2004(3):174.

校采取具体的直接的照管措施,否则就勉为其难,过于苛求。① 比如在一个案件中,潘某与同学在课间休息时打羽毛球,李某在旁边观看时被潘某脱手的羽毛球拍击中面部,眼睛受伤造成七级伤残。后李某起诉潘某和学校,一审法院认定学校对学生的安全教育和管理负有一定责任,判决学校承担20%比例赔偿责任。学校不服提起上诉,二审法院认为学校在课休时间对学生的管理主要通过校纪校规等履行一般管理职任,学校在事故发生后及时联系家长,并立即派车将李某送到医院治疗,已经履行了管理和保护职责,学校在此事故中没有过错,不需要对李某的伤害负赔偿责任。② 二审法院的判决就体现了对学校安全注意义务的情景区分化处理。

2. 坚守举证责任分配规则。在教育机构对未成年人的伤害责任上,立法是在平衡了未成年人利益与学校利益基础上进行设计的,即考虑到无行为能力人在举证行为能力上的难度,特意在《侵权责任法》第38条、《民法典》第1199条上规定,对教育机构的举证分配实行过错推定规则。针对限制行为能力人对教育机构实行过错责任(《侵权责任法》第39条、《民法典》第1200条),实际上是在立法上对学校方利益与未成年人在校利益进行了利益衡量。既然法律已在限制行为能力人与教育机构的举证分配上实行了过错责任(而不是过错推定),那么法官就要坚守立法规定的举证责任分配规则,在原告方(即受伤害学生方)没有举证或举证不能的前提下,判决原告方承担举证失败的后果,而不是像前述有些案例中的法官擅自行使自由裁量权要求教育机构承担举证责任。比如在许某、清丰县马庄桥镇初级中学教育机构责任纠纷案中,③一审法院认为,许某受伤时年满14周岁,属于限制民事行为能力人,适用过错责任原则,在学校未尽到教育、管理职责时,学校才应当承担责任。在许某没有提供证据证明马庄桥中学的事故场地存在安全隐患的前提下,许某应该承担举证不能的法律后果。在我们收集的案例中,坚持举证分配规则的类似判例还有:余某、南昌市城北学校教育机构责任纠纷案,④贾某萍、平遥现代工程技术学校教育机构责任纠纷案,⑤宫某1、威海市塔山中学教育机构责任纠纷案,⑥张某1、瑞安

---

① 解立军.在学生伤害事故中如何界定学校的安全注意义务和过错[J].中国教育法制评论,2004(3):182.
② 周瑞生.这起案子为何学校不承担责任[J].人民教育,2003(23):24.
③ 河南省清丰县人民法院(2019)豫0922民初1550号。
④ 江西省南昌市东湖区人民法院(2019)赣0102民初1523号。
⑤ 山西省平遥县人民法院(2017)晋0728民初294号。
⑥ 山东省威海市环翠区人民法院(2019)鲁1002民初1598号。

市莘塍第一中学教育机构责任纠纷案,[①]李某、青岛市黄岛区某小学教育机构责任纠纷案[②]。

3. 在"过错认定"中善于借助体育行业规则、体育运动技术规则、运动规律及各类学校规章制度来构建"大、小前提"。在学校体育伤害案件中,由于现有法律规则对学校体育伤害行为的过错规定过于抽象、模糊,"过错认定"中的"大、小前提"建构更多需要借助各类体育行业规则、体育运动技术规则、运动规律以及学校规则制度来认定。这些"法外规则"才是学校体育教学活动开展的具体依据与准则,这些"法外规范"对学校体育教学行为也具有指引、教育、评价、预测、强制的规范作用。学校体育教学行为如果违反了这些"规范",在一定程度上(但不是必然)就可以认定为过错。比如在北京市第三十九中学与李某教育机构责任纠纷案中,[③]李某(事发时李某 13 周岁)在学校上体育课进行"跳箱"运动时不慎摔倒受伤,一审法院在认定第三十九中学对于李某受伤并不存在"未尽到教育职责"时,就是根据北京市教育委员会下发的《北京市初中毕业升学体育考试过程性考核体育课学业水平考核内容标准及实施办法》的相关标准,认为分腿腾越(横箱)属于大纲规定的体育课程内容,校方在体育课进行跳箱运动,符合教学常规,判定学校在此事故中没有过错(当然还要结合学校的其他责任)。在南昌大学附属小学红谷滩分校、王某 1 教育机构责任纠纷案中,[④]二审法院认为南昌大学附属小学红谷滩分校没有尽到教育、管理责任的依据是"南大附小红谷滩分校 2017—2018 学年课外活动安排表"中的"职责说明":室外课程的授课教师由两位教师负责一个班级,一位老师主教学,另一位老师从旁协助管理。但事实是被告南昌大学附属小学红谷滩分校在组织学生进行哑铃操的课外活动时未按课程计划安排两位老师带班,亦未安排巡查人员进行现场巡查,导致学生在进行哑铃操的课外活动时因游戏发生碰撞的事故未能得到预防和制止。二审法院认为上诉人存在未完全尽到教育、管理职责的过错。甚至在 2021 年 6 月 22 日上海市一中院宣判的一个案例中,对于在 2019 年 10 月 11 日学校组织的篮球比赛中严某防守沈某上篮时把沈某打伤的犯规行为是否属于民法中的重大过失问题,审理此案的上海市一中院法官亲自到市篮球协会进行求教。上海市篮球协会指出,

---

① 浙江省瑞安市人民法院(2019)浙 0381 民初 10631 号。
② 山东省青岛市黄岛区人民法院(2015)黄少民初字第 247 号。
③ 北京市第二中级人民法院(2015)二中少民终字第 00400 号。
④ 江西省南昌市中级人民法院(2020)赣 01 民终 1516 号。

参赛者在与对方争抢中有不必要的身体接触而被吹罚的,属违体犯规。法官结合场上裁判的裁决,认定严某的防守行为构成《篮球规则》第37.2.2条中的"违体犯规"行为,但严某在主观上仅有一般过失而无故意或重大过失。最后根据《民法典》第1176条的自甘风险规则,裁决严某不承担责任。①

这几个案例说明,在学校体育运动伤害案例中,"法外规则"对于"过错认定"意义重大。因此,法官应该重视借助这些"法外规则"对过错的认定。

4. 允许当事人启动运动技术合规性审查程序。前述论证表明,在某些学校体育伤害事故案件中,可以根据运动技术规则来判定伤害事故中的"过错认定"问题。但是,法官对运动技术规则的细节认定也是非专业的,此时就需要运动技术规则的合规性审查委员会来协助法官认定。基于体育专业性要求,合规性审查委员会成员应该由体育专业人士担任,人员来自学校体育教师、教练员、裁判员、专业运动员等。合规性审查委员会的职责是根据运动技术规则对当事人运动技术行为的合理性进行合规性审查,提出合理判断,供法官参考。前述上海市一中院就违体犯规求助于上海市篮球协会的做法就是一种专业求助的很好做法。然后,法官在这个基础上对致伤事实、行为的过错与否以及赔偿责任进行认定。但是,为了不增加法院的审理负担,运动技术合规性审查不是必经程序,而是启动性程序,即只有当事人要求启动这个程序时才启动,启动权在当事人那里。

5. 学校体育伤害案件中的"过错认定"宜采注意义务为主的客观标准进行判断。在现代侵权法中,侵权法的价值取向已经从行为人中心主义向受害人中心主义演变,过失判断的客观标准可以实现受害人获得法律救济利益最大化。因为客观标准是预先设定了某种客观标准,法律中常常采取拟制的抽象人的行为作为判断标准,如"善良家父"标准、"合理人"标准等,以此作为判断行为人是否具有过失的参考系。在学校体育伤害案件中,行为人过失造成的伤害事故居多,很少有故意伤害的成分,因此对"过错认定"宜采用注意义务为主的客观标准进行判断。可以说,体育活动中的人身伤害事故均由违反自身注意义务而生。② 从行为人的外观行为标准来看,在学校体育伤害案件中,判断行为人的行为是否具有过失的注意义务的来源有:(1)法律上的注意义务。法律是注意义务最为基础的一个渊源,

---

① 王长鹏."砰"!一场突发事件中断了比赛[EB/OL].(2021-06-23)[2023-03-17].https://mp.weixin.qq.com/s/jXouSVcDJ7lxqUQIepmYyA.

② 汪全胜,宋琳璘,张奇.我国高危险性体育项目的立法缺陷及其完善[J].武汉体育学院学报,2020(6):46-53.

此处的"法律"是广义上的法律,包括全国人大及其常委会制定的法律,以及各种行政法规、部门规章、政府规章、地方性法规、规范性文件和司法解释等,比如《民法典》第 1199 条、第 1200 条、第 1201 条以及《学生伤害事故处理办法》规定的学校的各种教育与管理义务。如果学校履行了这些特定的注意义务,则可以认定其在学校体育伤害事故中无过错,反之,则可以认为其有过错。(2)体育行业准则、体育技术规则与标准等要求的注意义务。这些注意义务也是判断学校体育伤害事故中行为人是否尽到注意义务的具体判准。比如在一些学校体育伤害案件中,学生因学校体育场地或器材受伤,那么,学校的体育场地或体育器材是否达标就成为判断学校在事故中是否有过错的依据。(3)学校制定的体育教学安全要求。每个学校都会根据上位法制定具体的教学安全规则与要求,那么,这些学校层面的安全规则与要求也就成为判断是否有过错的标准。比如在前述的南昌大学附属小学红谷滩分校、王某 1 教育机构责任纠纷案中,二审法院之所以认定南昌大学附属小学红谷滩分校没有尽到教育、管理责任,就是因为南昌大学附属小学红谷滩分校没有按照学校制定的 2017—2018 学年课外活动安排表"职责说明"要求分配两位教师负责一个班级进行活动。(4)体育运动规律和教育规律。在学校体育伤害事故中,体育运动规律以及教育规律也是认定行为人是否具有过错的标准之一。如果行为人在遵守这些规律的前提下造成了伤害,则不宜认定为其具有过错。反之,则具有过错。比如在前述的某中学与叶某教育机构责任纠纷案中,二审法院之所以撤销一审判决,认定某中学没有过错,从思维上判断即可得知,二审法院更多的是尊重了教育规律。因为从教学规律来讲,当体育教师对男女学生进行分组训练,在体育教师去指导女生进行训练,并且交代男生在原地休息的前提下,该体育教师不可能分身对男生进行跟紧管理,那么受伤害学生擅自到双杠器材进行活动造成的伤害应由其自我承担,体育教师没有过错。在前述上海一中院的严某与沈某人身损害赔偿案中,法院之所以认定严某的违体犯规是一般过失而不是重大过失,也是因为从体育活动的种类特性看,"在篮球比赛'强力对抗'的情况下,不能苛求严某在作出封盖的防守动作时经过深思熟虑,且必须做到合理规范"①。

当然,这里的一般注意义务是针对校方责任的,对于体育运动中的参加者而言,应当将参赛者的注意义务限定在较一般注意义务更为宽松的范

---

① 王长鹏."砰"! 一场突发事件中断了比赛[EB/OL].(2021-06-23)[2023-03-17].https://mp.weixin.qq.com/s/jXouSVcDJ7lxqUQIepmYyA.

围内。因为参赛者需要在电光石火的瞬息之间作出思考、判断,很难要求参赛者做到每一个决定、每一个动作都合理规范、准确无误和恰到好处。也就是说,不能用平时的一般合理人标准去评判赛场上的每位参赛者。否则,参赛者必将畏首畏尾,体育运动也将变得索然无味。

6. 对自甘风险案件中的"重大过失"进行解释。首先,对重大过失、一般过失、故意的区分进行文义解释。重大过失与一般过失都是对注意义务的违反的过失,二者的区别是:一是重大过失对注意义务的违反更为基本。例如在上篮动作中,如果加害人作背后推人动作,则不仅仅是违反了技术规则,更是对体育精神和基本伦理要求的违反,无疑构成重大过失。二是重大过失对违反义务的方式更异乎寻常,根据一般人基本智识就能判断行为人的行为异乎寻常。比如在原某1、原某2、刘某1、刘某2、聂某1、孙某、蔡某1、蔡某2与李某云、张某、李某、张某杨、张某林生命权、身体权、健康权纠纷案中,①5个13岁中学生并排占道溜冰的行为是异乎寻常的,因此与刚进入冰场的原告发生碰撞的过失属于重大过失。重大过失与故意在主观认识上对损害结果的发生都是以确信损害结果会发生为前提,区分在于故意对损害后果必然或者基本上必定会发生的认识,重大过失对损害结果的发生的确认有所下降,即下降到轻率的程度。所以,故意在确信度是基本上必定/大体上的必然性,轻率在确信度是高度盖然性。② 比如张某博与李某阳等侵权责任纠纷案中,③法院认为李某阳实施了非体育行为,其应当预见到在快速奔跑过程中,用力铲倒他人可能会造成相应损害的后果,而其基于疏忽大意或者过于自信没有预见,从而导致损害后果的发生,这显然就是重大过失的轻率表现。其次,对自甘风险条款中的"重大过失"的注意义务进行体系解释。《民法典》体系中共有18个条文出现了"重大过失",这些条文中关于"重大过失"的注意义务多是源于道德义务。例如第660条赠与财产人的赔偿责任,第823条中承运人的免责赔偿,第897条无偿保管人的赔偿除外规定等。由此可以推定自甘风险条款中的"重大过失"的注意义务也是一种道德义务,即体育伦理要求的注意义务。这些条款均规定,行为人仅需要负担一般注意义务即可。比如第897条仅要求无偿保管人故意或者重大过失时承担赔偿责任,违反一般注意义务不承担赔偿责任。自甘风险条款中的注意义务要求与此同类,体育参加者之

---

① 河南省鹤壁市中级人民法院(2021)豫06民终1170号。
② 叶名怡.重大过失理论的构建[J].法学研究,2009(6):81-82.
③ 北京市海淀区人民法院(2020)京0108民初13896号。

间的互保义务源于体育精神中的伦理要求,参加者仅负担一般注意义务,他们的一般过失是被自甘风险条款允许的,可以免责。比如在张某等生命权、身体权、健康权纠纷案中,[①]二审法院认为,在激烈对抗的篮球比赛中,应当将此种情况下参赛者的注意义务限定在较一般注意义务更为宽松的范围内。不能苛求韦某某在作出封盖的防守动作时经过深思熟虑,且必须做到合理规范。否则,显然有悖于人类自身的自然规律。这里,法院仅要求参加者负担较一般注意义务更为宽松的义务。再次,结合体育规则与技术规范进行解释。在学校体育活动中,对自甘风险中重大过失的认定经常要借助体育规则与技术规范来判断。仍以张某等生命权、身体权、健康权纠纷案为例,二审法官根据《篮球规则》第 37.1.1 条规定认为,参赛者被当值主裁吹罚违体犯规,并不就是意味着被吹罚犯规的参赛者的犯规行为所针对的对象是其他参赛者的人身,也有可能是针对其他参赛者所控制的篮球,认为韦某某作出的封盖动作所针对的对象是张某某所控制的篮球而不是带球进攻上篮的张某某的人身,从而认定韦某某的动作不构成重大过失。

四、学校在"过错认定"中的应对措施

为了使学校在"过错认定"中能实现减轻或免除责任,学校应该从如下方面进行应对。

1. 平时注意对证据的收集与保存。法庭上对学校的"过错认定"主要靠证据以及证据规则来认定。因此,学校要想在"过错认定"中获得减轻或免除责任,则需要举出基础性证据。这些基础性证据包括但并不完全限于:学校规范开展体育教学的证明材料;学校进行安全教育的证明材料;学校的体育设施、场地、体育器材等符合国家规定的标准的证明材料;学校组织体育竞赛活动的安全防范的证明材料(如安全应急预案、安全告知书、危险区标识等);学校在可预见的范围内采取必要的安全措施的证明材料;学校知道或者应当知道学生有特异体质或者特定疾病,不宜参加某种教育教学活动时予以必要注意的防范措施的证明材料;学生在发生体育伤害时学校及时采取相应措施的证明材料;学校体育教师或者其他工作人员在履行职责过程中遵守工作要求、操作规程、职业道德或者其他有关规定的证明材料;学校教师或者其他工作人员在负有组织、管理的职责期间,发现学生行为具有危险性并进行必要的管理、告诫或者制止的证明材料;学生违反

---

① 上海市第一中级人民法院(2021)沪 01 民终 732 号。

体育运动规则或者课堂纪律导致的学生伤害事故的证明材料;因学生自行参加体育运动造成的学生伤害事故的证明材料。

2. 建立完善的视频监控。除了上述提到的证据材料以外,学校还需要建立完善的视频监控来为自己在法庭上的"过错认定"减轻或免除责任。因为视频可以提供直观事故发生过程的证据,在此过程中,如果学校没有过错或者学生也有过错,就可以减轻或免除学校的责任承担。

3. 向法院提供涉及学校体育伤害事故的体育行业规则、体育运动技术规则及各类学校规章制度并阐释其中的规则要义及其价值所在。因为法官的专业所限,他不一定了解并理解这些规则的要义及其价值所在,如果学校能够提供这些规则并阐释其要义,则可能在说理论证上获得法官的认可,从而减轻或免除学校的责任承担。

4. 向法院提供类案检索报告。同(类)案同判是法治的基本要求。如果学校方能够检索到有利于减轻或免除责任的相同或相类似的案件并向法院提供检索报告,则就有可能获得法院的采纳进行同案同判。因为最高人民法院《关于统一法律适用加强类案检索的指导意见(试行)》(2020年)第9条规定:检索到的类案为指导性案例的,人民法院应当参照作出裁判,但与新的法律、行政法规、司法解释相冲突或者为新的指导性案例所取代的除外。检索到其他类案的,人民法院可以作为作出裁判的参考。即如果类案检索到的是"指导性案例",则法院必须参照作裁决。如果检索到的是"其他类案",法院也是"可以"将其作为裁判的参考。无论是哪种结果,对学校都是有利的。而且第10条还规定:公诉机关、案件当事人及其辩护人、诉讼代理人等提交指导性案例作为控(诉)辩理由的,人民法院应当在裁判文书说理中回应是否参照并说明理由;提交其他类案作为控(诉)辩理由的,人民法院可以通过释明等方式予以回应。对于校方提交的类案检索报告法院要么在裁判文书说理中回应,要么通过释明等方式回应。

5. 聘请专业律师进行代理。法庭上的"过错认定",无论是对事实的举证,还是对规范的理解,都需要专业的法律人才提供法律服务才能在法庭上最大限度地维护校方利益。这是众所周知的事,无须赘言。

本章小结

从法律推理视角看,学校体育伤害案件中的"过错认定"过程也是一个"小三段论"的建构过程,同样存在着事实与规范的"往返流转"。在此过程中存在问题是:不遵守举证分配规则加重了学校的举证责任、"过错认定"

中的技术难题、法官自由裁量权过大、"大前提"抽象性规定、"过错认定"中主观标准与客观标准不统一、重大过失的认定难等。对此,可以通过法律论证、审级制度、"善良管理人"标准来合理规制法官自由裁量权;通过坚守举证责任分配规则来平衡学校的举证责任;借助体育行业规则、体育运动技术规则、运动规律及各类学校规章制度来构建"过错认定"中的"大、小前提";允许当事人通过启动运动技术合规性审查程序、采取注意义务客观标准、对"重大过失"进行解释来进行"过错认定"。

从学校角度看,应采取加强平时对证据的收集与保存,建立完善的视频监控,向法院提供涉及学校体育伤害事故的体育行业规则及体育运动技术规则及各类学校规章制度等并阐释其中的规则要义及其价值所在,向法院提供类案检索报告,聘请专业律师进行代理等措施来争取在"过错认定"中减轻或免除责任。

第四章　学校体育伤害案件中的利益衡量

学校体育伤害事故是校园伤害事故中最频发的校园伤害类型。有研究指出在学生受到严重伤害的事故中,因体育运动而致伤的比例超过50%。[①] 学校体育伤害事故的解决可以有多种路径与手段,但都离不开利益衡量,因为学校体育伤害事故涉及多重利益关系,任何解决问题思路和手段都需要建立在利益衡量的基础上。可以这样认为,利益衡量是实现学校体育伤害纠纷司法解决的合法性与合理性、法律效益与社会效益相统一,维护学校体育参加者权益与学校体育有效开展的基础。

一、学校体育伤害事故中的利益范畴

利益有多种分类。按利益的发生领域,可分为物质利益、政治利益、精神利益;按主体不同,可以分为个人利益与公共利益,公共利益又可以分为人类利益、国家利益、民族利益、阶级利益、集体利益、家庭利益等;按其时效,可以分为长远利益、短期利益与眼前利益;按其作用范围,可以分为整体利益、局部利益与个别利益;按实现程度,可以分为既得利益与将来利益;按其合法性,可以分为合法利益与非法利益。[②] 但是这些分类在司法实践中更多地只具有分类的功能,不具有衡量的功能。比如很多案件并不涉及政治利益,并且司法也不可能保护非法利益,所以在司法实践中当面临非法利益时,根本不需要进行利益衡量。本章所讨论的利益衡量是指合法利益之间的竞争性保护问题。梁上上教授对利益的分类具有利益衡量的可操作性,他把司法实践中的利益衡量类型分为:当事人的具体利益、群体利益、制度利益和社会公共利益。[③]

当事人利益主要是案件双方当事人之间的各种利益。在学校体育伤

---

① 国家安全生产监督管理总局宣传教育中心.学校公共安全教育模块实施手册[M].北京:国家行政学院出版社,2008:55.
② 孙国华.法理学教程[M].北京:中国人民大学出版社,1994:86.
③ 梁上上.利益衡量论[M].北京:法律出版社,2016:120-121.

害案件中,当事人的具体利益包括作原告方的学生利益与被告方利益,[①]在被告方利益中又可分为学生被告方利益和学校被告方利益。受害方利益主要是人身伤害利益,主要通过财产利益和精神利益体现出来。学生被告方利益主要是财产利益。学校被告方利益主要是财产利益和正常开展体育教学利益。受害人权利受到侵犯,其利益必将受到损害,具体到学校体育伤害案件中,受害人身体受到伤害直接表现为生命健康权受到了侵犯,间接地也会影响其精神健康利益。一旦被告人构成侵权或者与伤害形成某种事实上的因果关系,则其将会承担赔偿(补偿)责任,其财产利益或其他利益将会受到影响。

群体利益是类似于案件中对类似原告或类似被告作相似判决所生的利益。[②] 这里的群体利益仅限于受法院判决影响的与原告或被告相类似的群体利益,本质上是与原、被告双方背景相同的潜在群体利益。在学校体育伤害案件中,群体利益主要是受害人群体利益、侵权人群体利益和学校群体利益。在学校体育伤害案件中,司法判决结果不仅直接影响着当事人的具体利益,而且也会间接引导与此相关群体的行为指向和行动方向,最终会干扰该群体的利益获得,因此,群体利益也应该是法院衡量的利益之一。[③] 比如,学校方在诉讼中被判决赔偿(或补偿)受害人的伤害损失,就等于在法律效力上影响了学校群体在类似案件中的利益损失。同理,当学生被告方在诉讼中被判决赔偿(或补偿),也会影响该群体在类似案件中的利益损失。

制度利益是指一项法律制度所固有的根本利益,比如婚姻法中一夫一妻制度和禁止重婚制度所表现出来的利益。学校体育伤害案件中的制度利益主要包括《民法典》《学生伤害事故处理办法》等规定中所体现的利益。有人认为,侵权责任法的调整涉及两种基本利益:一是受害人民事权益的救济,二是他人行为自由的维护。[④] 其实,制度利益不仅包括每一部分法律文件中的总体制度利益,也包括每一个法律条款中所体现的具体制度利益。比如《民法典》第1199条和第1200条教育机构责任的规定,就包括学校等教育机构正常开展教育教学的制度利益和受害学生获得赔偿的具体

---

① 之所以称为被告人利益而不是侵权人利益,是考虑到有些学校体育伤害案件中的被告人并非是侵权人(当其无过错时,不存在所谓的侵权人),而只能是被告人。
② 梁上上.利益衡量论[M].北京:法律出版社,2016:120-121.
③ 刘水庆.论体育伤害纠纷司法解决中的利益衡量[J].中国体育科技,2018(4):30.
④ 赵毅,王扬.论多元化校园体育伤害救济模式构建[J].成都体育学院学报,2017(6):115.

制度利益。很显然,在学校体育伤害案件中,制度利益也是法院需要衡量的利益之一。

社会公共利益的主体是公众,它包括但不限于社会经济秩序利益和社会公德的利益,还包括深层的社会公平正义等法律理念。社会公共利益具有整体性和普遍性两大特点。在使用社会公共利益时,要注意把它与集体利益和国家利益区分开来,它们之间有交集之处,但并非完全重合。我国《宪法》《民法通则》等把社会公共利益与国家利益、集体利益和个人利益并列使用,这是对社会公共利益独立性的法律承认。[①] 在学校体育伤害案件中,法院需要衡量的社会公共利益除了社会中体现的公平、正义利益以外,还包括体育公平利益和学校教学利益。因为学校体育也需要遵循并体现体育的基本价值目标,而公平则是体育运动长久发展,持续造福人类的内在动力,因此公平参与体育运动以及维护体育的公平竞争的体育公平利益就成为学校体育伤害案件中特有的社会公共利益。又因为学校教育的公共性,其教学利益也构成了社会公共利益中的一部分。

二、利益衡量在学校体育伤害案件中的规范类型展开与特点

(一)学校体育伤害事故中的利益体系

从司法实践上看,学校体育伤害案件中的责任归责与赔偿结果存在着三种不同的当事人:学生受害人、学生行为人与学校。围绕这三种当事人的归责与赔偿问题的利益衡量结果,大致有七种利益衡量的判决结果:受害人自我承担损失后果、侵权人赔偿损失、当事人公平分担损失、当事人共同过失承担赔偿责任、学校无责任+学生公平分担损失、行为人学生无责任+学校与受害人公平分担损失、学校过错+学生公平分担损失。

1.受害人自行承担损失后果。在此类案件中,如果被告方提出受害人的行为属于自甘风险或意外事件的抗辩事由获得法院的认可时,被告方就会被免除赔偿责任,受害人须自行承担损失后果(当然,如果购买保险,则可以通过保险获得补偿)。此类案件是在受害人利益与被告方利益之间进行利益衡量,其中被告方利益包括学生行为人利益与学校方利益。比如

---

① 李智.体育争端解决法律与仲裁实务[M].北京:对外经济贸易大学出版社,2012:92-93.

在郑某瑞与中山大学生命权、健康权、身体权纠纷案件中,①二审法院认为:郑某瑞作为成年人自愿参加篮球比赛活动,属于自甘风险情形。根据《学校伤害事故处理办法》第十二条第(五)项,中山大学已履行了相应职责,行为并无不当,无需承担赔偿责任。又如在刘某宇诉高某生命权、健康权、身体权纠纷案中,②法院认为,原告(刘某宇)作为完全民事行为能力人应当知晓和预见篮球比赛过程中可能产生的损害后果,本案中原告在篮球比赛中受伤属于意外事件,并非被告(高某)的过错造成,原告要求被告承担赔偿责任,于法无据,本院难以支持。

在这种类型的案件中,与受害人的人身伤害利益相比,法院倾向于保护被告方的利益。法院之所以认为被告方的利益更值得保护,是因为在学校体育运动中,在双方均无过错的前提下,学校体育正常开展的体育教学利益以及各运动参与人的体育参与价值更值得保护。

2. 侵权人赔偿受害人损失。此种情况一般出现在被告方(学生或学校)存在过错(故意或过失)的前提下,法院一般会判决有过错的被告方承担赔偿责任,以保护受害人的利益损失。比如在刘某1与隆回县桃洪镇城西中学、中国人民财产保险股份有限公司邵阳市分公司教育机构责任纠纷案件中,③一审法院认为,学校没有在跳远训练场地沙坑训练跳远,而是在学校的水泥操场上训练跳远,导致该起事故发生,学校承担100%责任。在张某与王某某健康权纠纷案中,④一审法院认为:被告作为成年人应当预见到自己参与未成年人的足球运动,可能会造成他人伤害事故的发生。由于被告忽视安全,在踢球射门时踢伤了张某,被告对原告张某受伤具有过错,应承担赔偿责任。在曹某与上海外国语大学、郭某等生命权、健康权、身体权纠纷案中,⑤法院认为,被告郭某飞奔铲球造成原告的右侧胫腓骨远端粉碎性骨折并构成三级伤残的行为,显然已超出了合理冲撞的范围,被告郭某应当承担侵权责任。

上述判决表明,当被告方存在过错时,法院一般会认定侵权行为成立,此时的利益衡量就会以过错为准,判决过错方承担赔偿责任,以维护被侵害方的人身利益。

3. 当事人公平分担损失。此类案件的基本前提是:学校体育伤害案

---

① 广东省广州市中级人民法院(2014)穗中法民一终字第3046号。
② 上海市黄浦区人民法院(2015)黄浦民一(民)初字第2681号。
③ 湖南省隆回县人民法院(2018)湘0524民初1088号。
④ 陕西省汉中市中级人民法院(2017)陕07民终785号。
⑤ 上海市松江区人民法院(2015)松民初字第17号。

件中各当事人之间均无过错,但又造成了受害人伤害结果。此时,法院为了衡平利益损失,以公平责任条款为依据,判决由各方当事人公平分担损失。比如在戴某与孙某起、蛟河市漂河镇九年制学校及戴某强教育机构责任纠纷案中,①二审法院认为,孙某起按照老师要求参加学校正常的教学活动,其动作行为没有超出足球运动的规则范畴,不存在重大过失,其行为没有过错。戴某强的动作行为没有超出足球运动的规则范畴,且无伤害他人故意,亦不存在重大过失,戴某强踢球导致孙某起受伤应属于意外伤害事故,戴某强的行为没有过错。蛟河市漂河镇九年制学校组织学生进行足球比赛是正常的教学活动,学校提供的足球比赛场地符合安全标准且上课时已经对学生进行了相应的安全教育,在足球比赛正常进行中发生意外,学校不应该承担民事责任。学生发生损伤后,学校打电话通知了学生的监护人,尽到了妥善处理义务,学校不存在过错。最终按《侵权责任法》第24条公平责任条款判决三方平均分担损失。

在此类案件中,法院不再从过错与否出发对当事人进行归责,而是从结果公正出发,以减少受害人的利益损失为目标,在当事人之间公平分担损失以实现利益上的衡平。

4. 当事人共同过失承担赔偿责任。在此类案件中,原、被告方均存在过失,法院在过失的基础上进行利益衡量,过失越多承担责任越重,赔偿越多。反之,则责任越轻,赔偿越少。比如在王某某等与张某某等教育机构责任纠纷案件中,②二审法院认为五被告将原告举起并向高空抛起进行拍照,在原告下落时五被告没有平缓接稳,导致张某某摔伤,五人对该损害后果均应承担相应的责任。九台三中作为教育机构在事发时没有教师看管,也无教师进行安全监督,在管理上存在疏忽,具有管理过错。张某某未做到必要的安全注意义务,主动召集五被告将自己向空中抛起进行拍照,对事故责任应与五被告相同。法院根据三方在此事件中的过失大小,判决九台三中承担40%责任,张某某与五被告人各承担10%责任。

在这种类型的案件中,法院的利益衡量是根据各方在学校伤害事故中的过失大小来划分责任和赔偿数额,本质上是一种比例衡量。

5. 学校无责任+学生之间公平分担损失。在此类案件中的前提是三方当事人均无过错,但法院对各方当事人之间采取不同的利益衡量标准。对于学校与受害学生之间的利益衡量,法院采用过错标准,当学校在事故

---

① 吉林省吉林市中级人民法院(2018)吉02民终2957号。
② 吉林省长春市中级人民法院(2016)吉01民终496号。

中被归结为无过错时,法院就会倾向于以维护学校利益为准的衡量导向,判决学校无须对受害学生的利益损失承担赔偿责任,以维护学校体育教育的正常开展。在受害学生与行为人学生之间的利益衡量,法院采取公平分担损失的利益衡量路径。比如在俞某与崔某、安徽省繁昌第一中学生命权、健康权、身体权纠纷案中,[①]一审法院认为,俞某与崔某在下午放学后自行组织的篮球活动中受伤不属于教学活动且不属于教学场所,对于不在教学时间或非由学校组织的体育活动,学校不具有相应管理职责,繁昌一中作为教育机构已履行了应尽的教育管理及注意义务,对俞某损害后果无过错。另外,俞某和崔某在抢球过程中因双方身体碰撞致使俞波倒地受伤,但无充分证据证明崔靖对此存在过错,故原告俞某受伤应属篮球运动中的合理风险。然考虑到本案实际情况以及俞某所受伤害已达伤残程度,对俞某的合理损失可适用《侵权责任法》第 24 条规定之公平责任原则,由俞某和崔某共同分担。

在此类案件中,在确认三方均无过错的前提下,法院实际上以行为的事实因果关系标准进行利益衡量。当学校的教学与管理行为与学生的伤害后果(如本案例中的俞某与繁昌一中)之间没有事实上的因果关系(并非法律上的因果关系)时,法院倾向于以过错归责进行利益衡量,以保护学校正常的体育教育利益。当学生行为人与伤害事故之间存在体育行为上的事实因果关系时(如本案崔某的体育行为直接造成了俞波的伤害后果),法院一般在他们之间以公平责任来进行利益衡量,由双方分担利益损失,在双方之间实现利益损失在分担上的平衡。

6. 行为人学生无责任＋学校与受害人公平分担损失。此类案件的前提同样是各方当事人均无过错,但法院在各当事人之间的利益衡量采取另一种标准。即在认定学生行为人无过错时,法院选择维护学生行为人的体育参与利益,判决行为人不负赔偿责任。在学校与受害人之间,法院以公平分担损失进行利益衡量,以补偿受害人学生的利益损失。比如在侯某与黄石市第十四中学、邵明江案中,[②]侯某与邵某某及其他同学利用第二、三节课课间在学校操场上打篮球,在抢篮板球时侯某被邵某某撞摔倒在地,致使右手臂受伤。侯某作为限制民事行为能力人,其应对自己行为的危险性以及由此可能产生的后果具有一定的认知能力,因正常拼抢篮板产生偶然性、突发性的运动损害后果应由侯某自己承担。邵某某在拼抢篮板球时

---

① 安徽省繁昌县人民法院(2018)皖 0222 民初 55 号。
② 湖北省黄石市中级人民法院(2013)鄂黄石中民四终字第 00081 号。

并没有使用超出正常对抗范畴、故意或放任致害他人的非常规危险动作,邵某某不是实际侵权人。黄石市第十四中学尽到了相应教育、管理职责,不应对侯某的损害后果承担赔偿责任,然而考虑到侯某为未成年人,事发后诊疗费用巨大,侯某在身体上、学习上、心理上均存在不同程度的伤害,根据《民法通则》有关公平原则的规定,酌定黄石市第十四中学补偿侯某损失人民币5000元,其余损失由侯某监护人承担。

在此类案件中,在各方当事人均无过错的前提下,法院实际上是以经济实力为准进行利益衡量。考虑到学生个体的经济实力较差,在确认学生行为人无过错的前提下,一般会以自甘风险来进行利益衡量,以维护行为人的体育参与利益。考虑到学校作为法人组织体的赔偿能力较强,一般会在学校与受害人之间实行公平分担损失的利益平衡。

7. 学校过错+学生之间公平分担损失。在这种类型的案件中,当事人之间的利益衡量结果是不同的。在学校与受害学生之间,当学校被归责为过错时,一般会对学校以过错进行归责与赔偿,以保护受害学生的利益损失。在学生之间,当受害学生与学生行为人均不存在过错时,在他们之间以公平条款进行利益平衡,以补偿受害人学生的利益损失。比如在蔡某呈诉丹东市第三十中学等教育机构责任纠纷案中,[1]法院一方面认为,被告第三十中学在学校操场存在积雪的情况下仍安排学生进行体育活动,未能预见到由此可能带来的风险并最终导致原告被撞伤,未尽到相应的教育、管理职责,对原告受伤存在主要过错,对原告的伤害损失承担90%的赔偿责任。另一方面,认为事发时原告蔡某呈、被告杜某成是在学校安排下进行的体育活动,双方均无过错。但考虑到原告蔡某呈确由被告杜某成撞伤,并经司法鉴定机构鉴定已构成伤残,以《侵权责任法》第24条公平条款判决被告杜某成的监护人承担10%损失。但是这里的判决是存在疑问的,既然受害人学生与行为人学生之间以公平条款进行归责,在第三十中学承担了90%责任以后,余下的10%部分应由受害人学生与行为人学生根据实际情况公平分担损失才对,但这10%部分完全由行为人学生(即被告杜某成方)承担显然是对公平责任条款的误用。再比如在张某与宣城市文鼎中学、杨某某、杨基文教育机构责任纠纷案中,[2]一审法院认为,文鼎中学在体育教学过程中存在教育、管理不到位的过失,致使学生发生伤害事故,依法应当承担40%的赔偿责任。原告与杨某某均不存在过错,但原

---

[1] 辽宁省丹东市振安区人民法院(2016)辽0604民初1006号。
[2] 安徽省宣城市宣州区人民法院(2015)宣民一初字第02282号。

告的伤害后果与杨某某有直接的因果关系,根据公平责任的原则,确定原告与杨某某对原告的损失各承担25%、35%的责任。

在此类案件中,法院对学校体育伤害案件中的三方当事人的利益衡量仍然坚持过错标准与公平标准的结合,即当事人之间存在过错时,优先考虑以过错责任进行利益衡量,当当事人之间无过错时,选择以公平责任进行利益衡量。

(二)利益衡量在学校体育伤害案件中的特点

1. 利益衡量标准的多样化。正如前述分析的,法院在学校体育伤害案件中的利益衡量标准是多样化的。之所以采取多样化标准,一是由于利益衡量本质上属于价值判断,在学校体育伤害案件中,存在着多种价值冲突,法院需要在这些价值之间进行利益衡量的选择,必然是多样化的。二是学校体育伤害案件中的发生原因是多样化的、具体化的,因而法院在这些原因基础上进行的利益衡量也必然是多样化的,其衡量的正义标准也是具体化的。三是可供法院进行利益衡量的法律依据也是多样化的,这些法律依据中所确立的价值标准也是多样化的。因为司法实践中的利益衡量过程实际上就是从"规范的价值到事实的判断与选取"的涵摄过程,因而法院对利益衡量的判断也必然是多样化的。

2. 制度利益被重点考量。在上述七种利益衡量类型中,制度利益都是利益衡量的重点并得到体现与维护。比如第一种类型中的受害人自我承担损失后果,从法理上是体育自甘风险的必然要求,但对它的利益衡量也仍然是根据法律规定进行推理的,即根据《侵权责任法》第6条第1款的过错责任或第39条教育机构侵权责任之规定进行推断,当侵权行为人或教育机构被证明在事故中没有过错时,法院就不会对其进行责任归责,受害人要自行承担损失后果。反之,在第二种侵权人承担赔偿责任的利益衡量类型中,也是根据《侵权责任法》第6条第1款的过错责任或第39条教育机构侵权责任之规定推出侵权行为人或教育机构的过错而进行的利益衡量。第三种共同承担赔偿责任的利益类型的法律依据是《侵权责任法》的第26条共同过失规定(与有过失)。即使是公平分担损失的利益衡量,也是根据公平责任条款进行归责的,即《民法通则》第132条、《民法通则》解释第157条和《侵权责任法》第24条。这说明,法官在对学校体育伤害案件的审理过程中,很注重从制度利益上去进行利益衡量。但这也不奇怪,因为"以法律规定进行裁决"是司法者需要遵循的一项基本司法原则,"依法司法"既是对立法的尊重,也是司法者自我保护的需要。

3."冲突论衡量"和"调和论衡量"并存。"冲突论"模式,即通过利益比较,法院认为 A 的利益比 B 的利益更重要,因此,选择保护 A 的利益,或 B 的利益比 A 的重要,选择保护 B 的利益。法院审判的前提假设是,A 利益和 B 利益是冲突的,选择保护前一个,就放弃对另一个的保护。① 第一种类型和第二种类型案例中的利益衡量就是这种"冲突论衡量",它们是以过错责任为衡量标准,当行为人的行为被归责为无过错时,则受害人需要自行承担损失后果,即第一种类型的利益衡量后果。当行为人的行为被归责为有过错时,则侵权行为人承担赔偿责任,即第二种类型的利益衡量后果。"调和论"模式强调控辩双方的利益是可以共存的,法院利益衡量或价值判断的结果并非是要给出一方全胜或全败的解释,而是要力求一种中庸的解释。② 它执意在几方当事人之间实现利益上的平衡,即对学校体育伤害案件中的受害人损失进行某种补偿。上述案件中的公平分担损失的利益衡量就是"调和论衡量"的典例。此外,第四种案件类型中的共同过失承担赔偿责任也属于"调和论衡量"。

三、学校体育伤害案件中利益衡量的问题与挑战

(一)学校体育伤害案件中利益衡量的问题

1. 利益衡量的立场不明确,缺乏统一的利益衡量规范。立场决定着利益衡量的方向,因此在对相类似的案件进行利益衡量时,法院的立场要明确。但在学校体育伤害案件的司法判例中,针对相似的案件事实,不同法院的立场不明确,其用以进行利益衡量的规范标准与结果不统一,实践中同案不同判的判例并不少。特别是在几方当事人均无过错的学校体育伤害案件中,法院进行利益衡量的立场极不明确,利益衡量的法律依据和结果极不统一。比如同样的学校无过错,前述俞某与崔某、安徽省繁昌第一中学生命权、健康权、身体权纠纷案法院判决学校不需要对俞某的伤害分担损失(由侵权行为人崔某与俞某公平分担损失),但在侯某与黄石市第十四中学、邵某江案中,法院却判决侯某与黄石市第十四中学公平分担损失(侵权行为人邵某江不需要分担损失)。且不说同案不同判破坏了法制

---

① 刘水庆.论体育伤害纠纷司法解决中的利益衡量[J].中国体育科技,2018(4):29.
② 张利春.星野英一与平井宜雄的民法解释论之争[M]//梁慧星.民商法论丛:第 40 卷.北京:法律出版社,2008:405-406.

的统一性,危及法治的根基的间接后果,就是从利益衡量的当事人具体利益来讲,同案不同判也会直接影响当事人具体利益的维护与获得。同时,现实的司法审判也会间接地影响着该利益群体的利益维护与获得,引导着体育参与群体活动的方向,影响着人们参与体育运动的积极性。

2. 缺乏综合的利益衡量。利益衡量的过程本来是对个案中各种相关利益综合权衡的过程,但正如前述指出的,在学校体育伤害判例中,多数判例只对当事人具体利益和制度利益进行衡量,鲜有对群体利益和社会公共利益进行利益衡量。这样的衡量是片面的,缺乏长远的考量,可能会影响到利益群体参与学校体育的积极性,也会影响学校开展体育教学的信心。一份北京市第一中级人民法院的调研报告显示,在 28 件经两审生效判决的体育伤害诉讼案件中,在超过九成的案件中学校都要自主负担相关赔偿费用。[①] 不堪重负的学校往往会以消极规避的防范措施来应对。如拆除各种体育器械设施,取消课外体育活动或禁止在校内奔跑踢球,放学后清校,以室内棋类活动替代室外体育活动,尽可能不安排足球、篮球等对抗性激烈的体育课程或者单杠、双杠、跳远等容易产生运动伤害的"危险"项目。

3. 利益衡量在一些类型案件中陷入简单化处理的困境。在学校体育伤害案件中,存在着多种利益竞争,因此对其需要进行利益衡量,需要运用利益衡量方法进行判断。但是,由于利益衡量是一种主观性较强的方法,它可以把法官对法律的态度与观念加进去。[②] 这势必加大法官自由裁量权的运用幅度,因而对它的利益衡量应是精细化的衡量过程。然而在以公平责任进行归责的学校体育伤害案件中,利益衡量陷入了简单化处理的困境。主要表现在:(a)把双方公平分担损失的利益衡量简化为单方的补偿。公平责任条款的立法本意是在双方无过错的前提下由"双方"公平分担损失。然而在一些案例中,却被简化为单方的补偿。如前述的蔡佳呈诉丹东市第三十中学等教育机构责任纠纷案,法院在判决第三十中学承担 90% 责任以后,余下的 10% 部分理应由受害人学生与行为人学生根据实际情况公平分担损失,但法院却判决这 10% 部分责任全由被告杜业成承担,这显然是对公平责任条款的误用。(b)把公平分担损失的利益衡量简化为平均分担损失。根据《侵权责任法》第 24 条的规定,公平条款的适用需要"根据实际情况"由双方分担损失,因此在确定损失分担时,需考量"行为的手

[①] 王菁,于善旭.体育伤害事故阻滞学校体育正常开展久治不果的致因与治理[J].首都体育学院学报,2014(5):421.

[②] 梁上上.利益衡量论[M].北京:法律出版社,2016:208.

段、情节、损失大小、影响程度、双方当事人的经济状况等实际情况"[①]。但是在有些案件中,"公平分担损失"被简单理解为"平均分担损失",实际上是对自由裁量权的滥用。在笔者收集的72份以公平责任条款进行归责的学校体育伤害案件中,有12份以50%实行平分,让人有"平均分担损失"的即视感。(c)对分担的比例分配和数额的利益衡量存在"模糊衡量"问题。与其他类型案件中的利益衡量不同,公平责任案件中的利益衡量不仅需要在不同的利益主体之间进行利益衡量,而且在分担比例和数额上还要再进行一次利益衡量。因为根据《侵权责任法》第24条规定中的"根据实际情况"分担损失,实际上需要根据"实际情况"对分担的比例和数额再进行利益衡量,因此需要法官把这一利益衡量的具体过程以及考量的因素在判决书中披露出来。然而在笔者收集的72份以公平责任进行归责的学校体育伤害案件中,共有59份裁判文书对损失分担比例和数额部分的利益衡量是模糊的,基本上是以"本案酌情考虑""本案酌定""根据(结合)本案实际情况"的模糊性语词来表述。

(二)学校体育伤害案件中利益衡量的挑战

1. 利益衡量中的主观性判断挑战。利益衡量过程主要是法官的主观思维活动过程,具有很强的主观性。对此,拉伦茨曾警告说,如果"法官根本没有任何方法原则为后盾,而只是依其自定的标准而作成裁判的,倘若如此,对于依在个案中之利益衡量所作的裁判即无从控制,法官也可以堂而皇之依自己的主观见解来裁判"[②]。如果对法官的主观性控制不当,就会陷入法官恣意衡量的困境,导致利益衡量的不公正。我国是制定法国家,依法裁决是司法需要遵循的最基本思维定式,减少法官在案件中的主观性就要限制法官手中的自由裁量权。可以这样认为,在所有法律方法中,法官运用自由裁量权的最大空间就是利益衡量方法。但是在学校体育伤害案件中,利益衡量不可避免,它既是一种必须依赖的方法进路,同时也是一种方法运用上的极大挑战。

2. 利益衡量标准的挑战。在利益衡量过程中,对利益的评判与权衡是利益衡量的核心问题,也是利益衡量的难点所在。到目前为止,学术界还没有在利益衡量的标准上取得共识,"无论是德国竞争论式利益衡量论,美

[①] 全国人大常委会法工委民法室.《侵权责任法》条文说明、立法理由及相关规定[M].北京:北京大学出版社,2010:92.

[②] 卡尔·拉伦茨.法学方法论[M].陈爱娥,译.北京:商务印书馆,2003:279.

国通约论式社会利益观,还是当代学者的图标论式计量方法,在这个问题上都显得功亏一篑"①。这是因为:利益衡量标准需要涵摄太多的法律内与法律外的因素,需要法官在诸多因素中进行取舍衡量,作出位阶判断与排序;利益衡量标准的形成承载着太多的理论与实践使命,它既要兼容判断结果妥当性与合法性、保证法律的安定性与司法的能动性,还要兼顾普适性与案件个性,并要求能够保证法官的自由裁量并能防范其可能的恣意;要符合这么多的要求,利益衡量标准面临难以全面兼顾的困境。② 学校体育伤害案件中的利益衡量也同样面临着标准多元化难题,正如我们在前述利益衡量类型化中所展示的,法院在学校体育伤害案件中的利益衡量就有七种类型,每种类型中的利益衡量标准又是不同的。学校体育伤害案件中利益衡量标准的挑战在于:利益衡量标准的多样化以及利益评判标准的不确定。

  3. 在利益衡量中面临着多重衡量的挑战。学校体育伤害案件中的利益衡量是反复的、多层面的利益衡量。主要表现在:(1)在前述"问题"中提到的、在以公平责任进行归责的学校体育伤害案件中,整个案件除了对是否适用公平责任归责进行"大衡量"以外,在损失分担的比例分配与数额的决定上还面临着再次权衡与比较的"小衡量"。(2)在以自甘风险判断的学校体育伤害案件中面临着制度利益内部再权衡与选择的"子过程"。当学校体育伤害案件在双方无过错前提下以自甘风险判断时,在制度上就面临是以《侵权责任法》第6条第1款(即《民法典》第1165条第1款)的过错责任或《学生伤害事故处理办法》第12条第(5)项处理,由受害人自行承担损失后果,还是再以公平责任条款(《民法通则》第132条、《民法通则》解释第157条、《侵权责任法》第24条)进行归责,分担损失。这两种选择都有法律依据,在利益衡量的合法性上都没有问题,但结果对当事人的影响截然不同,这属于制度利益内的再衡量。这里的衡量可能是最为艰难的权衡与选择,因为如果选择自甘风险决定,则对受害人、受害人群体的利益获得产生不利影响,但对行为人、行为人群体、学校群体以及学校体育教学的利益获得有利。如果选择公平责任条款,则对受害人的利益获得有利,却对行为人、行为人群体、学校群体、学校体育教学的利益获得不利。(3)不仅在整个推理过程中需要进行利益衡量,而且在大、小前提的建构中又分别面

---

  ① 陈林林. 方法论上之盲目飞行——利益法学方法之评析[J]. 浙江社会科学,2004(5):62-70.

  ② 郑金虎. 司法过程中的利益衡量研究[D]. 济南:山东大学,2010:150-151.

临着利益衡量。比如在"过错认定"的小前提建构过程中,就要面临着从生活事实到法律事实的认定需要借助于"规范"的事实构成来完成的挑战。但这里的"规范"是抽象且多元化的,其中包括了需要借助于体育技术规则、体育规律和标准(准则)来进行事实认定,在此过程中法官会运用自由裁量进行利益衡量。比如在陆某与翟某宇生命权、健康权、身体权纠纷案中,[1]法院在判定翟某宇的争抢行为是否有过错时面临着中国矿业大学足球协会裁判委员会对翟某宇追加黄牌警告判罚是否必然属于法律上的违法行为的利益衡量问题。法院在保护球员人身安全、竞技体育比赛有序开展、自甘风险行为下的违法阻却中进行利益衡量,认为翟某宇在足球比赛中受到黄牌警告的犯规行为仅仅是违反了足球竞赛规则,没有构成民事上的违法行为。

4. 利益衡量的充分论证挑战。从方法论上讲,利益衡量方法本身就是一种方法,但是它的权衡与选择过程需要经过论证来实现,以证明利益衡量的正当性。在一些学校体育伤害案件中,利益衡量涉及面广、利益主体多、过程复杂,特别需要对利益衡量的过程进行充分论证。这种充分性论证要求在公平责任案件和自甘风险案件中的表现尤为明显。公平责任的功能就是在当事人之间进行的一种损失分配,[2]但需要对决定"损失分配"的各种支持性理由进行充分论证,以使分配损失的利益衡量建立在正当性基础上。本来,在利益衡量过程中就已经存在很大的自由裁量空间,在公平责任案件中的自由裁量幅度则更大。它完全依赖于法官"公平"判断,然而"公平"是一个原则性的模糊概念,对法官自由心证的依赖性很大,这更需要法官对公平的各种支持性理由进行充分论证。虽然目前我国《民法典》已经确立了自甘风险规则,但需要对自甘风险中的某些要件进行充分性论证,比如何为"自愿",在何种情况下属于"自愿",何为"重大过失",等等。在论证过程中,需要法官结合学校体育运动的各种因素进行论证,包括运动项目本身的危险性、当事人年龄、受教育程度、对运动风险的认知能力以及学校体育运动场与时间等,在对这些因素进行充分论证的基础上进行综合的利益衡量。

---

[1] 江苏省徐州市泉山区人民法院(2019)苏 0311 民初 2842 号。
[2] 郑晓剑.侵权归责与"公平分担损失"——《侵权责任法》第 24 条之定位[J].私法研究,2015(18):164.

四、利益衡量方法在学校体育伤害案件中的优化路径

前述利益衡量在学校体育伤害案件中的问题与挑战,可以通过如下路径来优化。

(一)利益衡量在学校体育伤害案件中的思维导向路径

基于利益衡量的主观性特征,为了使这种主观性因素能在学校体育伤害案件中的利益衡量具有可控性,它需要在一定思维导向下进行。我们认为,如下的思维对于法官在利益衡量中的主观性控制具有导向意义。

1. 合法性思维。在制定法国家,司法的整个过程和最终结果都应当满足合法性标准要求。尽管利益衡量具有很强的主观性,但利益衡量必须在合法性思维导向下进行,"合法性"是限制过度自由裁量的"阀门"。学校体育伤害案件中的利益主体以及利益需求都是多样化的,对其进行的利益衡量难度更大,因此更需要在合法性思维导向下进行利益衡量,才能被当事人、法律职业群体或者社会所接受。尤其是在双方当事人均无过错的前提下,无论是在公平分担损失下的利益衡量还是在自甘风险下的利益衡量,尤其需要在合法性思维导向下进行衡量,以防止这类案件陷入法官对利益衡量的恣意。

2. 综合性思维。此即要求在进行利益衡量时,应该把案件所有可能的利益进行综合权衡与选择。在学校体育伤害案件中,综合性的思维导向意味着,既要对当事人之间的具体利益进行利益衡量,还要在受害人学生群体、侵权人学生群体、学校群体之间,以及制度利益和社会公共利益之间进行比较、选择、论证、权衡,才最终得出最优的选择。综合性思维导向还意味着,在这些利益之间,并非都是非此即彼的排他性选择(不排除有时这样选择),还可以是在各种利益中进行综合考量,在保护一种利益的同时,尽量不损害另一种利益,或者以最小的损害其他利益的办法实现其他利益最大化。比如在曾某1与李某、李明生命权、健康权、身体权纠纷案中,[①]法院一方面认为学校组织开展此类体育教学活动是必要也是必须的,有助于帮助学生树立群体竞争意识,培养学生的应变能力和团结协作精神,因此学校的正常教学利益应得到保护;将乐一中组织此次足球比赛在赛前要求注意安全,已尽到管理责任,没有过错;足球比赛合理碰撞发生的人身损

---

① 福建省将乐县人民法院(2017)闽 0428 民初 686 号。

害属于意外事件,不适用过错原则归责。另一方面又认为受害人的利益也应该得到保护:本次足球比赛要求参赛未成年学生自担比赛风险,其价值取向不为社会公众所认同,故本案不适用自担风险规则。最后进行综合衡量:从既要有利于受害学生的权利救济,又要有利于鼓励学校开展对抗性竞技体育教学活动的原则出发,仔细考量均无过错的学校、致害学生、受害学生三方的利益,选择适用公平原则加以处理是为最佳。

3. 正当激励思维。从学校体育来看,有两种正当利益应受特别鼓励。一个体育利益,另一个是教育利益。首先,从学校教学利益考虑,正当的学校体育教学利益应该得到肯定与鼓励。只要学校尽到了管理职责,尽到了安全教育义务,并及时进行了救助,于学校而言就应该在法律上获得免责或减责。反之,则承担相应责任。比如在邵某与李某、韩某敏等生命权、健康权、身体权纠纷案中,[1]法院认为,原告遭受的人身损害发生在下午上学后第一节课预铃之前的课外活动时间,并非在被告新华中学规定的上课时间及亮眼操期间发生,亦非被告新华中学未尽职责范围内的管理义务而造成,被告新华中学并无过错,故被告新华中学不应当对原告的损失承担赔偿责任。其次,从体育利益考虑,正当的学校体育利益应该得到肯定与鼓励。这里应以体育规则内的伤害行为与体育规则外的伤害行为来区分"正当性"。对于在体育规则内的伤害行为,法律不应进行诘难,比如在马某与孙某、佳木斯市第二十中学健康权纠纷案中,[2]法院认为,体育活动本身具有一定的对抗性和危险性,而篮球运动更是一种激烈的对抗性体育运动,球员之间发生身体接触、合理冲撞是被允许的。本案中没有证据显示一方有故意或者严重违反篮球运动技术规则的行为,故可以认定原告与被告孙某对伤害的后果均不存在过错,应属正当行为。如果是在体育规则之外的伤害行为,如恶意行为或不计后果的严重伤害行为,则法律应对其进行归责。比如在张某与王某某健康权纠纷案中,[3]法院认为被告作为成年人应当预见到自己参与未成年人的足球运动可能会造成他人伤害事故的发生。由于张某忽视安全,没有恰当地控制射门时的力量、距离,没有顾及与其共同参与运动的被上诉人的人身安全,未尽到合理的注意义务,应当认定张某对于被上诉人的损害存在明显过失。

---

[1] 山东省潍坊市奎文区人民法院(2016)鲁 0705 民初 3379 号。
[2] 黑龙江省佳木斯市向阳区人民法院(2017)黑 0803 民初 38 号。
[3] 陕西省汉中市中级人民法院(2017)陕 07 民终 785 号。

(二)利益衡量在学校体育伤害案件中的分类推进

分类推进主要解决学校体育伤害案件利益衡量中的立场不明确问题。尽管每个学校体育伤害案件的具体情况各不相同,但是如果按照当事人之间是否存在过错为线,可分为两种类型的学校体育伤害事故案件:无过错的学校体育伤害案件和有过错的学校体育伤害案件。根据这种分类,可以把学校体育伤害案件的利益衡量按照两种类型分类推进。

1. 有过错的学校体育伤害案件中的利益衡量。这里的过错应进一步分为两种情况:第一种情况是各方当事人均有过错,这种情况基本上以《侵权责任法》第26条(《民法典》第1173条)的与有过错规定进行利益衡量,至于各方的过错轻重与责任轻重应根据具体情况进行判断。对于受害人与侵权行为人的过错程度应根据他们的年龄、教育程度、对体育项目风险性的认识、动作的规范性等方面进行判断。对于学校的过错程度主要从学校的管理和教学的安全保障义务来判断,至于具体的安全保障义务应主要以教育部及教育主管部门发布的各类规范性文件为准。第二种情况是被告方有过错(包括侵权学生与学校)而原告方没有过错。此时应以《侵权责任法》第6条(《民法典》第1165条)的过错责任进行归责。如果是未成年人的学校体育伤害,对学校的过错归责以《侵权责任法》第38条或第39条(《民法典》第1199条、第1200条)进行归责。此种情形的利益衡量倾向于保护受害者利益。

2. 无过错的学校体育伤害案件的利益衡量。在双方当事人均无过错情况下的利益衡量难度较大,实践判例出现两种判决结果:一种是受害人自我承担损害后果,另一种是由当事人公平分担损失。这里的利益衡量的难点在于:这两种利益衡量结果在法律上都有法律依据,制度利益出现了共存性竞争。以自我承担损害后果来看,可以从《侵权责任法》第6条第2款(《民法典》第1165条)的过错规定或第38条、第39条(《民法典》第1199条、第1200条)教育机构的过错推定规定或者《学生伤害事故处理办法》第12条第(5)项规定以及《民法典》第1176条自甘风险规则找到法律依据。以公平分担损失来看,可以从《侵权责任法》第24条或《民法通则》第132条或《民法通则》解释第157条(《民法典》第1186条)找到法律依据。但是最终选择哪种路径却对各方当事人以及其他利益产生不同的影响。对于这两种制度利益之间的竞争,显然已经不能从其制度本身比较出优劣,此时的利益衡量需要跳出制度利益本身,结合当事人的具体利益、群体利益和社会公共利益进行综合衡量。

利益衡量分类推进的核心问题是以制度规定来明确过错与无过错中法律适用的立场问题,在此基础上进行利益衡量。当然,这里的分类推进也只是大方向上的利益衡量,但它能从方向上明确利益衡量的立场选择。

(三)利益衡量在学校体育伤害案件中的制度优化

1. 典型案例指导制度。典型案件指导制度可解决学校体育伤害案中利益衡量的主观性与标准性、简单化问题。指导性案例在司法利益衡量中的功能主要有:为司法中的利益衡量提供客观评价依据;为司法中的利益衡量提供情景化的逻辑思路;裁判结论是司法中利益衡平的重要参考。[1] 学校体育伤害案件中出现同案不同判的现象还是比较突出的,而且同案不同判都具有合法性,那么,就应该多利用最高人民法院已经建立的指导性案例制度来实现学校体育伤害案件中的同案同判效果。最高人民法院应该从现有判例中选择一些具典型意义的案件作为指导性案件,发挥其典型示范和导引作用,保证学校体育伤害案件的同案同判。为了使案例指导制度在学校体育伤害案件中得到有效推进,应重点建立两个配套制度:一是制定相应的学校体育伤害案件遴选标准。应围绕着"普遍性""典型性""公正性"建立遴选标准。二是建立学校体育伤害指导性案例背离报告制度。凡背离学校体育伤害指导性案例作出裁判的法院应制作"背离报告书",须详细阐述指导性案例与待决案件的区别、解释背离的具体原因或理由及依据,并逐级报送最高人民法院备案。

2. 利益衡量过程的公开机制。公开性机制可有助于解决利益衡量在学校体育伤害案件中论证的非充分性、简单化、主观性问题。利益衡量的主观性特征很容易造成不同法官对同一案件的冲突利益做出不同的利益选择,对此最有效的监督制约方式就是要求法官把利益衡量过程的发现、分析、权衡与选择的论证过程在判决书中加以公开与阐述,以接受监督和批判,规范法官的利益衡量行为。为此,需要建立如下方面的利益衡量公开制度。第一,判决理由公开制度。法官必须对裁判的推理过程与衡量依据进行充分的说理与释明,以使公众能通过判决书看到法官利益衡量的思维过程与推导过程。第二,充分性论证制度。对于利益衡量,法官在裁判书中应负充分的说理义务。法官需要在判决书公开如何发现利益冲突、如何评估利益的价值、如何权衡并取舍利益,以证明利益衡量的正当性。

---

[1] 刘莉,焦琰.环境司法中利益衡量的规范化进路——以中国特色案例指导制度为基点[J].甘肃政法学院学报,2016(4):54.

(四)利益衡量在学校体育伤害案件中的价值计量

价值计量是指通过价值的计量演算进行利益衡量,在价值的计量数据基础上进行利益衡量的判断,以此来实现利益衡量的客观化问题。

1. 侵权人存在过错的利益衡量。这里的侵权人过错可分两种情况:学生过错造成的学校体育伤害和学校过错造成的学校体育伤害。这两种情况的过错合成侵权人利益,这种情况下,利益衡量如表4-1所示。

表4-1 过错下的利益衡量

选择保护对象	结果						
	当事人具体利益		群体利益		制度利益	社会公共利益		
	受害人利益	侵害人利益	受害人群体利益	侵害人群体利益	过错责任利益	社会公平、正义利益	体育运动公平利益	学校体育教学利益
保护	√	×	√	×	√	√	√	√
不保护	×	√	×	√	×	×	×	×

从表4-1可以看出,在侵权人存在过错的前提下,如果选择保护受害人利益,则受害人利益、受害人群体利益、制度利益、社会公共利益①都受到了保护,而侵害人利益和侵害人群体利益受到损失。反之,如果选择不保护,这些利益都受到损害。通过这里的计量可以看出,在侵权人存在过错的前提下,选择保护受害人付出的代价最小,可以实现利益的最大化。因此,在利益衡量中应选择保护受害人。

2. 侵权人无过错下的利益衡量。侵权人无过错存在三种可能:一是侵权人是学生时的无过错;二是侵权人是学校时的无过错;三是侵权人既有学生也有学校的无过错。但无论何种情况,这里的侵权人与受害人在案件中的诉讼利益是对立的,因此这三种类型的侵权人在利益上是一致的。此时的利益衡量如表4-2。

---

① 此时的社会公共利益中的两种利益是一致的,比如在篮球比赛中恶意撞击造成的体育伤害,如果选择保护受害人,不仅可以实现对社会公平、正义等利益的保护,而且也是对体育中公平、正义利益的保护,因为在体育中的公平、正义也是反对恶意撞击行为。反之,两种社会公共利益也受到损害。

表 4-2　无过错下的利益衡量

选择保护对象	结果								
	当事人利益		群体利益		制度利益		社会公共利益		
	受害人利益	侵权人利益	受害人群体利益	侵权人群体利益	自甘风险利益	过错责任利益	公平、正义利益	学校教学利益	体育公平利益
保护	√	×	√	×	×	×	×	×	×
不保护	×	√	×	√	√	√	√	√	√

从表 4-2 可以看出,在侵权人无过错的前提下,选择保护受害人时,除了当事人利益和当事人利益群体处于对立状态以外,制度利益和社会公共利益均受到损害。如果选择保护侵权人利益,除了当事人利益和当事人利益群体处于对立状态以外,制度利益和社会公共利益均获得保护。此时的利益衡量选择"不保护"可以实现利益最大化。

但是,价值计量的技术路径只能对学校体育伤害案件的利益衡量进行指引性的价值判断,无法做到精确化的价值衡量。因为它的价值计量是建立在无差别基础上,是没有考虑具体案情中的具体因素的价值计量。

其实,学校体育伤害案件中的利益衡量的难度还不仅在于制度性利益之间的选择上,也在于存在多方利益主体形成的复杂利益关系:除去以上的过错与无过错情形,还存在侵权学生无过错＋学校过错和学校无过错＋侵权学生过错的情况。这里的利益衡量更复杂。因此,对价值计量的利益衡量方法不可寄予太多的厚望,只盼其能对利益衡量的判断起方向性的指导和论证的支持性力量即可。也因为,利益衡量本来就应该留给法官自由裁量的空间,如果过于强调价值计量过程的精确化程度,实际上又陷入了利益衡量的不可能境地。但即便是如此,价值计量方法仍然可在学校体育伤害案件中发挥其不可替代的客观化作用。

总之,在学校体育伤害案件中,不可避免要进行利益衡量,但是需要警惕利益衡量中的恣意。为此,需要在利益衡量的路径上进行优化,尽管这些优化路径只是给利益衡量提供大致方向上的指引,具体的利益衡量仍然需要法官结合具体案情进行,但它们仍然具有客观化的效应。

五、学校在利益衡量案件中的应对措施

1. 在制度利益基础上维护学校的正当利益。正如前述所言,制度利益是法律制度所体现的根本利益,学校的教学活动都是在法律规定的范围

内进行,因此教学活动也必然体现着法律的制度利益。同理,学校在体育伤害案件中的任何正当主张,都需要符合法律规定,因此,学校的正当利益主张与法律制度利益并非是对立的,而是在体现制度利益的基础上维护学校的正当利益。

2. 在兼顾学生利益与学校利益中推进学校体育活动。虽然在有些学校伤害事故案件中,学校与学生可能是诉讼中的利益对立方,但学校不能因此在开展学校体育活动的工作中把校方利益置于学生利益的对立面。相反,学生利益与学校利益在体育教育教学中是一致的。如果说在某些学校体育伤害案件中,学生和学校处于诉讼中的对立方,无论最终是学校承担责任,还是学生自己承担损失,那都是学校或者学生在学校体育活动中存在过失之处,需要学校反思学校体育活动中的漏洞所在。当把这些漏洞填补以后,学校利益与学生利益在学校体育活动中就会趋于一致。

3. 建立完善的安全防范措施。很多学校体育伤害事故的发生是因为学校的安全防范措施不到位,因此建立完善的安全防范措施可以有效减少学校体育伤害事故的发生。与其让学校在案件中维护自己的合法利益时处于被动局面,不如把防范工作做在前面以减少此类事故的发生,如此更能为学校在利益争夺中争取到主动权。

本章小结

司法实践中的利益类型可分为当事人的具体利益、群体利益、制度利益和社会公共利益。学校体育伤害案件中的当事人可分学生受害人、学生行为人与学校三方主体,围绕着这三种当事人的归责与赔偿问题的利益衡量大致可分为受害人自我承担损失后果、侵权人赔偿损失、当事人公平分担损失、当事人共同过失承担赔偿责任、学校无责任+学生公平分担损失、行为人学生无责任+学校与受害人公平分担损失、学校过错+学生公平分担损失等七种结果。目前学校体育伤害案件中的利益衡量存在着利益衡量立场不明确、缺乏统一的利益衡量规范、缺乏综合的利益衡量、利益衡量的简单化处理等问题。同时存在着利益衡量中的主观性判断、利益衡量标准、多重衡量、充分论证挑战。为此需要法官通过合法性思维、综合性思维、正当激励思维的思维导向路径进行裁决,以实现对法官在利益衡量中的主观性控制。应通过分类推进来解决学校体育伤害案件利益衡量中的立场不明确问题;通过典型案例指导制度、利益衡量过程的公开机制来实现学校体育伤害案件中的制度优化;通过价值计量来实现利益衡量的客观化问题。

从学校角度来看,应该在制度利益基础上维护学校的正当利益,在兼顾学生利益与学校利益中推进学校体育活动,同时,学校需要建立完善的安全防范措施。

第五章　学校体育伤害案件中校方责任的法律论证

学校体育是教育的重要组成部分。然而现实中的学校体育却面临巨大挑战:作为学校体育活动的组织方,学校方一方面要按照体育教学要求开展体育活动,另一方面又要维护体育教学活动中的人身安全。伴随着学校体育伤害事故的不断发生和法律纠纷的压力,学校开展体育活动的积极性备受打击,在现实中也不乏学校采取消极策略应对体育教学,如放学后清校,缩减体育课时,把课外体育改为室内体育如象棋等,取消对抗性运动项目等,由此使学校体育运动的开展陷入了困境。

面对学校方在学校体育活动中的困境,一些学者还专门就此研究了学校体育伤害事故中的校方责任问题,如刘水庆研究了学校体育伤害事故中校方责任的限度问题,[①]李红梅研究了学生伤害事故中的校方责任承担问题,[②]孙冬青、孙金蓉从法理视角研究了高校体育伤害中的校方责任问题,[③]宁伟、谭小勇研究了校方在学校体育伤害事故中的法律责任与义务。[④] 但这些研究都没有从法律论证视角来分析。本部分主要从法律论证的视角来分析并反思学校体育伤害案件中的校方责任问题,旨在反思基础上维护校方权益。

[①] 刘水庆.论学生体育伤害事故中的校方责任及其追究限度[J].中国体育科技,2019(6):71-80.

[②] 李红梅.学生伤害事故中校方责任承担问题研究[D].合肥:安徽大学,2011.

[③] 孙冬青,孙金蓉.高校体育伤害事故中"校方责任"确立的法理分析[J].武汉体育学院学报,2009(4):86-89.

[④] 宁伟,谭小勇.校方在学校体育伤害事故中的法律责任与义务[J].体育科研,2013(1):44-48.

一、司法实践中校方责任的法律论证样态

(一)事实论证

长期以来,我国的一些学者认为事实认定无需论证,因为事实认定是法官自由心证的过程,无法进行理性的论证。"操控司法权的法官在认定案件事实的内心确信和自由裁量权的运用上都是无法采用任何量化标准来进行测度的。"[1]苏力也认为,无论是在证据认定上,还是在基于证据而对案件事实的认定上,除了因涉及法定证据标准从而转化为法律问题争议外,基本上都是无法论证的。[2] 但其实,案件事实也是需要论证的,最高人民法院在《关于加强和规范裁判文书释法说理的指导意见》(以下简称《指导意见》)中就明确提出,"裁判文书释法说理,要阐明事理,说明裁判所认定的案件事实及其根据和理由,展示案件事实认定的客观性、公正性和准确性"[3]。按照《指导意见》的要求,法官不仅需要在裁判文书中对引用的法律规范进行说理,而且也要对其认定的案件事实进行论证。这是因为,在司法过程中,各类诉讼规范及证据规则等要求法官的论证行为是在法律规范之下完成的。[4]

法官的事实论证过程就是一个归属论证过程,即将已知的案件事实归入法律规则的构成要件中。这属于"小前提建构"问题,在此过程中,法官不仅需要运用证据规则来查明、证明、推定生活事实使之成为证明事实,而且也需要运用各种法律推理方法和解释方法使证明事实成为法律事实。其中,从证明事实到法律事实的转化是一个发现、选择、解释、推理的论证过程,这个过程不能只是法官的"自由心证"过程,而是必须以理性的文字形式予以表现的理性推理过程。一般来说是通过涵摄模式进行推理。所谓的"涵摄"就是将个案事实置于事实构成之下,[5]本质上是判断被描述的

---

[1] 万毅,林喜芬.从"无理"的判决到判决书"说理"——判决书说理制度的正当性分析[J].法学论坛,2004(5):30.
[2] 苏力.判决书的背后[J].法学研究,2001(3):8-9.
[3] 最高人民法院《关于加强和规范裁判文书释法说理的指导意见》(法发〔2018〕10号)自2018年6月13日起施行。
[4] 武飞.论司法过程中的案件事实论证[J].法学家,2019(6):49.
[5] 郑永流.法律方法阶梯[M].4版.北京:北京大学出版社,2020:51.

案件事实是否能够划归于构成要件的特定概念之下,[①]如果作为上位概念的事实构成全部要素能在作为下位概念的案件事实(即个案事实)中全部重现,则可以进行涵摄,反之,则不能进行涵摄。它的推演模式如下:

构成要件 T 被概念要素 a1、a2、a3 定义界定;

案件事实 S 具有 a1、a2、a3 等要素;

因此,S 涵摄于 T 之下。

对于学校体育伤害案件中的学校方而言,对其最重要的法律事实便是过错认定,学校方是否有过错以及过错程度大小等,既需要通过证据对生活事实进行证明,更需要运用"规范"的事实构成来对被证据证明了的案件事实进行法律评判,以判断学校方的过错以及过错程度。这里的规范既包括法律法规,也包括学校教育规范、体育规则及技术规则等,都可用以对学校体育案件的生活事实进行评判。具体来说,需要用这些"规范"的事实构成来评判学校方是否存在如下过错事由:未充分告知与提醒、组织教学与保护不当、未合理救助与不及时救助、体育场地及设施瑕疵、安全防护措施缺失等。这些事由是法院对学校方进行归责的重要判断。如表5-1 所示。

表 5-1　学校体育伤害案件校方责任承担的典型过错事由

案例号	案件事实	校方过错事由	校方赔偿情况
(2019)皖 02 民终 2179 号	姚沟学校跳高比赛场地系临时选定校内一块水泥空地致沈某骨折	场地及设施瑕疵	赔偿损失 80%
(2019)吉 0882 民再 9 号	大安市第二中学校在运动会比赛未尽安全教育以及安全保障措施致张某月摔倒受伤	安全防范措施不到位	赔偿损失 30%
(2019)沪 01 民终 12584 号	戏曲学校在张某摔跤后未第一时间带去进行检查治疗	未尽及时救助义务	赔偿损失 60%
(2019)川 10 民终 687 号	孟塘中心校违反教育教学常规擅自把课堂教学转为由学生自学,放任心智尚未成熟的未成年人处于危险状态存在严重失职	组织教学不当	赔偿损失 80%

---

① 黄泽敏.案件事实的归属论证[J].法学研究,2017(5):47.

续表

案例号	案件事实	校方过错事由	校方赔偿情况
(2019)吉0104民初6039号	原、被告学生在课间操场嬉闹时监管老师未及时发现制止发生摔伤	学校未及时制止	赔偿损失60%
(2019)赣0202民初1000号	第五中学在校运动会未对参赛的跳高学生进行事先的专业指导和培训致李某不慎受伤	学校未充分告知与提醒	赔偿损失60%

资料来源：北大法宝网，http://pklaw.com

(二)法源论证

当下中国法学界对法律渊源的理解争议性很大。① 但是，作为法学独有的基本范畴，它应当有益于法律实践，在法律实践中能真正发挥规范性功能。法理论层面上的法的渊源理论以法的适用为视角，致力于寻找和证成对司法裁判具有法律拘束力的规范基础。故本书认同雷磊教授的理解，法的渊源指的是法律论证过程中对司法裁判具有法律拘束力之规范基础（裁判依据）的来源。② 法的渊源由效力渊源和认知渊源两部分组成，效力渊源是指能鉴别裁判依据法律效力的事实或来源，拥有独立的效力来源，如制定法、习惯法、判例法。认知渊源是指只能鉴别裁判依据内容的事实或来源，由于认知渊源不具备独立的效力来源，因此它需要获得制度性权威直接或间接的认可，即通过立法条款的直接认可与间接认可来成为裁判的内容。③ 在学校体育伤害案件中，学校责任的法源论证主要涉及效力渊源的论证，即法官需要在中国语境下确定法律规范的"适格"问题。在当下的中国法制体系中，主要通过立法行为产生"适格"的法律规范。因此，法官要在学校体育伤害案件中对校方责任的效力渊源进行论证，就需要在现行法律体系找到有可能涉及校方承担法律责任的法律依据。下面这些法律法规就是校方承担责任的可能效力法源：《民法典》《民法通则》《最高人民法院关于贯彻执行〈中华人民共和国民法通则〉若干问题的意见(试

---

① 根据雷磊教授归类，当下中国学界对"法的渊源"的理解共有表现形式说、本质渊源说、效力渊源说、形成渊源说、司法渊源说五种。详见雷磊.法的渊源理论：视角、性质与任务[J].清华法学，2021(4)：24-28.
② 雷磊.法的渊源理论：视角、性质与任务[J].清华法学，2021(4)：39.
③ 雷磊.重构"法的渊源"范畴[J].中国社会科学，2021(6)：156-159.

行)》《民法总则》《最高人民法院关于审理人身损害赔偿案件适用法律若干问题的解释》《侵权责任法》)①、《学生伤害事故处理办法》《未成年人保护法》《教育法》《高等教育法》等。法官只要在这些法律规范中找到能对应具体案件中的校方承担责任的有关规定,就完成了法源论证的任务,其作出的裁判依据就具有了权威性。但是,这只是法官进行法源论证的外部任务。除此之外,法官还需要进行法源论证的内部任务,即确定不同法源(形式)的适用顺序。因为正如在效力法源中看到的,仅仅是立法行为产生的法律规范,涉及学校体育伤害案件中的校方责任的法律规范就有《民法典》《学生伤害事故处理办法》《未成年人保护法》《教育法》《高等教育法》等,这些不同的法源(形式)可能会为司法裁判提供不同的法律规范,此时就需要明确何种法源或其提供的法律规范可以优先作为裁判的准则。这里分为两种情形进行论证:在性质不同的法源及其表现形式之间确立适用顺序和在性质相同的法源及其表现形式之间确立适用顺序。② 但在学校体育伤害案件中,只存在性质相同的法源之间的适用顺序问题,③此时,当同为制定法时,各种法律形式之间按照相应的冲突规则处理适用顺序。一是当法律规范在内容上相互冲突或不兼容时,几种可适用规则相冲突则按"上位法优于下位法"的冲突规则处理宪法、法律、行政法规、地方性法规等法律规范之间的适用顺序。二是当法律规范在内容上不冲突或可兼容时,按"禁止向一般条款逃逸"原理处理,一般在通常情况下,法官要优先适用规定得更为具体和细致的下位规范,没有时再去考虑相对抽象和一般性的上位规范。

(三)归责论证

法源论证确定法律裁判中法律规划的"适格"问题,但要论证校方是否需要承担责任,以及承担何种责任,需要法官在归责上进行论证。在现有的法律体系中,对校方责任的归责依据有:(1)《民法典》第1199条、第1200条、第1201条分别确立了学校对未成年人在教育机构受到人身损害的过错推定责任、过错责任和补充责任。除此之外,第1165条第1款的一般过错责任、第1173条的共同过错责任也是处理校方责任的归责依据,如在校学生是成年人时,对校方的过错归责是根据第1165条的一般过错进

---

① 《民法典》生效之后,这些法律已失效。
② 雷磊.法的渊源理论:视角、性质与任务[J].清华法学,2021(4):38.
③ 因为在中国的法律制度中,只存在立法行为机制产生的效力渊源,不存在从习惯法行为和判例行为产生效力渊源的机制。

行归责的。这是学校体育伤害案件中校方责任承担的最主要归责条款。(2)《学生伤害事故处理办法》第9条规定了学校承担学生伤害事故的12项情形,也可以成为法官论证校方承担责任的法律依据。(3)《学生伤害事故处理办法》第12条第5款规定了学校在学校体育伤害事故的免责规定,即学生"在对抗性或者具有风险性的体育竞赛活动中发生意外伤害的",学校已履行了相应职责,行为并无不当的,无法律责任。法院可以根据这个条款作为裁判依据来免除学校的责任承担。①

以上这些对学校的归责规定都是建立在过错原则基础之上。对于学校的过错认定,《民法典》只作了抽象规定:未尽到教育、管理职责。因此法官需要结合《教育法》、《未成年人保护法》、《学生伤害事故处理办法》以及其他地方性法规中的教育、管理职责所作的规定,结合具体案件情况进行论证。这种具体情况需要注意以下几点。(1)学校的教育、管理职责随着学生年龄不同也不尽相同,因而判断学校过错的注意义务的要求也是不同的。一般来说,低年级的未成年人学生由于年龄低、好奇心强、活泼好动、自我安全注意保护能力弱,因此对老师、学校的管理会提出更高、更严格的要求。在举证分配上,对学校实行过错推定原则,如果学校不能证明尽到教育、管理职责,就要承担过错责任。(2)学校在课余休息时间和上课期间所负的教育与管理职责的注意义务也是不同的,因而对其过错认定应有所区别。一般来说,在上课期间,教师对学生的教育管理保护要求则会相应地提高,在课余时间这种要求则会相应地降低。比如在南通崇川宣判的"铲球游戏伤害案"中,法院判决认为,班主任在事发前几日做过安全教育,被告曹某应当预见到课间在拥挤的过道内玩此类游戏可能带来的人身危险性后果,应对本起伤害事故负全部责任。如果在上课期间学生玩此类危险游戏,教师就负有及时发现并予以制止的义务。② (3)法律法规没有具体的教育管理义务规定,法官需要以"善良管理人"(善良家父)标准结合体育运动规律、学校规章制度的具体要求来判断学校是否尽到了教育、管理职责,进而认定学校的过错。

---

① 《民法典》第1176条的自甘风险规则并不适用于学校,因为根据该条规定,能以自甘风险进行抗辩的是体育活动参加者,学校不是参加者而只是组织者,对于组织者的责任该第2款规定适用《民法典》第1198条至第1201条的规定。

② 参见周金荟.学生体育课受伤事件中学校的责任与限度——以湖北、江苏案件为例[J].体育成人教育学刊,2016(5):88.

(四)赔偿论证

在确定了学校的责任之后,法官还要面临赔偿论证。根据《民法典》第1179条和最高人民法院《关于审理人身损害赔偿案件适用法律若干问题的解释》法释〔2003〕20号)的规定,学校体育伤害事故造成的人身伤害需要赔偿的费用包括医疗费、误工费、护理费、交通费、住宿费、住院伙食补助费、必要的营养费等,如果受害学生因伤害致残的,还包括残疾赔偿金、残疾辅助器具费、被扶养人生活费,以及因康复护理、继续治疗实际发生的必要的康复费、护理费、后续治疗费。关于学校在学校体育伤害事故中的赔偿问题,法官主要从以下方面进行论证:(1)运用证据法规则对这些费用证据的真实性进行确证。(2)因果关联度。只有学校的行为与受害人损害结果存在因果关系时,学校承担责任才成为可能,学校才因此对其进行赔偿。对此,法官需要从两个方面进行因果关系论证。一个是事实上的因果关系论证,即法官需要论证学校的行为与权益受侵害之间有因果关系。比如学校的运动器材损坏导致学生摔伤,这可以从事实上证明学校疏于管理的行为导致了学生从运动器材摔伤下来的结果。另一个是责任范围因果关系,即指权益受侵害与损害之间在法律上的因果关系,比如学生甲的健康权益受侵害和甲支出的医疗费、护理费、误工费之间形成法律上的因果关系,这就能证明学校的这些赔偿责任范围与学生受损害之间具有因果关系。(3)过错程度论证。在学校体育伤害案件中,学校承担的主要是过错责任。虽然过错大小对损害赔偿的范围影响不大,但是,不能就此认为过错程度对于赔偿数额的确定不重要。首先,侵权行为人主观过错之轻重对精神损害赔偿范围的确定具有重要影响,它是考虑精神损害赔偿范围的重要依据。[1] 行为人主观过错越大,对其进行精神损害赔偿制裁的数额越大,唯此才发挥精神损害赔偿的制裁功能。其次,过错大小是确定学校责任比例的重要标尺。学校在学校体育伤害事故中的过错程度越大,其承担的赔偿比例和数额就越大,这也是常理所在,此即法理上的比例正义。基于此,法官在对损害赔偿范围和数额进行确定时,应该注意过错程度的论证。(4)行为违法性程度论证。法官要裁判学校对其侵害后果予以赔偿,前提是该项损害在法律保护范围之内。在有些学校体育伤害案件中,虽然对受害人造成了损害后果,但由于没有法律的明确规定,法官一般也不支

---

[1] 杨立新.侵权行为法[M].上海:复旦大学出版社,2005:365.

持受害学生的诉求。比如在刘某诉被告牛某、牛某华、谭某云、钢城四中、人保青山支公司健康权纠纷案中,[①]被害学生刘某在一审诉讼书中提出补课费12000元的赔偿请求,一审法院认为该项请求并不属于原告的直接损失,不予支持。对于学校的违法行为性程度论证,法官要注意《学生伤害事故处理办法》第12条第(5)项赋予学校的抗辩事由的论证:"在对抗性或者具有风险性的体育竞赛活动中发生意外伤害的",学校不承担责任。在论证了学校的免除事由之后,自然就可以判处学校的损害赔偿。

二、校方责任论证在司法实践中的挑战与问题

(一)校方责任论证的主要挑战

1. 事实论证中的技术难题挑战。正如我们在前面章节中指出的,法官在小前提的建构上面临着"过错认定"需要借助体育技术规则进行认定的技术难题。一方面,"过错认定"中的事实需要借助于运动技术规则或运动规律中的"事实构成"进行认定。另一方面,"过错认定"中的规范建构需要运动技术规则或运动规律来释明、延释。无论是借助运动技术规则进行事实构成认定,还是对运动技术规则进行规范建构,对于法官来说都是专业性的技术挑战。

2. 低位阶法源的引用挑战。按照立法规律,越是低位阶的法律,其规制得越详细,因为下位法的立法是对上位法的细化。虽然《民法典》第1199条、第1200条、第1201条规定了幼儿园、学校或者其他教育机构学对在校学生承担教育、管理职责,未尽到教育、管理责任的,应当承担责任。但是这里对学校方的"教育、管理职责"规定仍然是抽象的、模糊的,具体的教育、管理职责是由下位法的《学生伤害事故处理办法》来细化的。因此,要判断学校具体的教育、管理职责,主要依据作为下位法的《学生伤害事故处理办法》来判断,其中《学生伤害事故处理办法》第12条第(5)项还专门规定了学校在学校体育伤害事故中的免责规定。按照前述论证的"禁止向一般条款逃逸"法源处理原则,《学生伤害事故处理办法》理应成为法官裁判文书论证学校责任承担与否的主要法源。但是由于《学生伤害事故处理办法》只是教育部制定的规章制度,法律效力处于低位阶地位,在司法实践

---

① 湖北省武汉市青山区人民法院(2014)鄂青山民一初字第00700号。

中并不受法官待见,特别是对学校方有利的第 12 条第(5)项的免责条款,法官更是谨慎运用。除此之外,根据《最高人民法院关于裁判文书引用法律、法规等规范性法律文件的规定》(法释〔2009〕14 号)第 6 条,法院可以根据审理案件的需要,经审查合法有效的,可以把属于部委规章的规定作为裁判说理的依据。这就意味着,《学生伤害事故处理办法》不能直接引用为裁判依据,只能作为裁判说理的依据。但即使有这样的规定,司法实践中仍然有判例把《学生伤害事故处理办法》作为裁判依据来引用。比如在"冯素敏与和林格尔县民族中学生命权、健康权、身体权纠纷再审判决书"中,① 再审法院就把《学生伤害事故处理办法》和《最高人民法院关于审理人身损害赔偿案件适用法律若干问题的解释》等并列为裁判依据来引用。那么,《学生伤害事故处理办法》在裁判文书中应处于什么地位?应如何引用?法官面临着如何在判决书中定位它的认识论挑战。

3. 校方责任论证中的自由裁量权挑战。这里的自由裁量权挑战主要是归责论证和赔偿论证上的挑战。(1)归责论证上的合理化挑战。虽然学校的教育、管理职责可以通过低法源的《学生伤害事故处理办法》中的规定进行合法性论证,但即使是《学生伤害事故处理办法》中的规定,也仍然需要法官进行自由裁量,比如第 9 条中的"有明显不安全因素""有明显疏漏""有重大安全隐患""未采取必要的安全措施""未予以必要的注意的"等都是极其抽象、模糊的规定。(2)赔偿论证上的自由裁量权挑战。在划分各方的责任比例和赔偿数额时,法官对因果关联度、过错程度、行为违法性程度的论证以及结合学生的年龄、运动认知水平、家庭经济状况、校方投保等因素的论证,都会涉及法官自由裁量权的运用问题。对于法官而言,自由裁量既是一种权力,同时也是一种责任,如何运用自由裁量来确定学校的责任承担以及赔偿论证,这是一个极大的挑战。

(二)校方责任论证的主要问题

法官在面对如上挑战时,对校方责任承担的论证中也出现了一些问题。

1. 学校方的抗辩事由被公平责任抵消。一般在诉讼中,在事实上,校方一方面会就体育设施与场地标准、事前的安全防范与安全教育措施、事中的规范教学、事后的及时救助等方面自己已经尽到管理与教育职责进行

---

① 内蒙古呼和浩特市中级人民法院 2018)内 01 民再 18 号。

论证,另一方面会从体育运动的危险性以及受伤害学生的自愿参与或过错等方面,证明学校在学校体育伤害事故中没有过错。法律上,校方一般会援引《侵权责任法》第6条①第1款的过错责任、第38或39条②的教育机构责任或者是《学生伤害事故处理办法》第12条第(5)项的免责条款进行抗辩。但是即使学校的抗辩获得了法院的无过错认可,但往往还是被法官以公平责任进行归责,判决学校方分担一部分损失,学校方的抗辩事由最终还是被公平责任抵消了。如在戴某与孙某、蛟河市漂河镇九年制学校及戴某强教育机构责任纠纷案中,③一审法院认为蛟河市漂河镇九年制学校组织学生进行足球比赛是正常的教学活动,学校提供的足球比赛场地符合安全标准且上课时已经对学生进行了相应的安全教育,学生发生损伤后,无证据表明孙某眼伤是因延时通知或沙土入眼而造成的,学校不存在过错。但是法院最终又以《侵权责任法》第24条规定,把受害人孙某的剩余70%即93,282.49元责任由孙某、戴某、蛟河市漂河镇九年制学校按照公平原则,平均分担。这样的判例太多了,在我们收集的案件中,在学校无过错的前提下,多数案例最终被以公平责任进行归责。由于公平责任条款的制度性存在,学校方在这些案例中陷入了不利的论证境地。

2. 不注重对校方责任的定量论证。在校方责任承担的司法案例中,法官一般注重对校方承担的有无论证,以及何种责任进行论证,但对学校方的责任承担大小以及赔偿数额大小的论证不充分,即注重对校方责任承担的定性论证,不注重定量论证。在司法实践中,一般需要在如下两个方面对学校方的责任承担进行定量论证。(1)学校有过错时,需要论证其与过错相适应的责任,这种情况包括学校的全责责任论证与部分责任论证。比如在房某与虞城县芒种桥乡中心小学、中华联合财产险股份有限公司商丘中心支公司教育机构责任纠纷案中,④一审法院论证道,公民的健康权受法律保护。原告房某系无民事行为能力人,在被告芒种桥小学就读期间,从体育器械上跌落受伤致残,被告芒种桥小学应承担赔偿责任。这里的论证只是进行简单的定性论证:一是在"公民的健康权受法律保护"时没有指出根据何种法律规定。二是只指出房某从被告芒种桥小学体育器械上跌落受伤致残,被告芒种桥小学应承担赔偿责任。这里并没有进行定量

---

① 即《民法典》第1165条。
② 即《民法典》第1199条、第1200条。
③ 吉林市中级人民法院(2018)吉02民终2957号。
④ 河南省虞城县人民法院(2019)豫1425民初3110号。

论证,因为对房某从芒种桥小学体育器械上跌落受伤致残时的因果关系没有论证,到底芒种桥小学在体育器械与房某的跌落受伤害致残之间存在着什么样的因果关系(管理过失?或其他)没有交代清楚。并且对学校方的责任承担与房某的跌落受伤害致残之间的作用力大小也没有交代清楚。再如在罗某与漳州市南星小学、漳州市西桥中心小学教育机构责任纠纷案中,①一审法院只论证到:本案中,原告罗某上课期间在操场上学习美术课程,之后与几个同学在操场上玩单双杠时受伤,被告南星小学未尽到教育、管理职责,应承担相应的责任。这里只是概括地进行了定性论证:"应承担相应的责任",但没有进行定量论证:没有交代南星小学未尽到什么教育、管理职责,其教育、管理职责与罗某受伤之间的因果关联性有多大。类似的情况还有:广德县金龙私立小学、沈某教育机构责任纠纷案一审判决书,②中国人民财产保险股份有限公司高碑店支公司、梁某1教育机构责任纠纷一审判决书等。③ (2)学校无过错时,需要依公平责任条款分担损失的大小进行论证。但是在司法实践中,法院也往往只注重对公平责任的定性论证,不注重定量论证。比如在戴某与孙某、蛟河市漂河镇九年制学校及戴某强教育机构责任纠纷案中,④一审法院在论证了蛟河市漂河镇九年制学校的无过错之后,没有任何定量论证,直接根据《侵权责任法》第24条规定,判定孙某、戴某强、蛟河市漂河镇九年制学校三方对孙某受伤的损害结果平均分担责任。这种简单粗暴的平均分担责任其实对任何方(包括学校方)都是一种不负责任的论证,与比例正义原则要求不符。在我们收集到的61份公平责任案件中,共有59份裁判文书对损失分担比例和数额部分的判断"不说理",占了总数的绝大多数。在这些裁判文书中,基本上是以"本案酌情考虑""本案酌定""根据(结合)本案实际情况"的模糊性语词来表述。其中,更有12份以50%实行平分,让人有"平均分担损失"的即视感。即使在说理的2份裁判文书中,也只是以"结合受伤情况、损害结果、未获保险赔偿、造成长久损伤"等语词进行概括表述,远没有达到充分说理目的,说服力欠佳(见表5-2)。

---

① 福建省漳州市芗城区人民法院(2018)闽0602民初843号。
② 安徽省宣城市中级人民法院(2019)皖18民终999号。
③ 河北省保定市中级人民法院(2019)0684民初493号。
④ 吉林省吉林市中级人民法院(2018)吉02民终2957号。

表 5-2　61 份学校体育伤害裁判文书中公平分担损失比例和数额的说理情况

说理立场	总数(份)	表述方式	学校分担损失比例
不说理	59	酌情、酌定、根据(结合)本案实际情况	60％及以上 3 份；50％共 12 份；40％共 10 份；30％共 6 份
说理	2	结合受伤情况、损害结果、未获保障赔偿、造成长久损伤	直接确定分担总额

数据来源：北大法宝网，http://pkulaw.com

3. 在对论证效果的追求中苛责校方的责任承担。从社会观念来看，学校体育伤害案件中的学校方一般都会被看成是"强势方"，而作为受害方的学生则被认为处于"弱势方"。这主要是因为学校更了解体育运动的特点及运动场地、设施的实际情况，而学生方总是处于年龄上与认知上的弱小者地位。因此，为了平衡这种"强弱对比"关系，使司法判决获得良好的社会效果之考虑，法官往往在判决书的论证中采取超限度保障学生权益而苛责校方责任承担的论证策略。体现在：(1)在确认双方均无过错的前提下，直接驳回受害学生诉求的勇气不足，往往以公平责任条款来平衡学生损失，要求学校方分担一定比例的损失。在我们收集的 72 份无过错裁判文书中，有 63 份裁判文书按照公平责任进行归责，占总数的 87.5％。这里法院用公平责任进行归责在合法性上并没有任何问题，因为当双方均无过错时《侵权责任法》第 24 条规定允许以公平责任进行归责。另一方面，《学生伤害事故处理办法》第 12 条第(5)项规定赋予了学校的免责抗辩权利，但由于该规定的效力位阶较低，法院引用此条款直接驳回学生诉求的案件少之又少。由这里也可以看出法院在学生与学校之间的利益保护态度之论证倾向：多以公平责任条款来平衡学生的损失，对校方利益保护不够。(2)法院在一些共同过失案件中没有引用与有过失规定来减轻学校方责任承担。《侵权责任法》第 26 条规定："被侵权人对损害的发生也有过错的，可以减轻侵权人的责任。"①此即共同过失规定。在收集的 72 份学校体育伤害事故案件中，共有 37 份属于共同过失案件，其中引用《侵权责任法》第 26 条进行论证的判决书共 16 份，没有引用该第 26 条的判决书共 21 份，详

---

① 《民法典》第 1173 条也作了同样规定。

见表 5-3。

表 5-3　72 份学校体育伤害事故案件中引用与有过失规定情况

案件类型	案件数	占比
引用第 26 条	16	43%
不引用第 26 条	21	57%

资料来源：北大法宝网，http://pkulaw.com

从论证效果看，当受伤害学生在事故中也有过失时，如果判决书能引用共同过失条款来减轻学校方的责任承担，则可以使校方在责任承担的论证具有制度上的刚性效果，使论证具有合法性依据。

4. 校方责任承担比例和赔偿数额的模糊论证。确定责任承担比例和赔偿数额是最终决定校方在学校体育伤害案件中的最终承担责任，因此，从论证的角度看，本应对此进行详细论证。但根据司法实践的判决书，无论是校方的责任承担比例，还是赔偿数额，二者都存在着模糊论证的问题。比如在责任承担比例的确定上，过错责任的判决书会用一些模糊性词语进行论证，包括"根据双方过错程度综合衡量""酌定""加害人存在一定过错""受害人也存在一定过错"等空洞词语表述。在公平责任归责的案件中，判决书经常会用"根据实际情况，结合双方责任""结合本案的实际，本院酌情确定""根据本案实际情况""根据公平原则"等表述。这样的论证表述使得损害分担比例的确定过程充满了任意性，判决结果既无法说服当事人，也不具有可讨论性和可检验性。在赔偿数额的确定上，论证语词模糊："依据原、被告的过错程度，以被告承担……，原告承担……为宜""酌情""酌定""根据（结合）本案实际情况""本案酌情考虑""本案酌定"等，使用这样的模糊语词来论证等于不说理。这种模糊论证对学校方是不利的，因为在这种模糊论证中，法官有太多的自由裁量权，基于学校的"强者"观念和社会舆论的考虑，法官往往会利用这种模糊论证来达到其加重校方责任承担之目的。

三、校方责任论证中的路径选择

在前面章节的"过错认定"已经对事实认定中的技术性难题进行详细论证，不再赘述。另外，由于《民法典》的修改对公平责任适用做了刚性要求，这实际上是从制度上解决了公平责任条款适用于学校体育伤害事故案件问题,①对此也不再详论。

(一)充分发挥低位阶法源在"裁判说理"部分的说理功能

前述指出,《学生伤害事故处理办法》不能作为裁判依据来引用,但可以作为裁判说理来引用,即可作论据论证裁判理由,以提高裁判结论的正当性和可接受性。按照最高人民法院《人民法院民事裁判文书制作规范》的要求,裁判文书的正文在形式结构上可区分为"部首""案件事实""裁判说理""裁判依据""裁判主文""尾部"。其中,"裁判说理"部分是位于"事实"部分之后、"裁判依据"部分之前的"理由"部分,其以"本院认为"作为开头。②《学生伤害事故处理办法》在"裁判说理"部分的说理论证主要是两种情况:(1)为基础性规范进行释明性论证。这里的基础性规范是指《学生伤害事故处理办法》的上位性法源,因为上位性法源的规定较为抽象、简单,需要作为下位性法源的《学生伤害事故处理办法》的进一步细化规定。此时,引用下位性法源的《学生伤害事故处理办法》就可以起到对上位性法源的释明作用,这样就可以使上位性法源与下位性法源之间达到融贯性论证效果。比如在"刘某1与武汉市黄陂区六指街道六指中学教育机构责任纠纷案"中,③一审民事判决书在"裁判理由"部分先是引出上位法《教育法》第45条规定:"学校应当完善体育设施,保护学生的身心健康",以使法源论证获得权威性论证效果。但并不能从《教育法》的规定中推出学校完善体育设施的具体义务,无法从《教育法》的规定中判断学校的具体行为是否违反了法律规定的义务,不能判断学校具体行为的过错与否。因此,需要对《教育法》的规定进一步释明,此时作为下位性法源的《学生伤害事故处理办法》第9条第(1)项规定就可以释明学校具体行为的过错性问题:因学校的校舍、场地、其他公共设施,以及学校提供给学生使用的学具、教育教学和生活设施、设备不符合国家规定的标准,或者有明显不安全因素造成的学生伤害事故,学校应当依法承担相应的责任。另外,在"赵某1与吴桥县水波学区赵辛小学、王建军教育机构责任纠纷案"中也存在这种释明论证。④ 在一审判决书中,法院先是以《侵权责任法》第39条规定"限制民

---

① 《民法典》修改后对学校体育伤害事故案件的影响可参见第二章"《民法典》对学校体育产生的可能影响"。

② 参见《最高人民法院关于印发〈人民法院民事裁判文书制作规范〉〈民事诉讼文书样式〉的通知》(法〔2016〕221号)。

③ 湖北省武汉市黄陂区人民法院(2019)鄂0116民初4256号。

④ 河北省吴桥县人民法院(2019)冀0928民初591号。

事行为能力人在学校或者其他教育机构学习、生活期间受到人身损害,学校或者其他教育机构未尽到教育、管理职责的,应当承担责任"和《未成年人保护法》第 22 条第 1 款规定"学校、幼儿园、托儿所应当建立安全制度,加强对未成年人的安全教育,采取措施保障未成年人的人身安全"作为"裁判理由"论证的上位性法源根据,指出校方的教育、管理职责以及学校对违反这种义务的责任承担。这种教育、管理的责任承担同样需要下位性法源《学生伤害事故处理办法》第 9 条规定进行释明:"因下列情形之一造成的学生伤害事故,学校应当依法承担相应的责任,……学校教师或者其他工作人员在负有组织、管理未成年学生的职责期间,发现学生行为具有危险性,但未进行必要的管理、告诫或者制止的"。(2)为事实推理中的事实认定提供"构成性要件"。①《学生伤害事故处理办法》在小前提建构中的作用主要是为法律事实提供规范的"事实构成"说理依据。在学校体育伤害事故的校方责任的事实认定中,法官需要借助相关"规范"中的构成要件进行推理来认定其过错问题。其中,《学生伤害事故处理办法》中许多规定就涉及学校安全保障义务的"事实构成"(其实就是立法对事实的抽象规定)。比如《学生伤害事故处理办法》第 9 条第(4)项的规定可以转化成一个"事实构成(行为构成)+法律后果"的充分假言命题模式:如果学校组织学生参加教育教学活动或者校外活动而未对学生进行相应的安全教育,并未在可预见的范围内采取必要的安全措施的,那么学校应当依法承担相应的责任。这里,"如果"后面的内容就是这条规则中的事实构成部分,法官可以根据这些"事实构成"认定学校行为的过错问题。比如在"天安财产保险股份有限公司辽阳中心支公司、林某生命权、健康权、身体权纠纷案"中,②法院查明的事实是:在校上体育课时,老师没有做好安全教育,没有维持好学生活动秩序,导致学生在自由活动期间受伤。此种情形符合《学生伤害事故处理办法》第 9 条第(4)项规定中的事实构成,由此可以认定学校的教学行为有过错。如果认定学校的教学与管理行为没有过错,也要根据《学生伤害事故处理办法》中的"事实构成"进行判断。比如在"张某 1、李某 1 生命权、健康权、身体权纠纷案"中,③一审法院认定的事实是,被告邢台市第十九中学在组织本次体育测试中,跑前进行了安全责任教育,在原告张某 1 摔伤后找来学校医护人员,并通知张某 1 的家长。此种情况符合《学生

---

① 舒国滢教授认为,法律推理涉及三个层次,即法律规范推理、事实推理和司法裁判推理。参见舒国滢.法理学导论[M].2 版.北京:北京大学出版社,2012:212.
② 辽宁省辽阳市中级人民法院(2019)辽 10 民终 957 号。
③ 河北省邢台市桥西区人民法院(2018)冀 0503 民初 1961 号。

伤害事故处理办法》第 12 条第(5)项规定中的事实构成"认定学校已履行了相应职责,行为并无不当",不需要承担法律责任。

(二)校方责任承担的合理化论证

上述提到的校方责任论证中不注重定量论证、苛责论证以及模糊论证问题,都属于论证的合理化问题。我们认为,应从以下方面加强对校方的责任承担进行合理化论证。

1. 学校方过错程度的论证。在学校体育伤害案件中,学校主要承担过错责任。过错是否存在是认定校方是否承担责任的基础条件,过错大小为何则是确定学校方责任比例的重要标尺,也是影响学校方损害赔偿范围的重要依据,同时也影响保险金的支付范围。因此,应注意以下这些因素对校方过错程度的论证:(1)《学生伤害事故处理办法》中对校方的责任与义务要求。《学生伤害事故处理办法》是目前从法律规范层面上对学校在学生伤害事故中校方责任承担设定最为详细的义务要求,这些要求应成为判断学校在学生伤害事故中是否以及多大程度上尽到教育、管理职责的依据。对此法官应善于从《学生伤害事故处理办法》中的规定来判断学校方的过错程度,学校的哪些教学、管理行为尽到了责任与义务,哪些行为没有尽到责任与义务,在多大程度上没有尽到责任与义务,法官应在这些方面着重论证。(2)根据受害人行为能力(包括年龄、学识与认知能力)动态地判断学校方在事故中的过错程度。一般来讲,在学校体育伤害案件中,受害人年龄越小,其在学校体育运动中的认知能力就越小,学校的教育、管理责任与义务就越大,反之,则越小;受害人的学识越高或专业知识越强,则学校的教育、管理责任与义务就越小,反之则越大。比如在孙某1与山东省某小学、范某教育机构责任纠纷案中,[①]一审法院就对受害人的年龄进行了递减论证:学校作为学生的教育、管理、保护者应当加强学生在校期间的管理和保护,原告孙某1与被告范某均系刚满8周岁的限制民事行为能力人,学校对该年龄段学生的管理和保护应给予较高的要求。这个较高的要求就是学校也不能仅以"安全规定上墙、安全手册到手"作为学生的管理和保护到位的标准。本案被告在体育课上课期间对学生管理指导不够,没有尽到足够的管理保护及注意义务,导致学生伤害事故发生,应对原告的伤害承担一定的责任,以 40% 为宜。在"罗莎与西昌学院违反安全保障义

---

① 山东省平度市人民法院(2019)鲁 0283 民初 6397 号。

务责任纠纷案"中,①一审法院对受害学生的年龄与专业知识进行了递增论证:原告作为完全民事行为能力人和多次参与毕业杯篮球赛事的运动人员,在明知本人已经发生损伤的情况下仍报名作为首发队员参与具有高风险的篮球赛事,以致其在上场后不久再次发生损伤,对其再次发生的损伤,原告具有重大过错,可以减轻被告的责任。

2. 因果关系联系度论证。学校方行为与学生受伤害结果之间存在因果关系是校方承担责任的基础条件,而因果关系联系度则是判断校方过错责任大小以及赔偿(补偿)数额高低比例甚至是赔偿范围大小的重要考量因素。因果关系的关联度越大,则校方承担责任越大,赔偿(补偿)数额就越高,反之,过错责任越小,则校方赔偿(补偿)数额越低,这是比例正义原则的体现。这种因果关联度的论证,法院应该特别注意"相当因果关系"的论证,即"有此行为,通常促生此种损害",②因为只有相当程度的原因力,才能造成该损害后果。杨立新教授把它阐述为:大前提(即相当性):依据一般的社会知识经验,该种行为能够引起该种损害结果;小前提(即条件关系):在现实中,该种行为确实引起了该种损害结果;结论:那么,该种行为是该种损害事实发生的适当条件,因而两者之间具有相当因果关系。③ 把它运用到学校体育伤害案件中,则大前提是:依据该项体育运动的规则与专业技术知识及经验,该行为能引起某种伤害后果。小前提则是:在现实体育教学中,该种体育行为确实引起了某学生的人身伤害后果。结论:那么,该体育行为是该学生人身伤害发生的条件,因而两者之间具有相当因果关系。比如根据经验,在跳远项目中如果不对沙坑进行松土,可能会造成跳远人脚崴伤的后果。在某次体育教学中,由于体育教师没有事前对沙坑进行松土,结果一个学生在进行跳远训练时崴伤了脚。则不进行松土就成为学生跳远受伤发生的条件,两者之间具有相当因果关系。反之,则没有相当因果关系。相当因果关系在学校体育伤害案件中的优势在于:一是相当因果关系的判断往往需要结合体育项目的风险性进行判断,有助于实现体育伤害的公平正义。二是相当因果关系的判断要求"因"与"果"要有条件性,在一定程度上就阻击了法官的任意裁量。三是相当因果关系具有朴素的比例正义优势,容易得到双方当事人以及社会观念的接受。四是从

---

① 四川省西昌市人民法院(2019)川3401民初3302号。
② 王伯琦.民法债编总论[M].台北:正中书局,1962:77.
③ 杨立新,袁雪石,陶丽琴.侵权行为法[M].北京:中国法制出版社,2008:165-178.

论证的效果看,对相当因果关系的论证使责任归责以及赔偿比例与数额的承担更加清晰、更加合理化。

(三)对法官自由裁量权的法律方法限制

不可否认,对法官自由裁量权的限制依赖于特定的司法制度及其他相关制度的保障,包括保证司法独立的宪政体制的配套运行。但是,法律方法也是限制法官自由裁量权的一种有效路径。法律方法对法官自由裁量权的限制作用表现在:

1. 法律推理可以确保法律适用的严谨性,促使法官自由裁量规范行使。法律推理就是运用逻辑规则围绕案件事实(小前提)和法律规范(大前提)进行演绎推理的过程,这个过程就是内部证成。其逻辑推理公式如下:

(1)(X) (Tx→OR)

(2)Ta

(3)ORa (1),(2)

大前提(1)表达的是:任何满足要件 T 的 x,都有大前提,表达的是任何满足要件的,都有 OR 的法律效果。小前提(2)表示:a 为某一满足 T 的 x,因此,(3)表示的 OR 法律效果归属于 a。(3)是由(1)与(2)演绎推导出来的。比如《民法典》第 1165 条规定:行为人因过错侵害他人民事权益造成损害的,应当承担侵权责任。事实是某学校体育教师在下雨天时要求学生绕篮球场进行跑步致使某学生因场地湿滑摔伤。其内部证成的过程是:

大前提:行为人因过错侵害他人民事权益,应当承担侵权责任。

小前提:体育教师在下雨天时要求学生绕篮球场进行跑步致使某学生因场地湿滑摔伤。

结论:学校承担损害赔偿责任。

在内部证成形式和规则的要求下,法律判断的结论是按照逻辑链条展开的,因此内部证成对于法官自由裁量权的限制在于:第一,内部证成可以依靠逻辑推理的形式和规则识别出错误,并在此基础上对错误进行批判。第二,内部证成要求按照逻辑规则进行推理有利于保证"相同问题相同处理"的形式正义,保证裁判的一致性。法官的自由裁量权在这种"同案处理"的形式要求下受到了限制。

2. 判例适用规则有助于限制法官的自由裁量权。在制定法的中国,判例并不具有法源地位,但这并不影响判例在法律适用中的作用,尤其是限制法官自由裁量权中的作用。这些年来,各级法院编写的案例汇编制度和最高人民法院的案例指导制度实际上发挥着约束下级同案同判的作用。

2000年6月,中国最高人民法院向社会公布裁判文书,在各卷的案例汇编的前言中指出"最高人民法院的裁判文书,由于具有最高的司法效力,因而对各级人民法院的审判工作具有重要的指导作用"。2010年11月26日,最高人民法院《关于案例指导工作的规定》(法发〔2010〕51号)规定:最高人民法院发布的指导性案例,各级人民法院审判类似案例时应当参照。尽管中国的这种案例汇编制度和案例指导制度没有产生判例制度的"立法作用",但它与判例制度一样,对下级法院产生同案同判的约束力作用。这种同案同判的约束力对于限制法官自由裁量权的意义在于:法官不能随意作出偏离先例的判决,否则将承担充分论证的负担。这就要求法官要掌握一定的先例识别技术,这种技术就是方法论意义的法律方法。当法官掌握了这种先例识别技术并把它运用到司法实践中去时,它就实现了先例规则对法官自由裁量权的限制。

3. 坚守法教义学立场有助于限制法官的自由裁量权。法教义学论证的基本立场要求在现行法律制度框架内进行,"在法教义学正式诞生之后,法教义学的对象被明确为现行实在法,成为围绕现行实在法展开的一般性权威命题或原理"[①]。这样的论证立场要求对于法官自由裁量权的限制意义在于:(1)法官的裁判被约束在现行法律制度框架内进行,法教义学立场成为判断法官论证有效性的有效装置,它扮演着单向的筛选或鉴定机制的角色:凡是在现行法律制度内进行论证的,就被法教义学承认与支持;凡是在现行法律制度框架外进行的论证,就被法教义学反对与否定。这对于法官自由裁量权的限制在于:法官的自由裁量权被限制在现行法律制度内进行。(2)公民也可以凭借法教义学来评判法官的裁决论证,凡法官想在法律制度上进行论证,公民就可以对其进行评判,从外部来限制法官自由裁量权的运用。(3)法教义学的体系化论证也从论证义务上限制了法官的自由裁量权。法教义学的功能不仅仅体现在它能限制法官必须在现行法律制度内进行论证与裁决,而且还在于能从论证义务上要求法官需要对其裁决在现行法律制度内进行体系化的充分论证。在法律适用过程中,"法教义学要求对现行实在法进行解释、建构与体系化"[②]。这种体系化的论证要求必然压缩法官自由裁量权的空间与范围,越是充分的论证,法官能发挥自由裁量权的空间与范围就越小。学校体育伤害案件也概莫能外,如果能以法教义学来进行裁判,法官的自由裁量权将被有效限制,前述所说的

---

① 雷磊.法教义学与法治:法教义学的治理意义[J].法学研究,2018(5):62.
② 雷磊.法教义学与法治:法教义学的治理意义[J].法学研究,2018(5):63.

苛责论证、模糊论证和不进行定量论证都将在法教义学思维导向下得到有效解决。

4. 法律发现方法能增强法律规范适用的准确性,使法官自由裁量的范围受到一定限制。法律发现就是在一般的、抽象的法律规范中寻找针对个案的法律,并把它作为法律推理的大前提。[1] 为了发现法律,法官必须将有关的法条全部检索,并详细检试,审查案件事实是否可以被涵摄,排除不可能适用的规范,添加可能适用的规范。经过多次重复,最后选择、确定与个案事实最相匹配的法律规范。需要指出的是,法律发现的过程不是纯粹的选择过程,而是需要法官不断解释的选择过程,在此过程中法官必须在法律思维的导向下进行理性选择,而不是随意选择。比如经查明,在一起学校体育伤害案件中,学校、伤害学生、受伤害学生均是无过错的,其法律发现过程是:第一,确定这是一个民事案件而不是行政案件,因此把范围限定在民事法律规范内。第二,在民事法律规范中,进一步搜索到如下法律法规可能涉及此类案件的处理规定:《民法典》《学生伤害事故处理办法》。第三,在双方均无过错的前提下,可能适用的法律条款是:《民法典》第1165条无错责任原则,[2]第1176条自甘风险规则,[3]《学生体育伤害事故处理办法》第12条第(5)项关于学校免责的规定。[4] 第四,选定可适用的条款。在无过错前提下再确定具体的适用条款:一个是以无过错责任的条款,即《民法典》第1165条;另一个是《民法典》第1176条自甘风险规则和《学生伤害事故处理办法》第12条第(5)项学校免责规定。可以看出,法官的每一步法律发现过程都是在法律思维导向下的"理性发现",这实际上就限制了法官在自由裁量时的恣意。

5. 法律论证中的正当化论证与合理化论证可防止法官自由裁量权的恣意专断。在司法过程中,法官负有证明自己裁决正当合理的义务,这个

---

[1] 陈金钊.法律方法论[M].北京:北京大学出版社,2013:68.
[2] 《民法典》第1165条:行为人因过错侵害他人民事权益造成损害的,应当承担侵权责任。依照法律规定推定行为人有过错,其不能证明自己没有过错的,应当承担侵权责任。
[3] 《民法典》第1176条:自愿参加具有一定风险的文体活动,因其他参加者的行为受到损害,受害人不得请求其他参加者承担侵权责任;但是,其他参加者对损害的发生有故意或者重大过失的除外。活动组织者的责任适用本法第一千一百九十八条至第一千二百零一条的规定。
[4] 《学生体育伤害事故处理办法》第12条第(5)项规定:在对抗性或者具有风险性的体育竞赛活动中发生意外伤害造成学生伤害事故,学校已履行了相应职责,行为并无不当的,无法律责任。

任务需要通过法律论证来实现。法官必须通过法律论证的方式来证成案件事实与选择的法律规范是能够涵摄的，其法律适用是合法正当的，其裁决结论是经过充分推理论证作出的，而不是主观臆断、随意而为。在法律论证的案件事实与法律规范不断对接并无限靠近的过程中，就是不断排除和远离法官自由裁量权的过程。只要论证的过程规范了，法官自由裁量的恣意专断便难有发挥的空间，约束作用由此产生。

6. 法律解释在限制法官自由裁量权的同时也对自由裁量具有正向行使的导向作用。从形式上讲，法律解释的优先排序在一定程度上有助于限制法官自由裁量权。在法律解释中，文义解释具有公认的优先排序地位。除此之外，其他的法律解释一般的排序是：体系解释—立法者意图解释（历史解释）—客观目的解释。[①] 这种排序规则虽然不能保证通过解释方法为法律判断提供最终的正确答案，但它却能在一定程度上为防止法官自由裁量权的滥用提供程度限制。从实质要求来看，法律解释需要遵循一定的法律解释原则，它要求法官的解释不仅要符合法律规定，在法律规定的范围内解释，也要体现对法律价值、法律目的、法律精神的追求，同时要体现并实现与社会价值取向的协调一致。这样，法官就在遵循法律解释原则的思维导向下实现了规范与事实的缝合。一方面，可有助于实现对自由裁量权的限制。另一方面，在解释过程中也实现了正当化与合理化。在此过程中，可使法官自由裁量权在正确导引下运用。

四、学校在校方责任论证中的应对路径

1. 学校在事实论证中注意收集并提供可以免除或减轻责任的事实证据。对于事实的论证，主要用证据来展现，因此学校若想在责任论证中减轻或免除自己的责任，就需要注意收集并提供有关的事实证据。比如提供安全告知书；提供学校在学生受伤后及时提供救治并通知家长的证明；提供学校的体育设施、设备、场地符合国家规定的标准证明；提供学生行为具有危险性，学校、教师已经予以有效的告诫、纠正，但学生不听劝阻、拒不改正的证明等。这些证据事实旨在证明学校在学校的体育活动中已经尽到了教育与管理责任，从而可以减轻或免除自己的责任。

2. 学校在法源论证中应善于利用各种有利于免除或减轻责任的法源规定进行论证。除了《民法典》以及各种司法解释以外，学校应该注意在法

[①] 卡尔·拉伦茨.法学方法论[M].北京：商务印书馆，2003：219-221.

庭上援引《学生伤害事故处理办法》《未成年人保护法》《教育法》《高等教育法》等有关可以免除或减轻责任的法律法规。除此之外,学校还应该注意提供体育行为规则、体育技术规则以及学校的校纪校规中有利于免除或减轻责任的规定并进行释义。

3. 学校在归责论证中要注意利用各种有利于免除或减轻责任的事实证据进行法理论证。学校应结合各处可以免除或减轻责任的事实证据进行法理论证:(1)根据学生年龄段来主张学校管理职责的轻重,年龄段越大的学生,学校的管理责任越轻,反之,则越重。(2)区分学校体育教学、组织体育活动与课余体育活动的责任轻重。在学校的体育教学和组织体育活动期间,学校的教育与管理责任就较重。学生在课余时间的体育活动,学校的教育与管理责任就较轻。(3)结合体育运动规律、学校规章制度来证明学校已经尽到了"善良管理人"(善良家父)的教育、管理职责。除此之外,学校在归责论证时应该坚持法律规定的举证规则以减轻或免除自己的责任。

4. 学校在赔偿论证中应注意利用各种规则进行论证以免除或减轻自己的赔偿责任:(1)运用证据法规则对各种费用证据的真实性进行确证。(2)注意因果关联度来减轻或免除赔偿责任,一个是事实上的因果关系论证,另一个是法律上的相当因果关系论证。(3)注意学校过错程度的论证。(4)行为违法性程度论证。只有学校的行为在法律规定的赔偿行为范围内,学校才承担赔偿责任。(5)学校要善于利用《学生伤害事故处理办法》第12条第(5)项赋予学校的抗辩事由进行论证来减轻或免除自己的赔偿责任。

本章小结

从法律方法分析,学校体育伤害案件中校方责任的论证主要体现在事实论证、法源论证、归责论证和赔偿论证。在司法实践中,校方责任论证主要面临事实论证中的技术难题和自由裁量权挑战。主要存在学校方的抗辩事由被公平责任抵消、不注重对校方责任的定量论证、在对论证效果的追求中苛责校方的责任承担、校方责任承担比例和赔偿数额的模糊论证等问题。对此,应充分发挥低位阶法源在"裁判说理"部分的说理功能,除此之外,应从学校方过错程度和因果关系联系度上来解决校方责任承担的合理性论证。通过法律推理、判例适用规则、法教义学立场、法律发现方法、正当化论证与合理化论证、法律解释等的运用实现对法官自由裁量权的方法论限制。学校的应对措施是:在事实论证中注意收集并提供可以免除或减轻责任的事实证据、在法源论证中善于利用各种有利于免除或减轻责任的法源规定进行论证、在归责论证中要注意利用各种有利于免除或减轻责任的事实证据进行法理论证、赔偿论证中注意利用各种规则进行论证以免除或减轻自己的赔偿责任。

第六章 自甘风险在学校体育伤害案件中的法律方法分析

自甘风险(也称自甘冒险)是指受害人已经意识到某种冒险的存在,或者明知将遭受某种冒险,却依然冒险行事,致使自己遭受损害。[①] 在比较法上,多数国家承认自甘风险是免除行为人责任的一项事由。在《民法典》的自甘风险规则之前,司法实践中已有很多判案运用自甘风险原理进行裁判,其中也包括了学校体育伤害案件。因此,以《民法典》为界线,对自甘风险在学校体育伤害案件中的适用可分为两阶段。但是,无论是《民法典》之前的自甘风险适用,还是《民法典》之后的自甘风险规则,在学校体育伤害案件中的适用仍然存在较大的争议,解释的空间很大。因此,有必要运用法律方法进行分析。

一、学校体育伤害案件中自甘风险的司法实践

(一)裁判文书中的"裁判依据"与"裁判说理的依据"

在《民法典》之前的司法实践中运用自甘风险进行判决一般是以裁判理由出现的。在此,有必要对裁判文书中的"裁判依据"和"裁判说理的依据"作出区别。根据《最高人民法院关于司法解释工作的若干规定》(法发〔1997〕15号,以下简称《若干规定》)和《最高人民法院关于裁判文书引用法律、法规等规范性法律文件的规定》(法释〔2009〕14号,以下简称《规定》),能作为裁判依据的仅指裁判文书样式中裁判结论的最终基础规范,即裁判文书样式中"依照……(参照……),作出如下判决"中省略号所指的法律、法规等规范性法律文件。《若干规定》第14条规定:"司法解释与有关法律规定一并作为人民法院判决或者裁定的依据时,应当在司法文书中

[①] 冯·巴尔.欧洲比较侵权行为法:下卷[M].焦美华,译.北京:法律出社,2001:636.

援引。援引司法解释作为判决或者裁定的依据,应当先引用适用的法律条款,再引用适用的司法解释条款。"《规定》第 1 条规定:"人民法院的裁判文书应当依法引用相关法律、法规等规范性法律文件作为裁判依据。"也是在《规定》第 6 条中明确了"裁判说理的依据"的范畴:"对于本规定第 3 条、第 4 条、第 5 条规定之外的规范性文件,根据审理案件的需要,经审查认定为合法有效的,可以作为裁判说理的依据。"这里"裁判依据"的范畴是:刑事裁判文书是法律、法律解释或者司法解释;民事裁判文书是法律、法律解释或者司法解释、行政法规、地方性法规或者自治条例和单行条例;行政裁判文书是法律、法律解释、行政法规或者司法解释、地方性法规、自治条例和单行条例、国务院或者国务院授权的部门公布的行政法规解释或者行政规章。"裁判依据"以外的规范性文件,可以作为"裁判说理的依据"。根据《最高人民法院关于加强和规范裁判文书释法说理的指导意见》(法发〔2018〕10 号,以下简称《意见》)第 13 条规定:"除依据法律法规、司法解释的规定外,法官可以运用下列论据论证裁判理由,以提高裁判结论的正当性和可接受性:最高人民法院发布的指导性案例;最高人民法院发布的非司法解释类审判业务规范性文件;公理、情理、经验法则、交易惯例、民间规约、职业伦理;立法说明等立法材料;采取历史、体系、比较等法律解释方法时使用的材料;法理及通行学术观点;与法律、司法解释等规范性文件不相冲突的其他论据。"有学者把"裁判说理的依据"的范畴归为三类:"事实构成上的释明性依据、法律内的形式性依据、法律外的实质性依据"[①],分别对应《意见》13 条中的分类:通常说的事理、公理;法律法规、司法解释,以及最高人民法院发布的指导性案例、非司法解释类审判业务规范性文件;情理、经验法则、交易惯例、民间规约、职业伦理、法理及通行学术观点等等。

  这里的"裁判理由的论据"和《规定》第 6 条中的"裁判说理的依据"其实是在同一个功能上说明问题的,因为"裁判说理"其实就是论证的过程,"裁判理由"是需要给出"理由"的,"给出理由"的过程就是论证的过程。"理由"总是有"依据"支持的,那么用"依据"支持的"裁判说理"就是一个论证过程,用"论据"支持"裁判理由"的过程也是一个论证的过程,故"裁判理由的论据"和"裁判说理的依据"在功能上都属于论据范畴。可能有人认为《规定》中的论据是"规范性文件",但《意见》第 13 条中的公理、情理、法理、

---

① 陈林林.裁判的进路与方法——司法论证理论导论[M].北京:中国政法大学出版社,2007:9.

通行学术观点等不是规范性文件,因而断定二者不属于同一概念范畴。其实,《规范》第 6 条中所指的"规范性文件"是由第 3 条、第 4 条、第 5 条的内容决定的,这三条分别规定了刑事裁判文书、民事裁判文书和行政裁判文书中引用的"裁判依据",因为这些"裁判依据"仅限于法律、法规和司法解释等规范性法律文件,故在此之外可以作为"裁判说理的依据"的只能是规范性文件。《意见》的"立法目的"主要是加强和规范裁判文书中的释法说理需要,而释法说理过程就是给出论证依据的过程,但能进行释法说理的依据不仅包括法律法规等规范性文件,也包括情理、经验法则、交易惯例、民间规约、职业伦理、法理及通行学术观点等法律外的实质性理由。

上述的阐述能够说明,在裁判文书中,"裁判说理的依据"和"裁判依据"在功能上和作用上是有所区别的。(1)就最高人民法院基于规范裁判文书引用规范性法律文件的要求,"裁判依据"仅指裁判结论中引用法律法规、司法解释等的最终基础规范,在裁判文书样式中"依照……(参照……),作出如下判决"中的省略号中所指的法律、法规等规范性法律文件。在功能上,裁判依据是裁判结论的直接依据。"裁判说理的依据"是指最终基础规范以外的论据材料,在功能上是"依据的依据",是对"裁判依据"的说理依据。这些论据材料可以是事实构成上的释明性依据,也可以是法律内的规范性文件,还可以是法律外的实质性依据。在《民法典》之前,自甘风险就属于"法律外的实质性依据",在立法还没有确认自甘风险规则之前,自甘风险不能以裁判依据出现在裁判文书中,但可以作为裁判说理的依据出现在裁判文书中。① (2)从裁判文书的结构来看,二者在裁判文书中的位置也是分开的。从《人民法院民事裁判文书制作规范》(法〔2016〕221 号)裁判文书样式的格式规范可以看到,说理和裁判部分别是正文中第(六)、第(七)部分,两部分单独列出。(3)从三段论演绎推理的逻辑形式看,二者支持对象也是不同的。在查证案件事实过程中用以支撑事实认定的合理性来源依据便是"裁判说理的依据",将案件事实与已经确定好的法律构成要件连结起来的是"裁判依据"。一个是发生在小前提的建构过程,一是发生在大前提的建构过程中。

当然,二者又是相互联系的关系。一方面,"裁判说理的依据"越充分、越恰当,裁判依据的适用就越正确、越精准。另一方面,法官对裁判依据的准确运用是建立在对"裁判说理的依据"的充分论证基础之上。

---

① 在《民法典》生效之后,由于第 1176 条确立了自甘风险规则,自甘风险在裁决文书中既可以作为裁判理由,也可以作为裁判依据。

(二)《民法典》之前自甘风险作为"裁判说理的依据"

在《民法典》之前,虽然立法没有确立自甘风险规则,但实践司法中早已有运用自甘风险原理进行裁判的案例。在这些案例中,自甘风险是作为"裁判说理的依据"出现的,一般会采取"自甘风险原理＋N(法律规定)"的论证路线。这里的"自甘风险原理"在裁判文书中是起到"说理依据"作用,这里的"N"在裁判文书中是起到"裁判依据"作用。这样,"自甘风险原理＋N(法律规定)"就有多种组合。(1)"自甘风险原理＋《侵权责任法》第6条"。在这种进路中,法院一般会以自甘风险来论证受伤害学生的自愿参与,以增加裁判依据(《侵权责任法》第6条)的说理性。根据《侵权责任法》第6条规定:行为人因过错侵害他人民事权益,应当承担侵权责任。当被告方能证明其无过错时或受伤害学生没能举证证明侵权人有过错时,则承担败诉后果,法院就会驳回诉讼请求。比如在刘某宇诉高某生命权、健康权、身体权纠纷案中,一审法院认为:篮球比赛属于体育竞技类项目,发生肢体接触、对抗不可避免。原告作为完全民事行为能力人应当知晓和预见比赛过程中可能产生的损害后果。本案中原告在篮球比赛中受伤属于意外事件,并非被告的过错造成,原告要求被告承担赔偿责任,于法无据。据此,依照《侵权责任法》第6条的规定,驳回原告刘某宇的全部诉讼请求。① (2)"自甘风险原理＋《学生伤害事故处理办法》第12条第(5)项规定"。《学生伤害事故处理办法》第12条第(5)项规定:"在对抗性或者具有冒险性的体育竞赛活动中发生意外伤害"造成的学生伤害事故,学校已履行了相应职责,行为并无不当的,无法律责任。这种情况一般出现在学生起诉学校的案例中。在这类案例中,法院一方面要论证学生的受伤属于自甘风险行为,以增加裁判依据(《学生伤害事故处理办法》第12条第5项规定)说理的正当性,另一方面论证学校已经履行了相应职责,行为并无不当。然后根据《学生伤害事故处理办法》第12条第(5)项规定判决学校无责,学生自行承担其伤害后果。比如在俞某与崔某、安徽省繁昌县第一中学生命权、健康权、身体权纠纷案中,②一审法院指出,俞某作为成年人参加篮球活动,且并非第一次参加此类活动,其应预见篮球活动所存在的潜在性危险,其自愿参加的行为属于自甘风险的情形。根据《学生伤害事故处理办法》第12条第(5)项规定,……繁昌一中无需对俞某损害后果承担

---

① 上海市黄浦区人民法院(2015)黄浦民一(民)初字第2681号。
② 安徽省繁昌县人民法院(2018)皖0222民初55号。

赔偿责任。又如在郑某瑞与中山大学生命权、健康权、身体权纠纷案中,①二审法院认为,郑某瑞作为成年人参加篮球比赛活动,并非第一次参加此类比赛,应该知道篮球比赛所包含的潜在危险,其自愿参加属于自甘风险的情形。根据《学校伤害事故处理办法》第 12 条第(5)项规定,……中山大学无需承担赔偿责任。(3)"自甘风险原理＋公平责任"。在此类案件中,法院一般以自甘风险来论证双方的无过错性,然后在此基础上以公平责任进行归责。因为适用公平责任的前提是双方无过错,那么如果能证明受害人参与学校体育运动属于自甘风险行为,那么就能推论双方是无过错的,进而就能适用公平责任条款。比如在王某博与马某里、吉林华桥外语学院身体权纠纷案中,②法院一方面认为,原告王某博与被告马某里均系成年人,自愿参加足球比赛,应当对在这种高强度对抗运动中发生碰撞造成损害后果的可能性有所预见。被告马某里的铲球动作并未犯规,对原告的损害没有过错,原告要求被告马某里承担赔偿责任,于法无据,本院不予支持。另一方面法院又认为,原告王某博的受伤与被告马某里的行为存在客观事实联系,受害人和行为人对损害的发生都没有过错的,可以根据实际情况,由双方分担损失,依据《侵权责任法》第 24 条规定,被告马某里补偿原告王某博损失的 15%。(4)"自甘风险原理＋《侵权责任法》第 38 条或第 39 条"。在此类案件中,受害学生的自甘风险行为可以减轻或免除学校的责任,为裁判依据的第 38 条或第 39 条合法性论证提供说理依据。一是学校有过错的前提下,学生的自甘风险行为是减轻学校责任的基础理由。比如在勾某诉西丰县第二高级中学教育机构责任纠纷案中,③法院认为西丰县第二高级中学在给原告的安全承诺书中只有原告本人并代替家长的签字,被告虽然进行了安全教育,但是手段和方法并不完善,对此被告应承担一定的责任。另一方面又认为,体育比赛尤其是篮球比赛,是高度身体对抗的活动,在篮球比赛中身体受到伤害的风险程度很高,原告自愿参加该活动,证明其对该活动的风险程度有一定的认知并自甘其风险,原告因正常比赛、正常竞争活动造成的损害应自负主要责任。最后依照《侵权责任法》第 39 条之规定,判定被告西丰县第二高级中学承担 30% 的责任,原告自负 70% 的责任。类似的案件还有唐甲诉上海市坦直中学等健康权纠纷

---

① 广东省广州市中级人民法院(2014)穗中法民一终字第 3046 号。
② 吉林省长春净月高新技术产业开发区人民法院(2016)吉 0194 民初 452 号。
③ 辽宁省西丰县人民法院(2016)辽 1223 民初 296 号。

案,①×××与徐某光、徐某辉、漠河市高级中学生命权、身体权、健康权纠纷案,②赵某诉上海市某第二中学等身体权纠纷案,③王某诉刘某某等教育机构责任纠纷案。④ 二是在学校被认定为无过错的案件中,学生的自甘风险行为是证明学校无过错的一个重要因素。比如在南京市春江学校与孙某健康权纠纷上诉案中,⑤二审法院认为,孙某在本案事发系限制行为能力人,其对参加该项体育活动时的风险应当有一定预知,且学校在孙某受伤过程中行为并无不当,故孙某应当自行承担其在踢球过程中意外摔倒造成的损失。(5)"自甘风险原理+《侵权责任法》第 26 条"。在此类案件中,自甘风险是减轻侵权人责任的重要理由。《侵权责任法》第 26 条规定:被侵权人对损害的发生也有过错的,可以减轻侵权人的责任。实践司法中的裁判思路是:先根据《侵权责任法》第 6 条第 1 款或者《侵权责任法》第 38 条或第 39 条认定侵权人(往往是学校)也有过错,再以《侵权责任法》第 26 条规定对受害人的自甘风险行为进行过错归责。比如在朱甲诉洪乙等健康权纠纷案中,⑥法院认为被告建平实验中学既未在开放性活动区域树立标牌予以安全提示与正确引导,又未能通过巡视等方式给予必要的督导与保护,及时发现并制止学生的危险举动,同时,作为运动场地的设置与管理者,更未能举证证明其已尽日常管理与维护义务,过错明显。然后再以被害人的自甘风险进行过错归责,原告及被告洪乙对脱离成人指导、保护而自行翻越单杠的危险性及后果应有清醒的认识。二人未能准确衡量自身能力,甘冒风险,尤其在首次成功后仍继续尝试,对原告受伤均存在过错。在此基础上以《侵权责任法》第 26 条与有过失进行判决。与此相类似的判决还有唐甲诉上海市坦直中学等健康权纠纷案。⑦ 其实在对第 26 条的适用中,自甘风险在一定程度上得到了体现,因为一方面被侵权人的自甘风险行为是减轻侵权人责任的法定事由,另一方面,被侵权人因此也需要自己承担一部分损害后果,减轻侵权人的责任。

王利明教授指出,"并非所有的受害人自甘风险都导致行为人免责,在

---

① 上海市浦东新区人民法院(2014)浦少民初字第 467 号。
② 黑龙江省大兴安岭地区中级人民法院(2019)黑 27 民终 108 号。
③ 上海市普陀区人民法院(2011)普民一(民)初字第 4184 号。
④ 安徽省泾县人民法院(2014)泾民一初字第 0129 号。
⑤ 江苏省南京市中级人民法院(2014)宁少民终字第 117 号。
⑥ 上海市浦东新区人民法院(2014)浦少民重字第 1 号。
⑦ 上海市浦东新区人民法院(2014)浦少民初字第 467 号。

许多情形下,自甘风险只是减轻责任的事由"①。这里的分析也表明,即使在侵权法体系没有确立自甘风险规则的前提下,自甘风险原理也能通过现有法律体系的其他规则来实现在学校体育伤害事故案件中的适用。

(三)《民法典》之后自甘风险作为裁判依据

《民法典》第1176条规定:"自愿参加具有一定风险的文体活动,因其他参加者的行为受到损害的,受害人不得请求其他参加者承担侵权责任;但是,其他参加者对损害的发生有故意或者重大过失的除外。活动组织者的责任适用本法第一千一百九十八条至第一千二百零一条的规定。"这便是被学者称之为中国自甘风险的本土化概念。② 在《民法典》确立了自甘风险规则之后,就意味着自甘风险具有了合法性身份,第1176条就可以作为裁判依据出现在裁判文书中,法官可以引用第1176条对文体活动中的自甘风险行为进行裁判。我们在聚法案例网以"依照《中华人民共和国民法典》第一千一百七十六条"为关键词选中"全部内容"进行"精准搜索",时间跨度为2021年1月1日至2021年12月30日,③共搜索到71份有关自甘风险的裁判文书。再经过人工筛选,共有14份学校体育伤害案件是以自甘风险规则作为裁判依据的判决书,涉及足球(6份)、篮球(3份),以及羽毛球、拳击、跳马、跳绳、课间玩耍各1份。

通过对这些裁判文书的研究发现,《民法典》之后自甘风险规则在学校体育伤害案件中的适用基本情况是:(1)同时以裁判理由和裁判依据出现在裁判文书中。与《民法典》之前的最大不同在于,自甘风险规则可以作为裁判依据正式出现在裁判文书中。(2)在适用范围上包括了所有的学校体育伤害,包括体育教学、体育训练、体育竞赛以及课余时间中的体育活动。(3)与其他体育伤害一样,学校体育中自甘风险规则适用频率最高的仍然是竞技类、对抗性体育项目,如篮球、足球、拳击等。当然,有些不是对抗性项目发生伤害的频率也高,如跳马等。(4)在学校体育伤害案件中,一般存在三方当事人:学校、受伤害学生、体育行为学生。但根据《民法典》第1176条规定,自甘风险规则主要适用于受伤害学生与体育行为学生之间。

---

① 王利明.论受害人自甘风险[J].比较法研究,2019(2):7.
② 杨立新.自甘风险:本土化的概念定义、类型结构与法律适用[J].东方法学,2021(4):107-120.
③ 之所以"依照《中华人民共和国民法典》第一千一百七十六条"为关键词,是因为所有的判决书在引用《民法典》第1176条规则时均为此表述,故通过这种关键词限制就能搜索到所有以《民法典》第1176条进行裁判的判决书。

未成年人学生与学校的责任适用第1199条至第1201条,成年人学生与学校主要适用第1165条的一般过错责任规则或第1198条安全保障规则。

与《民法典》生效前相比,《民法典》生效后自甘风险适用于学校体育伤害的区别在于:(1)与《民法典》前"自甘风险原理＋N(法律规定)"的多种论证模式相比,《民法典》生效后的自甘风险规则无须借助其他法律规定就能独立作为裁判依据出现在裁判文书中。因为自甘风险规则已经为《民法典》所确立,自甘风险规则成为裁判依据具有合法性。(2)《民法典》之前自甘风险原理可适用于组织者即学校的责任,但《民法典》生效之后,自甘风险规则只适用于学生之间的伤害,作为组织者的学校适用第1198条至第1201条规定。(3)在《民法典》生效之前,自甘风险原理可以与与有过失(共同过失)、公平责任规则等同时适用于学校体育伤害事故中。在此前提下,法院可以有条件地适用自甘风险。即便法院承认原告有"自甘风险"之举动,最终判决也不因此完全免除被告的赔偿责任,要么是依据过失相抵原则适当减轻被告责任,要么以公平责任条款判决被告分担损失。但在《民法典》生效之后,自甘风险不能与这些规则同时适用于学校体育伤害事故案件。因为根据法教义学对第1176条的理解,自甘风险作为体育参加者的抗辩理由,其后果是以"全有或全无"方式出现的,即如果其他参加者的自甘风险抗辩成功,则受害人不得请求其他参加者承担侵权责任。反之,则其他参加者承担侵权责任,没有受害人与其他参加者共同承担过错责任的余地。又根据《民法典》第1186条规定,适用公平责任应采纳"一般规定＋具体条款"的转致模式进行,但在学校体育伤害中,目前的法律体系中没有具体条款直接规定适用公平责任的情形。

此外,通过对收集案例的分析发现,司法实践中在适用第1176条自甘风险规则时也陷入了一些认识误区。(1)自甘风险规则适用于学校体育的组织者责任。根据《民法典》第1176条第2款的转致条款规定,作为学校体育中的组织者之学校,应适用第1198条至第1201条规定,而非本条第1款之自甘风险规则。但在有些学校体育伤害案件中,也把自甘风险规则适用于学校的责任归责。比如在前述的高某博与东北电力大学生命权、身体权、健康权纠纷案中,在高某博仅起诉东北电力大学的前提下,法院就仅以《民法典》第1176条自甘风险规则作为依据进行裁决,显然是把自甘风险规则适用于组织者责任。(2)把自甘风险规则作为减轻责任来适用。根据《民法典》第1176条第1款中的"受害人不得请求其他参加者承担侵权责任"规定,自甘风险的法律效果是完全免除而非减轻文体活动参加者的侵权责任。[1] 这意味着,当自甘风险抗辩成立时,没有共同过失适用的空间,自甘风险规则也不能成为减轻责任的理由,"自甘风险是项免责抗辩,而非减责抗辩"[2]。但在学校体育伤害案例中,自甘风险规则却作为减轻责任来引用。比如在高某、罗某生命权、健康权、身体权纠纷案中,[3]法院以《民法典》第1176条自甘风险规则作为依据,判决上诉人高某与被上诉人罗某、大连市甘井子区鹏辉小学按3∶5∶2的责任比例承担责任。

二、学校体育伤害案件中自甘风险规则的法律方法挑战

(一)学校体育伤害案件中适用自甘风险规则的解释挑战

《民法典》第1176条确立的自甘风险规则在规范表达上,用"自愿参加""一定风险""文体活动""其他参加者""故意""重大过失"等语词限定了自甘风险规则的适用范围。但在学校体育伤害案件中,法官仍将面临着多方面的解释任务:(1)对学校体育中"自愿参加"的解释任务。自愿性要件要求参加者在充分理解选择的周遭环境和条件的情况下,无拘束、无压力地作出选择,没有什么能够妨碍他的意志自由,是真正自由的选择。[4] 但在学校体育伤害案件中,法官对自愿参加解释的任务有:一是参加者的认知能力和认知水平。因为很多学校体育伤害案件中的参加者是未成年人,其对学校体育运动的认知能力和认知水平与成年人是不一样的,需要结合其年龄、心理、知识水平、周遭环境、运动项目等方面进行综合考量。二是根据运动场合来解释学校体育的自愿参加。因为学校体育分为课堂教学体育、训练体育、竞赛体育、课余时间体育,不同的场合对参加者的自愿参与的要求是不一样的。在有些场合,作为参加者的学生是不自愿的,有些场合是自愿的,需要法官根据自愿性来判断是否适用自甘风险规则。(2)对学校体育中"一定风险的文体活动"的解释。《民法典》第1176条把自甘风险的适用范围限定为"一定风险"的文体活动,对此,法官在学校体育运动伤害案件中的解释任务有二:一是在所有学校体育活动中,要判断哪些

---

[1] 曹权之.民法典"自甘风险"条文研究[J].东方法学,2021(4):137.
[2] 邹海林,朱广新.民法典评注:侵权责任编(1)[M].北京:法制出版社,2020:133.
[3] 辽宁省大连市中级人民法院(2021)辽02民终1993号。
[4] JOHN COOKE.Law of Tort[M].New York:Pearson Education Limited,2013:216.

体育活动具有"一定风险",哪些活动不具有"风险性"。如何判断风险的程度?二是需要根据具体案情对固有风险进行解释,因为自甘风险规则中的"一定风险"只能是体育运动中的固有风险,而非其他风险。因此法官需要区分案件中的体育固有风险和非固有风险。只有固有风险造成的损害才能适用自甘风险规则,非固有风险造成的损害不能适用自甘风险规则。(3)对学校体育中"其他参加者"的解释。根据第1176条规定,只有其他参加者才能提起自甘风险抗辩,但是在学校体育活动中,何者才是"其他参加者"?因为在学校体育活动中,往往有多种角色参加:场上运动员、教练员、裁判员、观众(球迷)、场边服务人员等,何者的行为造成运动伤害才能适用自甘风险规则的解释,以及这些人员受伤时(比如观众)能否适用自甘风险规则的解释。(4)对学校体育中参加者的主观过错进行解释。因为根据《民法典》第1176条规定,其他参加者具有"故意或者重大过失的"不能提起自甘风险抗辩。故意或重大过失属于主观过错范畴,并且在过失中又分为轻过失(具体过失)、一般过失(抽象过失)、重大过失①,因此需要法官根据具体案情对当事人的主观过错进行解释。在此过程法官需要对三个问题进行解释:一是文体活动中加害人主观过错的层级区分及评价标准,以及其与一般侵权主观标准的差异性;二是文体活动中的体育规则或活动安全方案与加害人主观过错的关系;三是文体活动中的固有风险与主观过错、活动规则之间的关系。②(5)对学校体育中"因其他参加者的行为受到损害"的解释。根据《民法典》第1176条规定,自甘风险规则成立的有效条件之一是"因其他参加者的行为受到损害",即行为与结果具有因果关系。但是在学校体育伤害案件中,法官需要解释:是谁的"行为"导致结果?这里的"行为"是否属于同一体育活动中的"其他参加者"的行为?"行为"与"结果"是否具有因果关系?因为在某些学校体育伤害事故中,有些伤害并非是"其他参加者"的"行为"造成,而是受伤者自己的行为或其他因素造成的。比如学校足球比赛中运动员在尝试鱼跃冲顶等具有较高难度和危险性的技术动作时,可能会因动作不规范或自身身体素质原因而受伤。(6)"不得请求其他参加者承担侵权责任"的解释。基于自甘风险规则法效果的完全免除,实践中需要对与自甘风险的法律效果有紧密联系的两项法律规则之关系进行解释。一个是《民法典》第1173条规定的"与有过失",其法律效果是减轻而非免除加害人的责任,法官需要在法效果上解释自甘风

---

① 叶铭怡.重大过失理论的建构[J].法学研究,2009(6):78.
② 石记伟.自甘风险的法教义学构造[J].北方法学,2022(1):154.

险规则与"与有过失"规则的关系。另一个是《民法典》第1186条规定的"公平责任",其法律效果是由受害人和行为人分担损失,法官需要在法效果上解释在适用自甘风险规则的同时能否适用于公平责任规则。(7)"活动组织者的责任"的解释。在学校体育伤害案件中,经常作为当事人之一的学校被追究组织者责任。依照《民法典》第1176条第2款的规定,活动组织者之侵权责任的判断适用《民法典》第1198条至第1201条规定。法官在此类案件中将面临的解释是:第1198条规定了组织者的安全保障责任,但是第1199条至第1201条中,立法并没有明确教育机构作为组织者的责任,如果学校组织的文体活动具有一定风险性,需要对学校如何适用组织者责任进行解释。

(二)学校体育伤害案件中适用自甘风险规则的法律论证任务

法律论证是基于一些根据和理由,来证成或者正当化某种观点的意见,说明该观点和意见的正确性。[①] 按照民事裁判文书的制作规范来看,裁判文书的结构一般包括这些内容:标题(法院名称、文书名称、案号);正文〔首部、事实、理由、裁判依据、裁判主文(裁判结果)、尾部〕;落款。裁判文书中的论证发生在裁判文书中的正文部分。其中,裁判主文(裁判结果)就是论证中的论点(观点),首部、事实、理由、裁判依据是论据。根据《人民法院民事裁判文书制作规范》(法〔2016〕221号),首部包括诉讼参加人及其基本情况,案件由来和审理经过等;事实包括当事人的诉讼请求、事实和理由,人民法院认定的证据及事实;理由是根据认定的案件事实和法律依据,对当事人的诉讼请求是否成立进行分析评述,阐明理由;裁判依据是人民法院作出裁判所依据的实体法和程序法条文;裁判主文是人民法院对案件实体、程序问题作出的明确、具体、完整的处理决定;尾部包括诉讼费用负担和告知事项。[②] 从论据的说理性来讲,论据说理主要集中在事实、理由和裁判依据部分。

1. 事实部分的说理论证。正如法〔2016〕221号所指明的,事实部分的说理由两部分构成:当事人的诉讼请求、事实和理由;人民法院认定的证据及事实。一般来说,学校体育伤害案件中的裁判文书都会在正文中把各当事人的诉讼请求、事实和理由客观地陈述出来。从功能上看,这部分的客观陈述基本上能实现它的说理功能。正如前面章节指出的,人民法院对证

---

① 陈金钊.法律方法论[M].北京:北京大学出版社,2013:140.
② 最高人民法院:《人民法院民事裁判文书制作规范》(法〔2016〕221号).

据和事实的认定是一个主观见之于客观的过程,也是规范与事实的相互对接过程。一方面,法院对证据的把握取决于它能否遵循证据规则进行认定。另一方面,对事实的认定取决于法官对规则的理解是否到位。如果法院对证据的认定建立在遵循证据规则的基础上,对事实的认定建立在对规范的准确理解之上,那么,事实部分就能实现它的说理功能。反之,则不能实现它的说理功能。可以这样认为,人民法院对证据和事实的认定决定着裁判文书中"事实"部分的说理功能。

2. 理由部分的说理论证。正如法〔2016〕221 号指出的,法院将根据已经认定的案件事实和法律依据,对当事人的诉讼请求是否成立进行分析评述,阐明理由。可见理由部分是裁判文书中"裁判说理的依据"的核心部分,承担着裁判说理的合理化论证。在学校体育伤害案件中,法院把自甘风险作为裁判文书中的合理性论证,一般会从如下几个方面进行合理化论证。(1)论证学校体育伤害案参加者的自愿性。通过论证参加者参与的自愿性,从意志上表明其参加学校体育运动的自主性,为自甘风险的说理提供意志上的自主正当性。如在王某与谷某,谷某 1 等生命权、身体权、健康权纠纷案中,①法院指出:"事发时,王某、谷某均系年近 13 周岁的限制民事行为能力人,已具备对于体育运动风险相应的认识和判断能力,在应知道足球运动存在风险的情况下,自愿参与该次运动,应属自愿承担风险的行为。"(2)论证学校体育运动项目的风险性。自甘风险中的风险必须来自体育运动项目的固有风险,因此通过论证运动项目的风险性以证明参加者参加该运动项目就得承担风险后果。在上例案件中,法院论证为"足球运动存在风险",这个风险即指足球运动项目中的固有风险。(3)论证行为与结果的因果关系。这里的行为指其他参加者的行为,这里的结果是其行为的致害结果,这二者之间要形成因果关系。比如在刘朋跃与李玉哲、李发军教育机构责任纠纷案中,②法院论证:原告与被告李玉哲与其他同学自行组织一起在学校篮球场打篮球,被告李玉哲在上篮过程中肘部与原告嘴部发生碰撞,造成原告牙齿脱落受伤。原告刘朋跃的受伤与李玉哲的上篮行为具有因果关系。(4)对故意或重大过失的排除论证。适用《民法典》第 1176 条第 1 款自甘风险规则的前提是其他参加者不构成故意或重大过失,对此法官需要对其故意或重大过失进行排除论证。如在杨益文、林春

---

① 重庆市江北区人民法院(2021)渝 0105 民初 27191 号。
② 河南省社旗县人民法院(2021)豫 1327 民初 1752 号。

天等教育机构责任纠纷案中,①法院论证:本案中通过事发时的视频可以确定,林春天在活动中的动作不违反运动规则,对于原告受伤不存在故意或者重大过失。

3. 裁判依据部分的说理论证。裁判依据部分的说理主要是从合法性方面进行论证,即作出裁判结论在法律上的依据是什么?如果有法律依据,根据这条法律依据作出的裁判结论就具有了合法性。一般来说,法官只要在裁判文书中指明裁判结论根据某条或某些法律规定作出判决,它在裁判文书中的表述是"依据某条文……之规定,作出如下判决",即可完成裁判依据的说理论证,很显然这是一种形式论证。根据《规定》第 4 条规定,民事裁判文书可以直接引用作为裁判依据的是法律、法律解释或者司法解释、行政法规、地方性法规或者自治条例和单行条例。但在学校体育伤害案件中,有些裁判文书除了引用基础法律规范以外,还同时引用了《学生伤害事故处理办法》,这个办法是教育部制定的,属于部门规章。那么,在裁判文书中引用《学生伤害事故处理办法》作为裁判依据是否属于违反《规定》的要求呢?我们认为这种情况并不属于违反《规定》的要求。从《规定》的"立法精神"来看,其是想规范裁判文书引用法律依据的权威性,②那么在引用法律依据时怎么才能提高权威性呢?很显然,法律依据的"法律"位阶越高,就越具有权威性,所以《规定》才在第 1 条要求裁判文书"应当"引用"法律、法规"等规范性法律文件,在民事裁判文书要求只有"法律、法律解释或者司法解释、行政法规、地方性法规或者自治条例和单行条例"能直接引用。但是如果在裁判文书中引用基础法律规范的同时引用其他非基础法律规范(如引用《学生伤害事故处理办法》)是否会影响裁判依据的权威性呢?显然并没有影响,因为引用基础法律规范就是可以确保裁判依据的权威性,同时附条件地引用了非基础法律规范,当然也不会影响裁判依据的权威性。相反,"基础法律规范+非基础法律规范"的结合引用更能增加裁判依据的说理性。

---

① 天津市河东区人民法院(2021)津 0102 民初 2388 号。
② 《最高人民法院关于裁判文书引用法律、法规等规范性法律文件的规定》规定:为进一步规范裁判文书引用法律、法规等规范性法律文件的工作,提高裁判质量,确保司法统一,维护法律权威,根据《中华人民共和国立法法》等法律规定,制定本规定。

《学生伤害事故处理办法》第12条第(5)项规定①是学校作为学校在体育伤害事故中的免责事由出现的,与《民法典》第1176条第一款自甘风险的抗辩事由在性质上是不同的,但在实质后果上是一样的,即如果符合该规定,那么受伤害学生自己承担损害后果,这个规定可以说是学校的"自甘风险"规则。根据"基础法律规范+非基础法律规范"的引用模式,《学生伤害事故处理办法》第12条第(5)项规定是可以以"非基础法律规范"出现在这种引用模式中。比如在程某与嘉鱼县南嘉中学、马某城生命权、健康权、身体权纠纷案中,②在明确程某与嘉鱼县南嘉中学之间的归责依据时,法院先是在理由部分阐明了学校尽到了教育、管理职责,其行为并无不当。然后法院在裁判依据中引用的基础法律规范是《侵权责任法》第6条的一般过错规定,非基础法律规范是《学生伤害事故处理办法》第12条第(5)项规定,驳回程某对南嘉中学的诉求。

当然,在《民法典》生效之后,"基础法律规范+非基础法律规范"的引用模式仍然可以通过"《民法典》1165+《学生伤害事故处理办法》12(5)"或者以"《民法典》1199—1201+《学生伤害事故处理办法》12(5)"实现对学校的无过错归责。

三、学校体育伤害案件中适用自甘风险规则的法律方法应对

(一)自甘风险规则在学校体育伤害案件中的法律解释

1. 需要在学校体育语境中对自甘风险的"自愿性"进行解释。学校体育与竞技体育、社会体育的最大不同点有二:一是学校体育的参加者多为未成年人,在心智与认识能力上与成年人有很大区别;二是学校体育发生场合的多样性,既有教学训练课上的体育活动,也有课余时间以及运动竞赛上的体育活动,各种场合对参与人的参与要求差别较大。这些区别自然就会影响参加者的自愿性,因此,对学校体育伤害中适用自甘风险规则的自愿性判断需要在学校体育的语境中去理解、去解释。我们认为,对学校体育中参加者的自愿性应结合以下因素进行理解:一是从年龄来判断"自

---

① 《学生伤害事故处理办法》第十二条:因下列情形之一造成的学生伤害事故,学校已履行了相应职责,行为并无不当的,无法律责任:……(五)在对抗性或者具有风险性的体育竞赛活动中发生意外伤害的;……。

② 湖北省嘉鱼县人民法院(2018)鄂1221民初1446号。

甘风险者"对该项运动的认知。年龄越小,其对体育运动的认知能力就越差,其对获取信息的判断能力就越差,进而就影响其自愿性。反之,其认知能力就越强,其自愿性就越明显。故在判例中,因受害人的自甘风险行为而使被告人获得完全免责的情形多发生在成年大学生的学校体育伤害事件中。在未成年人的学校体育伤害案件中,由于认知能力的缺陷而影响其参与的自愿性,法院需要考虑受害人对自甘风险行为认知的自愿性问题,谨慎适用自甘风险规则。比如在有些案例中,①法院就认为"事发时原告王某、被告韩某均系小学五年级学生,参加兴趣小组的主观愿意中服从多于自愿,限制行为能力人对活动风险的认识与判断能力亦不能等同于成年人,况且要求学生自担活动风险,其价值取向亦不为社会公众所认同,故本案不适用自甘风险规则"。当然,也不能绝对地认为所有的未成年人参加的学校体育运动都不适用自甘风险规则,因为每个未成年人的体育认知水平存在着个体差异性,有些未成年人对某项体育运动的风险性是能认知的。比如长期参加篮球运动的未成年人不可能不知道篮球运动的风险性,长期踢足球的未成年人不可能不知道足球运动的风险性。故在未成年人的认知水平的判断上,既要考虑它的一般性问题,也要考虑它的特殊性情况,在保护未成年人利益与促进青少年体育发展之间进行协调,找到最佳结合点。二是根据参与学校体育运动的场合来判断自愿性。有人认为,鉴于国家发展校园体育、增强未成年人体魄的重要性,学校正常安排的体育课,在做好监督指导无过失的情况下,学生参与体育课并不能被认为不自愿,可适用自甘风险规则。② 我们认为,这只是从抽象意义上来看学生参加学校体育活动具有自愿性,但只要形而下地看问题就会发现,在学校体育活动中,学生参与学校体育既有自愿性又有强制性。③ 对自愿性最有效的判断是:看其是否具有替代性选择。学校体育活动场合不同,对参加者的参与要求就不同。一般来说,学生参加课余体育活动或体育竞赛是自愿的,因为在这些场合中,学生是有选择的,适用自甘风险规则无可厚非。但是在学生参加的体育教学和体育训练、体育测试、体育考试的活动场合中,学生不具有选择性,不符合自甘风险规则的自愿性原则。因为在这些学校体育活动中,为了获得相应的学分或成绩,学生是必须要参加的(除非生病

---

① 甘肃省张掖市民乐县人民法院(2021)甘0722民初1406号。
② 谭小勇.自甘风险规则适用学校体育伤害侵权的司法价值与挑战[J].上海体育学院学报,2020(12):24-25.
③ 于田生,汤卫东.自甘风险条款在学校体育中的适用范围[J].河北体育学院学报,2022(12):19.

或有生理缺陷等特殊原因可以不参加),否则就拿不到学分或相应成绩。可以说在这情形下学生是非自愿参加,应该慎用自甘风险规则。此时,应该以《民法典》第1165条的一般过错条款或者第1173条共同过失进行归责。如果"侵权人"无过错,可以根据第1165条判决无须承担责任。虽然此时的结果和适用自甘风险规则的结果是一样的("侵权人"无须承担责任),但二者的法律依据是不同的。当然,也并非所有体育教学、体育备考等活动场合都不能适用自甘风险规则,在满足自愿的基础上也是可以适用自甘风险规则的。比如在体育教学的自由活动时间,有一部分学生选择进行篮球比赛,如果在比赛中发生伤害事故,是可以适用自甘风险规则的。

2. 结合第1176条规则来解释学校体育中的"有一定风险的文体活动"。这里的"有一定"风险强调了风险的程度性,它要求学校体育活动的风险要达到某种程度上的风险,主要从冲突、对抗、竞技等因素考量它的风险程度。有些学校体育项目如保龄球、高尔夫、棋类比赛等,基本没有什么风险性,就可以排除适用自甘风险规则。有些体育项目如跑步、跳绳、健身等虽然有一定的风险性,但冲突性、对抗性较弱,基本上也可以排除适用自甘风险规则。比如在王某与湘乡市湘铝学校、李某1等生命权、健康权、身体权纠纷案中,①一审法院认为本案事故并不是发生在具有一定风险的文体活动中,而是发生在课间休息活动时,在此不宜适用该条法律规定。即使有些项目本身具有对抗性、竞争性因素,但如果在活动时并非因对抗性和竞争性而受伤,也不能适用自甘风险规则。比如在禤某1、叶某1等生命权、健康权、身体权纠纷案中,②禤某1与叶某1两人根据学校的安排在校内操场上独自进行足球颠球训练,其间禤某1使用的足球失控落地,禤某1在向前奔跑追球时,叶某1从侧面伸右腿撞向禤某1大腿致禤某1倒地受伤。法院认为学校安排的足球颠球训练并非具有对抗性、风险性的竞技体育比赛活动,不能适用自甘风险规则,禤某1在此期间受伤并产生损失,应按照一般侵权责任来认定叶某1、七中东山学校的责任。这里的"风险"应指文体活动本身所固有的风险,而不是文体活动以外的风险。固有风险是文体项目的组成部分,与其不可分离,固有风险的发生具有不可避免性,除非不开展或不参加此类活动,但它的发生具有不确定性。③ 自甘风险制度中的风险是指体育活动的固有风险已经成为理论共识,但固有风险的具

---

① 湖南省湘乡市人民法院(2021)湘0381民初3189号。
② 广东省广州市中级人民法院(2021)粤01民终26585号。
③ 韩勇.《民法典》中的体育自甘风险[J].体育与科学,2020(4):20.

体认定依然是实践难题。① 首先要结合学校体育实践区分固有风险与体育运动外在风险引起的致害。体育运动外在风险是指由体育运动外部因素所引发,并对参与者带来人身损害的不确定性。根据学校体育内容,学校体育运动外在风险可分为场地设施风险、制度风险、内容设置风险、职责风险、学生能力风险五大类。② 体育运动固有风险是指体育运动中即使遵守比赛规则仍无法避免人身受到损害的不确定性。如果该风险被强制剔除或过分降低,该项体育活动就会不复存在,即使继续存在也丧失了其自身的特点和意义。③ 对于学校体育中的固有风险,应该从固有风险的内在特征进行判断。一是固有风险是行为自身潜在的危险。言下之意,如果风险是行为之外施加的,则不属于固有风险,比如学校明知体育设施不符合安全标准而仍然安排学生进行体育教学活动,显然这是学校的行为使得体育教学行为具有危险性或增加行为的危险,只能为导致行为具有危险的外在因素。另外,过分不合理的风险也不能成为自甘风险规则的对象,如故意侵害行为、故意犯规等(但技术性故意犯规除外),而且被告违反注意义务而故意增加行为内在风险的严重性。二是固有风险中的风险是必要的。即风险是行为必不可少的元素,否则该行为则失去其本质特征。比如拳击运动就以其攻击性这种风险为特点,如果剥离了攻击性就不可称之为拳击。三是固有风险是不可避免的。即风险是该行为内在的,必不可少的,除非完全排除该行为的发生。四是固有风险为明显的危险。此处的明显性采主观判断标准,明显危险应当考虑当事人是否足够熟悉该危险或是不是有相当多的了解机会。五是致害风险的可预见性。由于可预见性属于主观认知范畴,一般以"理性人标准"来判断,这里的"理性人标准"是指与当事人处于同样境地的人对于参加体育行为可能带来伤害的预测。在学校体育伤害案件中,还需要结合参加者的认识水平、体育技能、体育经验、体育项目类别等因素来判断"理性人标准"。④ 最后,基于第1176条的"因其他参加人的行为受到损害的"的限定,还需要对学校体育中的固有风险进行分类,在此基础上判断能否适用自甘风险规则:一类是固有风险来源

---

① 刘铁光,黄志豪.《民法典》体育活动自甘风险制度构成要件的认定规则[J].北京体育大学学报,2021(2):34.
② 闫建华,田华钢.学校体育运动风险识别和应对理论与实践研究[J].浙江体育科学,2020(4):88.
③ 杨艳.侵权法上自甘风险规则研究[D].长春:吉林大学,2016:57.
④ 李倩.体育运动中"固有风险"的界定与体育伤害的归责——上海新泾公园篮球伤害案判决评析[J].体育成人教育学刊,2015(3):11-15.

于参加者自身的行为或者非人力的自然因素,这类主要存在于个人文体活动中,如体操、跳水、跳远、跑步等。此时,造成自愿参加者损害的行为不是其他参加者而是自愿参加者自己的行为或者其他自然因素,此类情况属于意外事件,不产生侵权责任由谁承担的问题,不涉及自甘风险问题,不适用自甘风险规则。第二类是固有风险来源于其他参加者的行为,此类风险主要存在于多人文体活动中,如足球、篮球、拳击、排球等。当损害来自于这种固有风险时,如果其他参加者只具有一般过失或无过错时,其行为虽然满足侵害行为、损害、因果关系与过错这四项侵权行为的构成要件,但基于第1176条自甘风险规则的适用,其他参加者可以提起免责抗辩权。不过,第一类风险也有可能存在于多人学校体育活动中,比如学校足球比赛中,参赛队员在尝试鱼跃冲顶等高难度和危险性的技术性动作时,也有可能因为动作不规范或自身素质原因而受伤,此时也因为其受伤不是由其他参加者的行为所致,也不能适用自甘风险规则。

3. 根据学校体育运动特性和学生年龄段对故意或重大过失进行解释。根据《民法典》第1176条的规定,其他参加者对损害的发生有故意或者重大过失的排除适用自甘风险规则。一般来讲,在学校体育伤害事故的司法实践中,行为人故意造成伤害的情况比较少见,即使有故意伤害之情况发生,也很容易辨别,因为故意属于"有或者无"的定性问题。在学校体育伤害案件中,重大过失与一般过失是区分的重点,多数情况下它是直接决定着能否适用自甘风险规则的关键,但也是实践难题,因为它是属于过失的"量"的分析。重大过失是指行为人预见到了一项极有可能发生的损害后果,同时又不希望这种结果的发生,但仍然恣意行事的一种主观过错。① 一般过失也称普通过失,是指行为人在日常生活和社会交往过程中,违反一般注意义务,造成危害社会结果的过失心理态度。这里的一般注意义务也称普通注意义务,指国家或社会为维持社会正常的生活秩序的需要,而对社会正常人提出的注意义务,适用于一切社会主体。② 但在学校体育伤害事故中,需要结合体育运动的特性来解释一般注意义务。首先,学校体育伤害事故中的注意义务应低于一般注意义务标准。因为一些体育运动项目是对抗性运动,每个参加者需要在电光石火的瞬间作出动作,很难要求其每一个动作都准确无误,合理合规,恰到好处。若拿普通人的一般注意义务标准去评判体育运动中的参加者实属苛责,这样体育运动

---

① 叶名怡.重大过失理论的建构[J].法学研究,2009(6):84.
② 姜伟.论普通过失与业务过失[J].中国人民大学学报,1994(3):103.

的精彩性、流畅性价值也会因此大打折扣。因此，应以低于一般合理人的注意义务标准来评判才符合体育运动规律。比如在魏某、陈某1等生命权、健康权、身体权纠纷案件中，①二审法院认为，涉案篮球活动虽属业余性质，但身体激烈对抗可能引发受伤的风险性高于其他日常体育锻炼活动，因此对魏某与陈某1的行为均不能过于苛责。其次，根据运动项目规则来区分重大过失与一般过失。一般来说，学校体育参加者只是一般违反技术规则的行为多为一般过失，违反安全保障规则的行为视情形严重程度可能构成重大过失，而违反体育运动精神的行为则绝大部分构成重大过失。② 再次，根据每项运动规则的目的来区分一般过失与重大过失。有些体育规则的制定是为了使运动项目更加规范，比如篮球中的走步犯规、二次运球犯规、踢球等。有些体育规则的制定目的是保护参与者的人身安全，如比如拳击、散打中不允许攻击裆部等。若行为人违反了前者目的的规则多属于一般过失，而违反了后者目的的规则多属于重大过失或故意。③ 最后，严重犯规的重大过失还需要经历双重检视。第一重是竞技规则层面的检视，如果学校体育参加者的行为只属于竞技规则中的严重犯规，仍然属于体育自治范畴，无司法干预空间。比如《足球竞赛规则》就明确定义了严重犯规的两种情形。①在抢截时危及对方队员安全或使用过分力量和野蛮方式；②用单腿或双腿从对方身前、侧向或后方使用过分力量或危及对方安全的蹬踹动作。第二重是侵权法层面的检视，即对行为人竞技规则层面的严重犯规构成需要结合行为人的年龄、认知能力，以及事件发生时的环境、时间和地点为依据，确定行为人的注意义务。只要行为人稍加注意就能避免损害发生，那么就可以认定行为人有重大过失，而需要其具备专业知识或受过特定训练才能避免损害发生的，就难以认定行为人具有重大过失。④

另外，有学者认为，在自甘风险规则的适用上，无民事行为能力人不宜认定为故意，限制行为能力人主观上不宜认定为重大过失。⑤ 我们认为，

---

① 福建省福州市中级人民法院(2021)闽01民终8167号。
② 熊瑛子，贺清.文体活动自甘风险条款中"重大过失"的识别——基于《民法典》实施后一年内96份司法裁判文书的实证分析[J].武汉体育学院学报，2023(1):56.
③ 于田生，汤卫东.自甘风险条款在学校体育中的适用范围[J].河北体育学院学报，2022(1):19.
④ 赵毅.《民法典》施行背景下足球伤害法律适用的新发展[J].上海体育学院学报，2022(2):7-8.
⑤ 邹海林，朱广新.民法典评注：侵权责任编(1)[M].北京：法制出版社，2020：374.

从无民事行为能力人的认知能力来说,因为他们确实不具备自主辨认自己行为性质的能力,其不能辨认其行为的对错问题,其行为确实在自甘风险规则中不宜认定为故意。但也不能一概地认为限制行为能力人不宜认定为重大过失,而应该对限制行为能力人持慎重认定为重大过失的态度。限制行为能力人在认识能力上与完全行为人相比确实具有一定的欠缺,但不能因此否定在具体个案中限制行为能力人就一定不具备辨认能力,在某些具体个案中的某些限制行为能力人也是具有对重大过失的辨认能力的,但尤其需要法官结合具体案情进行详细论证。

4."因其他参加者的行为受到损害"的解释。一是这里"其他参加者"不可限定得过于狭窄,除了球员,还可以包括裁判员和教练员(有时候教练员同时也是参与者,如拳击训练中有时教练员同时是陪训人员,是拳击运动的参与者),但不包括体育活动中的相关医疗服务人员、餐饮服务人员、观众、球童、摄像人员、安保人员。因为这些人员并非文体活动的直接参与者,不是风险的共同制造者,也不是风险的共同承担者,[①]其行为也并非场上的体育行为,而是场边的观看行为或服务行为。实践中一些案例把工作人员当作其他"其他参加者"来适用自甘风险规则是错误的。如果这些人受到伤害,则以第1198条安全保障义务来对场所组织者或所有者进行归责。当然,如果球迷或者其他人员擅自进入比赛场地,考虑其他参与者的预防可能性及公平性,可以适用自甘风险。二是这里的"其他参加者"是指同一体育活动中的"参加者",不是同一体育活动的"其他参加者",其中体育活动的"其他参加者"不能适用自甘风险规则。比如在彭某、吴某1等生命权、健康权、身体权纠纷案中,[②]法官认为自甘风险中的"其他参加者"应是参与同一文体活动,但原告与其他同学在踢足球,被告吴某1在练习投篮球,两人并非参与同一体育项目活动,因此被告吴某提出自甘风险抗辩理由不能成立,不适用自甘风险规则。三是损害只能由其他参加者的"行为"造成,强调"行为"与"损害"的因果关系。如果损害与其他参加者的"行为"没有因果关系,则不能适用第1176条自甘风险规则。比如参加者因自身因素或其他客观因素在运动中自己扭伤、摔伤,举重者被杠铃砸伤、体操者自己从双杠上掉落等,由于这些受伤结果不是来自其他参加者的"行为",就不能适用自甘风险规则。并且,这里的"行为"只能是参加者的"体育行为"本身,而不是参加者的其他行为。有些比如追逐打闹等游戏活动,

---

① 申海恩.文体活动自甘冒险的风险分配与范围划定[J].法学研究,2023(4):98.
② 福建省邵武市人民法院(2021)闽0781民初1958号。

虽有存在受伤的可能性，但风险主要来自外部，且受伤主要归咎于参加者自身体质健康状况或活动中其他参加者的过错行为，也不能适用自甘风险规则。存在较大争议的是单人运动项目是否适用自甘风险规则，这里仍然要用"体育行为"与"损害"的因果关系进行辨析。如果受伤是其他参加者的"体育行为"造成的后果，比如赛跑过程中被其他参赛者撞伤或绊倒，则仍然适用自甘风险。反之，如果不是因为其他参加者的"体育行为"所致，比如跳高、跳远、蹦极、个人户外探险等，如果组织者尽了安全保障义务，且没有其他致害因素，则属意外事件，不适用自甘风险规则，但伤害后果仍由受伤者自己承担。如果因为第三人受伤，如百米跑过程中被横穿跑道的观众绊倒，则仍然不适用自甘风险规则，根据过错责任归责即可。

5. 学校作为学校体育活动组织者的责任不适用自甘风险规则。因为第1176条是一个转致条款，组织者的责任适用违反安全保障义务的第1198条至第1201条责任规则。根据这里的规定，学生在学校组织和管理的文体活动中受伤，对学校等组织者也排除适用自甘风险规则。比如在钟某、曾某1等生命权、健康权、身体权纠纷案中，[1]一审法院认为上犹县第三中学在测试活动中未测试学生就铅球项目投掷进行规范教学，也未在测试前向测试学生进行投掷示范教学、未对投掷区域外围观的学生有效劝离，在教育教学管理中未尽到管理职责存在过错，排除适用《民法典》第1176条的规定。类似的判例还有北京市怀柔区第二小学与宋某民事纠纷案。[2] 需要指出的是，第1199条和第1200条的教育机构损害责任只适用于未成年人的学校伤害事故，对于成年学生的学校伤害事故，应适用第1198条的安全保障义务损害责任规定。当然，如果在学校体育伤害事故中，既有组织者，又有其他参与者，那么，对组织者适用第1198条至第1120条规定，对其他参加者适用自甘风险规则。

6. "不得请求其他参加者承担侵权责任"的解释。从法教义学立场出发，这里的"不得请求其他参加者承担侵权责任"的法律效果是完全免除而非减轻文体活动参加者的侵权责任。实践中有两项法律规则与自甘风险的法律效果有紧密的联系。

第一项法律规则是民法典第1173条规定的共同过失，其产生的法律效果是减轻而非免除加害人的责任。基于第1176条第1款自甘风险规则的完全免除加害人责任和第1173条共同过失的减轻加害人责任之规定，

---

[1] 江西省上犹县人民法院(2021)赣0724民初804号。
[2] 北京市第三中级人民法院(2021)京03民终6062号。

在学校体育伤害案件中,对这两个条文适用存在以下几种情形。(1)如果行为人(即其他参加者)并无过失或只存在一般过失,无论受害人过失与否,适用第1176条第1款自甘风险规则,行为人不承担侵权责任。(2)如果行为人(其他参与者)存在故意或重大过失,受害人即使自甘风险参加比赛,不能适用第1176条第1款自甘风险规则,行为人应承担全部赔偿责任。(3)如果行为人(其他参与者)存在故意或重大过失,受害人不但自甘风险参加比赛,且在比赛过程中也有过错,适用《民法典》第1173条规定,减轻行为人责任。(4)如其他参加者的行为不属于文体活动之内在风险,也不能适用第1176条第1款自甘风险规则。此时可以考虑受害人对损害的发生或扩大是否存在过失,结合案件具体情况合理确定其他参加者的责任。

第二项法律规则是民法典第1186条规定的公平责任规则,其法律效果是由受害人和行为人分担损失。根据《民法典》第1186条公平责任规则的要求,公平责任规则要在"有法律规定"的前提下才能适用。根据学理解释,要适用第1186条的理论前提是"一般规定＋具体条款",①即"第1186条＋具体的有关公平分担损失的法律规定"。在文体活动领域,目前的法律体系没有明确规定可以由受害人和行为人分担损失,因此"公平责任"不存在适用的余地。在《民法典》生效之前,司法实践中经常用公平责任规则判决学校体育伤害各方当事人分担损失,在《民法典》生效之后,到目前为止,以公平责任规则适用于学校体育伤害案件的只有三个判例,分别是刘某贺与于某、大连市第四十四中学生命权、健康权、身体权纠纷案,②刘某轶、孟某庆等教育机构责任纠纷案,③聂某、刘某等健康权纠纷案。④ 但是这几个案例均没有按照"一般规定＋具体条款"进行引用,而是直接引用第1186条规定下判,实属对1186条的误用。

(二)自甘风险规则在学校体育伤害案件中的充分性论证

1. 自甘风险事实的充分性论证。因为事实认定是学校体育伤害案件法律推理的起点,对其认定事关各主体在事故中的过错与否以及过错程度问题,对此应对事实部分进行充分论证。在学校体育伤害事故中,对自甘

---

① 孙大伟.公平责任"依法"适用之解释论——以《民法典》第1186条为中心[J].政治与法律,2021(8):98-105.
② 辽宁省大连市中山区人民法院(2021)辽0202民初3116号。
③ 辽宁省营口市中级人民法院(2021)辽08民终2858号。
④ 河南省永城市人民法院(2021)豫1481民初7218号。

风险行为的事实认定应从以下几个方面进行充分性论证：一是根据法律规定进行证明责任分配。在一般情况下实行"谁主张，谁举证"原则，但在无民事行为能力人的学校体育伤害事故中，对学校实行过错推定原则，由学校举证。二是根据规范要件对过错进行事实认定。正如前述所指出的，对过错的事实认定之根据不是"事实"本身，而是根据规范（包括法规范以及其他规范）中对过错事实的抽象规定来认定。三是要以"盖然性占优势"程度要求来证明学校体育伤害事故中的侵权责任。即负有证明责任的当事人必须以优势证据证明其侵权事实的存在，否则，就要承担举证不能的法律后果。四是要区分规则范围的冒险行为与规则范围外的冒险行为。只有在规则范围内的冒险行为属于自甘风险，在规则范围外的行为不属于自甘风险。

2. 自甘风险的"合法化"论证。自甘风险在裁判文书中的合法化论证需要做到两点：(1)自甘风险作为裁判依据的合法化论证。需要在裁判文书中引用自甘风险规则作为裁判依据，一般以如下行文出现：根据《民法典》第1176条规定……，判决如下：……。(2)需要在"裁判说理依据"中根据自甘风险规则的构成要件进行合法化论证。根据自甘风险的构成要件，法官需要在每个构成要件上对行为人的行为进行详细地分析论证，判断其是否符合构成要件。

3. 自甘风险构成要件的充分性论证。第一，受害人必须完全意识到学校体育活动的风险性。这种完全意识应根据年龄及认识水平进行综合判断，比如在王某与谷某，谷某1等生命权、身体权、健康权纠纷案中[1]，对被害人参与足球比赛的认识性论证："事发时，王某、谷某虽系未成年人，但均系年近13周岁的限制民事行为能力人，已具备对于体育运动风险相应的认识和判断能力。"第二，受害人自愿参与了学校体育活动。在学校体育伤害中，这种自愿性参与应体现为意志的自由性，即受害人的可选择性。比如在王某与谷某，谷某1等生命权、身体权、健康权纠纷案中，王某与谷某，谷某1在应知道足球运动存在风险的情况下，自愿参与该次运动，应属自愿承担风险的行为。这既是因为他们是在课余时间参加足球活动，行为人参与的这种比赛具有可选择性，也是因为他们在认识和判断风险的前提下自愿参加。第三，受害人的损害与其他参加者的行为存在因果关系。学校体育活动中的自甘风险，受害人的损害必须来自其他参加者的行为，如此才能形成参加者行为与损害后果之间的因果关系。反之，则没有形成因

---

[1] 重庆市江北区人民法院(2021)渝0105民初27191号。

果关系。比如足球参加者在比赛中因自己的动作不规范扭伤了脚,这种损害并非来源于其他参加者的行为,不适用自甘风险规则。第四,行为人并非出于故意或重大过失造成了受害人的损害。即行为人出于故意或重大过失造成了受害人损害,就排除了自甘风险的适用。比如在前案中,法院认为涉讼事故发生时,王某控球靠近对方球门附近,谷某作为运动参加者,为抢球而与王某发生肢体接触具有合理性,王某受伤虽不幸,但谷某对王某损害发生并无故意或重大过失。正如前述指出的,对于限制行为能力人的重大过失应持慎重认定之态度,即可以对限制行为能力人进行重大过失论证,但应该进行充分论证。那么,如何做到重大过失的充分论证呢?这里举两个案例的对比论证进行说明。一是(2021)闽01民终8167号案件,①二审法院论证为:陈某1未尽合理限度的安全注意义务,争抢力度过大致魏某头部损伤、创伤性牙脱位的身体损害结果。根据监控视频及魏某的损害后果看,不能证明陈某1系故意为之,但依法可认定具有重大过失。在这个案件中,法院并没有充分论证陈某1具有重大过失的理由,只是简单地认为陈某1"依法可认定具有重大过失"。与之相反,在(2021)沪01民终732号案件中,②法院的论证特别充分:韦某丞的违体犯规在主观上只构成一般过失,不构成重大过失。(1)韦某丞作出的封盖动作所针对的对象是张某珺所控制的篮球而不是带球进攻上篮的张某珺的人身。(2)不能苛求韦某丞在作出封盖的防守动作时经过深思熟虑,且必须做到合理规范。否则,显然有悖于人类自身的自然规律。(3)对于作为业余参赛者的韦某丞的犯规行为不能过于苛责。

4. 对自甘风险中固有风险的充分性论证。对于在学校体育自甘风险事件中,其他参加者能否以自甘风险进行抗辩,其需要充分证明这种致害风险是否属于体育运动本身所具有的风险,即固有风险。如果致害风险是由体育项目中的固有风险造成的,则其他参加者可以由此形成引用《民法典》第1176条自甘风险条款进行抗辩的基础,反之,则其就失去了引用《民法典》第1176条自甘风险条款进行抗辩的基础。可见,对体育项目中固有风险的论证将成为其他参加者能否适用自甘风险条款进行抗辩的关键环

---

① 魏某、陈某1等生命权、健康权、身体权纠纷民事二审民事判决书[EB/OL].(2021-11-19)[2023-3-28]. https://www.pkulaw.com/pfnl/95b2ca8d4055fce1c56a07a891c298f70ab8c77b15911e01bdfb.html.

② 韦某丞与张某珺生命权、身体权、健康权纠纷案民事判决书[EB/OL].(2021-12-08)[2023-3-28]. https://www.pkulaw.com/pfnl/c05aeed05a57db0ac706aa4fd80510e80f7f1a297fbfd480bdfb.html.

节。在学校体育伤害案件中,对固有风险的论证主要从以下方面进行:(1)从固有风险的定义进行论证。所谓的固有风险,就是伴随体育项目而来的,很难避免的风险,这些风险是显而易见和可以预见的,并且很难与项目分割。① 从定义可知,体育固有风险有三个特征:明显的、必然的、不可分割的。风险是明显的,就是风险是显而易见的,而不是不明显的或潜在的。比如足球比赛中被拉伤、撞伤、铲伤的风险,篮球比赛中被撞伤的风险,拳击比赛中被击打成重伤或者死亡的风险,滑雪中摔倒、撞伤的风险等,都是显而易见的风险。风险是必然的,是指只要参加了该项运动,就必然伴随着某种风险,这种风险是运动本身所固有的。比如只要参加游泳运动,就有可能出现溺水风险,只要参加骑马运动,就有可能从马上摔下来的风险,只要开展篮球运动,就开启了冲撞、"盖帽"导致人身伤害的风险。因此这种风险是运动本身所固有的,没有办法消除或消除很困难,除非不参加。风险是不可分割的,是指这种风险是该体育活动中的一部分,与运动不能分割,如非,则不属于固有风险。如拳击比赛是以击打对方为运动方式,这种击打对方成为拳击运动的不可分割部分,那么,在拳击运动中就必然会带来伤害。(2)从运动规则进行论证。体育运动都是在遵循一定规则下进行的,特别是竞赛型运动项目,都是在一整套规则之下展开的。在体育规则中,有些体育规则是为了保证、维持竞赛的公平性而制定的,有些是为了保证其他运动参与者的人身安全而制定的,也有些规则是二者兼而有之。一般来说,没有违反体育运动规则仍然导致了运动伤害的发生,此时的风险基本上可以判断为固有风险,反之,如果是因为违反体育规则的行为所导致的运动伤害,此时基本上可以判断该风险不属于固有风险。在违反体育规则的行为中,仅仅违反以维护比赛公平性为目的的体育规则而导致运动伤害的风险,仍然可以判定为固有风险。如果是违反了以维护参加者的人身安全为目的的体育规则而导致运动伤害的风险,则可以判定为非固有风险。当然,从充分性论证来说,即使是违反了以维护人身安全为目的的体育规则也不一定就必然判定为固有风险,因为运动规则只是判定固有风险的参照标准而非绝对标准。首先,轻微的犯规属于正常的且为所有参与者所接受,一般不会往非固有风险去判定,如足球比赛中为了争球而踢到对方小腿的轻微犯规,无须承担责任。其次,基于维持比赛之精彩性与娱乐观众的考量,如果体育中的一些技术犯规是为了获胜而运用的轻微犯规且导致了其他运动参与者的伤害,一般也会以固有风险论之。再次,基于

---

① 韩勇.《民法典》中的体育自甘风险[J].体育与科学,2020(4):20.

娱乐观众目的,有些轻微的拉人犯规、技巧性卡位或阻挠犯规,虽然违反了人身安全性体育规则,也会以固有风险论之。(3)从体育活动的特殊性论证。一般来说,以下这些运动项目发生的致伤风险可能是由固有风险导致。首先,直接以其他参与者人身为动作目标的竞赛类运动所产生的伤害,如拳击、自由搏击、摔跤、击剑等,如果是在规则范围内致伤,一般会以固有风险论之。因为这些伤害是由该运动的性质决定的,比如拳击就是以击打对方身体为目标,这些致伤风险与拳击运动密不可分,除非不参加该项运动。其次,间接以其他参与者人身为运动目标的运动,棒球、网球等,或者有肢体接触的运动项目,篮球、足球、曲棍球、橄榄球等,这些运动项目也有较高的危险性,在这些运动项目中,也会有固有风险产生的致伤风险。最后,高危险性的休闲娱乐运动项目也会因固有风险产生致伤风险。如游泳、滑雪、溜冰、潜水、登山等,这些运动项目本身就潜藏着运动伤害的巨大风险。在这些运动中发生的致伤风险,往往是由固有风险所致。

但是,对固有风险的论证并不能作为自甘风险的独立抗辩理由,它还要结合注意义务的认定和违反注意义务认定的标准才能发挥作用。这就涉及到对第1176条的故意和重大过失的除外论证,即如果其他参与人对损害的发生有故意和重大过失的,则不得引用自甘风险免除其责任。

首先,需要从加害人是否违反注意义务去论证第1176条中的故意和重大过失。在学校体育伤害案件中,加害人是否违反注意义务,需要把它的判断标准放在文体活动的特殊场域中进行论证,即要考虑文体活动中的特殊性,不可以普遍适用的抽象标准来进行判断。因为"在文体活动中,不能要求处于奔跑、射门或扣篮中的参加者像日常生活中那样避免损害的发生,而仅能要求其遵守相应的活动规则或者不得严重违反该规则"[①]。因此就需要降低运动参加者的注意义务标准。这个标准要使文体活动正常进行与参加者安全保护之间达到某种平衡,一方面,要保证文体活动的必要速度、力量、对抗等,以使文体活动能以吸引人的方式进行,另一方面,也要保护运动参加者的人身安全,这也是开展文体活动的基本要求。为此,这个平衡点只能是对参加者注意程度的适当降低,从一般生活场域中勿害他人的注意程度,降低到较一般注意义务更为宽松的体育道德和规则范围内,或曰避免无谓损害的程度。这一标准通常要求参加者应避免严重违反活动规则或者毫无顾忌地伤害其他参加者,例如血腥滑铲或者争球之外的

---

① 申海恩.文体活动自甘冒险的风险分配与范围划定[J].法学研究,2023(4):104.

拳脚相加。① 在此标准之下,对加害人是否违反注意义务可以从三个方面进行论证:(1)一般来说,凡是遵守活动规则的行为,就满足注意义务要求,因而对损害结果没有过错。(2)对于违反文体活动规则的行为,依据活动规则的不同功能进行区分对待和论证。参加者仅违反具有维持公平功能的活动规则而未违反具有保护功能的活动规则时,其行为在法律上没有过错,不构成侵权行为。参加者的致害行为违反具有保护功能的活动规则时就可能构成过错,可能会承担损害赔偿。(3)法官需要进一步对违反具有保护功能的活动规则的行为进行论证,根据具体情况判断该行为是否超出了被允许的风险范围。

其次,在此基础上,需要对《民法典》第1176条自甘冒险条款中的重大过失的注意义务进一步论证。这些论证包括:(1)第1176条中的重大过失所采取的注意标准是一般生活交往中必要的注意,还是已经降低了的文体活动中必要的注意?(2)对重大过失的基本要求进行论证。申海恩认为,重大过失的核心构成有二:其一,被违反的是最基本的注意义务,即正常人都不会违反的注意;其二,违反注意义务的方式、程度极为异常,正常人都不会如此行为。② 论证者需要从这两方面去论证参考者的行为是否构成了重大过失。(3)对活动参加者重大过失的衡量论证。包括文体活动本身固有风险现实化的概率、可能造成损害的性质、损害的严重程度、参加者的专业化程度、参加者之间的能力对比、参加者的特殊认识和控制能力等,这些也会影响参加者的注意标准,进而影响其注意义务在重大过失中的判断。这些需要进行综合衡量,充分论证。

四、学校对自甘风险规则的应对

1. 完善学校体育安全保障体系。虽然自甘风险规则只适用于体育参加者之间,故学校不适用自甘风险规则,但这并不等于说学校在自甘风险案件中能独善其身。根据《民法典》第1176条第2款组织者责任适用违反安全保障义务的第1198条至第1201条责任规则,如果学校在自甘风险案件中(比如自甘风险案件中有三方:学校、行为人学生、受伤害人学生)的安

---

① 申海恩.文体活动自甘冒险的风险分配与范围划定[J].法学研究,2023(4):104.

② 申海恩.文体活动自甘冒险的风险分配与范围划定[J].法学研究,2023(4):106.

全保障有问题,学校仍然需要承担责任并进行赔偿。有学者还认为:在参加者只有一般过失不承担责任,对其注意义务应有所降低的同时,活动组织者、场所管理人的安全保障义务应当升高,毕竟,从侵权法一般原理来说,行为人的注意义务总是随着活动风险程度的升高而升高。① 在这种情况下,学校的安全保障义务更重、更高,学校需要筑牢学校体育安全防范措施(第九章详细论证)以减少学校体育伤害事故的发生。

2. 学校动员学生及家长购买意外伤害保险。在学校体育伤害案件中,如果活动参加者适用自甘风险规则抗辩成功,则受伤害学生就有可能自己承担损失,这对伤害学生来说是不利的。但是学校也不能因自甘风险规则的出现减少学生的体育活动,这与体育教育相违背。在此前提下,学校要做的工作是动员学生及其家长购买人身意外保险,即"学生平安意外伤害保险"(简称学平险),使学生的伤害损失实现保险的社会转移,有效协调自甘风险规则与学校体育教育的矛盾。又因为学平险属于商业险,遵循自愿投保原则,为此学校需要做足宣传与动员工作。这个动员工作需要结合《民法典》自甘风险规则的法律规定向学生及其家长宣传体育的风险性以及自甘风险规则的法律后果,让其明白购买保险的重要性。

本章小结

在《民法典》之前,自甘风险是作为"裁判说理的依据"出现在判决文书中,并且以"自甘风险+N(法律规定)"模式出现。在《民法典》生效之后,自甘风险不仅可以作为"裁判说理的依据"进行合理性论证,而且可以作为"裁判依据"进行合法化论证。在《民法典》生效之后,第1176条确立的自甘风险规则在学校体育伤害案件中仍然面临着"自愿参加""一定风险""文体活动""其他参加者""故意""重大过失"等诸方面的解释问题,在论证上面临着事实部分、理由部分和裁判依据部分的论证挑战。为此需要从解释和论证上对前述挑战进行回应,通过对自甘风险的法律方法分析,实现自甘风险在学校体育伤害案件中的正确适用。同时,学校需要完善学校体育安全保障体系,动员学生及家长购买意外伤害保险,以实现对自甘风险规则的应对。

---

① 邹海林,朱广新.民法典评注:侵权责任编(1)[M].北京:中国法制出版社,2020:136.

第七章 学校体育伤害事故中的国家责任

前面章节主要从法律方法视角讨论学校体育伤害事故的方法论应对,这是一种技术应对路径,这种技术应对路径都是在现有法律框架内运用法律方法来解决学校体育伤害事故问题,在救济路径上略显单一。本章内容将从更为宽泛的视角来探讨学校体育伤害中的救济途径。

一、法治意义上的国家责任

国家责任本是国际法范畴中的概念,其大意是指作为国际法主体的国家要对其国际违法的国家行为承担国际责任。但在今天看来,国家责任的概念早已突破国际法的范畴,成为一个内涵丰富且极具现实意涵的法治概念。从使用领域来分类,一般在如下领域中使用国家责任。

(一)国际法中的国家责任

国际法中的国家责任也有一个演变的过程。传统的国家责任仅仅指国家违反对外国人的生命及其财产以及待遇等方面义务的后果,如海牙国际法编纂会议(1930年)给"国家责任"下的定义是:"如果由于国家的机关未能履行国家的国际义务,而在其领土内造成对外国人的人身或财产的损害,则引起该国的国家责任。"[1] 1963年联合国国际法委员会根据国际情势和国际法的最新发展,把国家责任扩大为一国对其国际不法行为产生的法律责任,比如1970年联合国大会第五十一届会议补编第10号(A/51/10)《国际法委员会第四十八届会议工作报告》第95页。《国家责任条款草案》第1条规定,国家责任就是"一国对其国际不法行为的责任"。[2]

(二)行政法中的国家责任

行政法中的国家责任主要基于公权力行为中产生的责任,包括国家赔

---

[1] 王献枢.国际法[M].北京:中国政法大学出版社,1995:117.
[2] 转引自林灿铃.国际法的"国家责任"之我见[J].中国政法大学学报,2015(5):147.

偿和国家补偿。国家赔偿主要是指国家对于国家机关及其工作人员执行职务、行使公共权力损害公民、法人和其他组织的权益依法承担的赔偿责任。① 比如我国《宪法》第 41 第 3 款规定：由于国家机关和国家工作人员侵犯公民权利而受到损失的人，有依照法律规定取得赔偿的权利。《国家赔偿法》第 2 条规定：国家机关和国家机关工作人员行使职权，有本法规定的侵犯公民、法人和其他组织合法权益的情形，造成损害的，受害人有依照本法取得国家赔偿的权利。国家补偿主要指国家征收征用中的补偿，是国家为了公共利益的需要而侵害公民的财产权，从而对公民的财产权损失通过补偿的方式予以弥补。比如《民法典》第 243 条规定了国家征收补偿的国家责任：为了公共利益的需要，依照法律规定的权限和程序可以征收集体所有的土地和组织、个人的房屋以及其他不动产。征收组织、个人的房屋以及其他不动产，应当依法给予征收补偿，维护被征收人的合法权益；征收个人住宅的，还应当保障被征收人的居住条件。第 245 条规定了国家征用补偿的国家责任：因抢险救灾、疫情防控等紧急需要，依照法律规定的权限和程序可以征用组织、个人的不动产或者动产。被征用的不动产或者动产使用后，应当返还被征用人。组织、个人的不动产或者动产被征用或者征用后毁损、灭失的，应当给予补偿。除此之外，国家责任的补偿责任还包括公益牺牲中的补偿和衡平补偿。如强制疫苗接种中造成公民身体健康的损害，即属于公益牺牲中的国家补偿。又如环境法中的生态效益补偿和自然资源补偿即属衡平补偿中的国家责任。

(三)社会法中的国家责任

社会法上的国家责任是从国家学理论发展而来，主要是指国家为了完成公共任务所应担负的职责。这里的国家责任是指国家为了达成社会政策目标、落实国家理念所应承担的职责和任务范围。② 在社会法学者看来，在风险社会里，弱势群体仅靠自己的力量往往不能有效地改变自己的境况，因此需要国家履行一些法定义务来使弱势主体获得生存、安全的保障。这些保障范围已经从最初的工人劳动保险延伸到教育、医疗、住房、生育、养老、失业、工伤等多个社会领域。比如社会救助中的国家责任观点认为，受社会救助是现代社会中符合法定条件的社会成员的一项基本权利，

---

① 丁学军.国家赔偿法：概念·原则·作用[J].西北大学学报(哲学社会科学版),1999(1):51.

② 谢冰清.我国长期护理制度中的国家责任及其实现路径[J].法商研究,2019(5):41.

国家和社会提供社会救助是其应尽的责任和义务。国家的社会救助责任是指国家(具体表现为政府)应当采取积极措施推动社会救助工作,为社会救助提供制度供给、财政给付、监督管理等多方面的支持,保障社会救助事业的可持续发展,最终实现公民的社会救助权利。[1]

总体来看,国际法中的国家责任是建立在国家不法行为的"过错"基础上。行政法中的国家责任已经突破了"过错"的应责标准,比如国家补偿中的国家责任,但仍然固守国家在赔偿与补偿的消极责任。社会法中的国家责任则突显了国家的救助、保障及其他积极性义务,是国家责任在社会法中的延伸。

以上国家责任在各部门法领域的发展演化表明,法治意义上的国家责任不仅包括传统意义上的国际法和行政法中消极的国家责任,而且也包括了社会法中积极的国家责任,包括以国家赔偿责任、国家补偿责任、国家救助责任和社会保障责任为主要内容(制度内容),由国家在侵犯公民权益或者公民因国家治理、他人侵权以及其他灾祸导致损害时,对公民承担的损害填补、困难救济和基本生存保障的法律义务与法律责任(责任性质)。[2] 故可以从两个方面来理解国家责任的内涵:第一,当国家作为公民权力的代表时其责任是根据"社会契约"的要求对公民承担的"义务"。这里是指国家对内所担负的义务。第二,国家作为国际法主体,在违反国际法时所承担的责任(后果)。这是国家的国际责任。[3]

(四)国家责任与政府责任的关系

由于政府是国家主权的主要行使机关,它的权力直接来源于国家主权,这就决定了政府的责任来源和形式。即政府在国家主权的框架范围内活动,必然承担国家主权对其规定的责任。政府责任主要表现为政府机构及其公务人员因公权地位和公职身份而对授权者承担的责任,既表现为积极、主动的责任(义务),也表现为消极、被动的责任(后果和追究)。[4]

---

[1] 杨思斌.论社会救助法中的国家责任原则[J].山东社会科学,2010(1):44.
[2] 陶凯元.法治中国背景下国家责任论纲[J].中国法学,2016(6):25-26.
[3] 涂春元.国家责任与政府责任辨析[J].辽宁行政学院学报,2007(5):28.
[4] 涂春元.国家责任与政府责任辨析[J].辽宁行政学院学报,2007(5):28.

尽管国家责任与政府责任在概念上是区别的,[①]但是二者也有着内在的联系性。一是国家责任规定了政府责任的方向和范围。因为政府的权力直接来源于国家,故根据权责一致原则,政府责任是国家对公众契约责任的一种分担,国家责任在实质上规定了政府责任的方向和范围。二是政府责任是国家责任的重要组成部分。首先是"社会契约"中的国家责任实际上是由政府来完成的,其次是政府责任是国家责任的重要组成部分。

既然国家的对内责任主要由政府来完成,政府就成为了国家对内责任的主要承担者,政府承担责任的过程就体现了国家意志。尽管我国历史上属于中央集权制的政治结构,国家责任主要通过中央政府来承担,但是地方政府甚至是地方政府的某个行政部门的责任承担也能体现国家意志,是国家责任在地方政府或行政部门的延伸。基于这种认识,本文所指的国家对内责任既是国家基于"社会契约"而对全体民众与组织的契约责任,也包括了政府为执行国家责任的政府责任,以及地方政府及其行政机构的延伸责任。

二、国家责任在学校体育伤害事故中的缺场

(一)教育机构法人责任的私法化困境

在目前的法律体系中,学校体育伤害事故的归责是建立在学校法人责任基础上的私法责任,其责任主体一般不包括政府教育主管部门,追究的往往是学校或校长的责任。[②]《教育法》第 32 条规定:学校及其他教育机构具备法人条件的,自批准设立或者登记注册之日起取得法人资格。学校及其他教育机构在民事活动中依法享有民事权利,承担民事责任。这实际上是在法律上确立了学校的法人主体地位,学校以自己的财产独立承担民事法律责任。这表明,教育机构一旦取得法人资格,就要以法人的财产独

[①] 涂春元认为,国家责任的主体是所有国家机构,但政府责任的主体只是国家体系中的执行机构;国家责任的相对人既包括了对内责任的全体公众及其组织,又包括对外责任的国家和组织,但政府责任仅包括对内责任的相对人,不包括对外责任的国家及组织;国家责任的指向性是自上而下的单向性,政府责任则包括自上而下和自下而上的双向性;国家责任包括对内与对外的契约责任,政府责任仅包括对内的契约责任。涂春元.国家责任与政府责任辨析[J].辽宁行政学院学报,2007(5):28-29.

[②] 谭小勇,宋剑英,杨蓓蕾.学校体育伤害事故法律问题研究[M].北京:法律出版社,2015:39.

立承担民事法律责任。但这里也明确规定:学校以自己财产承担民事责任的前提是学校及其他教育机构从事的是"民事活动"。但学校的哪些"活动"是"民事活动"？立法没有进一步明确。确实,学校的一些行为就是私权的民事行为,如学校采购办公用品、建筑校舍、出租场地、向学生提供食宿等,在这些活动中形成的法律关系,学校要承担法人的民事责任。但学校的教育活动不仅只有私权行为,还包括一些公权行为,如学校的纪律处分、颁布学历学位证书、制定校纪校规等,在这些活动中形成的法律关系,学校应该承担公权责任。那么,学校的教育行为以及由此产生的体育伤害事故是公权行为还是私权行为呢？这需要从性质上对学校的教育行为进行定性分析。只要确定了这些教育行为的性质,就可以知道建立在这些行为基础上的法律关系以及由此产生的法律责任是私权性质还是公权性质。这里可以采用反证法论证,如果是私法性质的民事行为,那么该教育行为的双方主体(学校与学生)在法律关系上就具有平等的法律地位,权利义务内容能由当事人双方自行确定(即遵循平等自愿的原则确定)。如果是公法性质的行政行为,则该教育行为的学校和学生在法律关系上就不是平等关系。很显然,学校对学生的教育行为不是基于平等、自愿原则建立起来的。因为在这种教育行为中,学生没有选择的自主性,学生只有服从的义务。以体育教育为例,且不说义务教育阶段国家强制性的体育教育是学生必须学习的课程,就算是在非义务阶段的高中和大学,体育教育也是学生必须参加且在达到一定标准之后才能拿到学分成绩的课程,作为其学业成绩中必不可少的必修内容,学生在此过程中根本没有自由选择的余地。因此可以这样认为,学生和学校的关系不是民事法律关系,而是一种特殊的、具有公法性质的法律关系,是基于教育关系而形成的一种公权关系。[①] 同理,在教育行为上,学校和国家之间也是一种不对等的公权关系。因为学校的教学内容如体育教学是国家教育的内容之一,是必须开设的课程,学校在此过程中没有选择的余地,本质上是一种国家的公权行为,是国家教育行为在学校的具体体现。即便在学校频发体育伤害事故的前提下,学校也不能因此放弃该项义务,学校在体育教学行为上不具有选择性。既然建立在教育行为基础上的学校与学生关系是公权力关系,那么,在这种关系上产生的学校体育伤害事故能仅以私法的民事责任进行归责吗？既然学校的体育教育行为是一种公益性的国家行为,那么在法理上,国家就得为

---

① 劳凯声.中小学学生伤害事故及责任归结问题研究[J].北京师范大学学报(社会科学版),2004(2):22-23.

这种公权行为产生的学校体育伤害事故承担一定的责任。

然而,《最高人民法院关于审理人身损害赔偿案件适用法律若干问题的解释》第7条规定:对未成年人依法负有教育、管理、保护义务的学校、幼儿园或者其他教育机构,未尽职责范围内的相关义务致使未成年人遭受人身损害,或者未成年人致他人人身损害的,应当承担与其过错相应的赔偿责任。第三人侵权致未成年人遭受人身损害的,应当承担赔偿责任。学校、幼儿园等教育机构有过错的,应当承担相应的补充赔偿责任。《民法典》第1199条、第1200条、第1201条分别规定教育机构在未成年人各阶段的责任体系,这些规定显然都把学校体育伤害事故归为民事责任,按民事责任进行归责,把学校的法人责任完全按私法化来处理。

这种制度设计也使学校的体育教学陷入了法人责任困境。一方面,学校的体育教学行为在性质上属于公权力行为,整个过程体现了国家意志,学校为了国家的教育目标,必须安排体育教育教学活动,学生也有义务服从参与学校安排的体育教学活动。因此,学校的体育教学体现了国家意志性。但另一方面,当学校的这种体育教学行为产生学生伤害事故时,却按民事的法人责任去归责,学校体育伤害事故完全按照私法化的责任进行设计。司法实践也表明,在学校体育伤害事故中,司法机关都是以民事责任对学校等教育机构进行归责,责任主体一般不包括教育行政主管部门。

(二)"国家缺场"是学校体育伤害陷入困境的结构性问题

学校体育伤害法人责任的私法化困境实际上已经使学校体育伤害事故的处理陷入了两难困境。一方面,如果按目前的归责体系去归责,只能让学校陷入被无限追责和索赔的困境。一份北京市第一中级人民法院的调研报告显示,在28件经两审生效判决的体育伤害诉讼案件中,学校要自主负担相关赔偿费用的案件超过九成。[①] 不堪重负的学校往往会以消极规避的防范措施来应对。如拆除各种体育器械设施,取消课外体育活动或禁止在校内奔跑踢球,放学后清校,以室内棋类活动替代室外体育活动,尽可能不安排足球、篮球等对抗性激烈的体育课程或者单杠、双杠、跳远等容易产生运动伤害的"危险"项目。另一方面,按目前的归责体系和司法救济进行救助,将有一部分受伤害学生无法得到救济而陷入自己承担损害后果的不利困境。这对于个体的学生及其家庭来说也是不公平的,因为学生不

---

① 王菁,于善旭.体育伤害事故阻滞学校体育正常开展久治不果的致因与治理[J].首都体育学院学报,2014(5):421.

仅要承受着身心伤害的痛苦,而且对其家庭也形成巨大的经济压力。故在目前的制度框架下,对学校和学生的任何一方的有效保护都会损及另一方面的利益,很难在两者之间实现有效平衡。

对于这种两难困境,尽管也有人提出要把学校的办学活动纳入保险责任范围,使学校事故的赔偿分担社会化。① 但在中国人保险意识低下的现实情况下,试图通过商业保险的自愿性与自费性来解决问题的成效性存疑。而且,保险范围有限以及赔付低也会出现保险不能覆盖之处。所以,目前的学校体育伤害事故既不能仅仅指望通过加强学校的规范教育、安全管理来完全杜绝事故的发生(不否认这种努力的重要性),也不能仅仅指望通过赔偿社会化来减轻学校方的赔偿压力和学生的及时获赔。但这并不是说目前的救助体系不够完善,而是因为目前学校体育伤害事故中的法治困境是一个结构性问题:"国家缺场"是当下学校体育伤害事故陷入困境的关键因素。不是说所有的归责困境和司法困境均与"国家缺场"有关,而是说当"国家缺场"是结构性问题时,就会使学校体育伤害事故在归责体系与救助体系中的某些节点陷入无法解决的盲点困境,很难在现有的制度框架内取得既充分保障学校权益又保障学生权益的平衡效果。反之,当"国家在场"时,这些节点问题的处理就会大为改观。这里的"国家在场"既是"最终的在场",即不是说所有的学校体育伤害事故都需要有"国家在场",而是说在受伤害者无法通过种途径获得救助时,国家就应该"在场",也是"最初的在场",即指当学校体育伤害事故发生时,国家应该最先提供救助保障,以实现受伤害学生的及时救治。"国家在场"主要通过"国家责任"来实现。

三、学校体育伤害事故中国家责任的法理论证

(一)受教育权中的国家责任

人权法理论认为,国家是人权义务中的刚性主体,在公民的权利与国家的权力关系中,国家权力是手段,公民的权利是目的,国家的根本任务就在于保障公民这样或那样的权利,否则就将失去国家存在的价值。② 受教育权是现代宪法所确立的一项最重要的公民基本权利,也是最能够体现国

---

① 劳凯声.中小学学生伤害事故及责任归结问题研究[J].北京师范大学学报(社会科学版),2004(2):22-23.

② 刘志强.论人权法中的国家义务[J].广州大学学报(社会科学版),2010(11):18.

家权力与公民权利相互关系的一种宪法权利,我国《宪法》第 46 条规定:"中华人民共和国公民有受教育的权利和义务。"2004 年我国正式把"国家尊重和保障人权"的国家人权义务写进了宪法,此次修宪的意义是将尊重和保障人权的主体由党和政府提升为"国家",由此"国家保障公民的受教育权"就有了宪法依据。《教育法》第 4 条规定指出了受教育权的国家义务性:"教育是社会主义现代化建设的基础对提高人民综合素质、促进人的全面发展、增强中华民族创造力、实现中华民族伟大复兴具有决定性意义,国家保障教育事业优先发展。"2006 年修订的《义务教育法》在第 2 条规定了义务教育的国家保障性:"国家实行九年义务教育制度。义务教育是国家统一实施的所有适龄儿童、少年必须接受的教育,是国家必须予以保障的公益性事业。实施义务教育,不收学费、杂费。国家建立义务教育经费保障机制,保证义务教育制度实施。"义务教育由受教育权的本质所决定,最主要的是针对国家义务,这种国家义务不仅仅是消极不侵害或防止不被侵害,更主要的是国家要积极主动地为受教育者提供平等的受教育的条件和机会。①

  对学生而言,受教育权在性质上是一种"义务权"。② 当受教育权作为公民的一项基本权利时,不仅意味着学生能从国家这里获得接受教育的权利,也意味着当他在接受教育过程中受到伤害时也有从国家这里获得赔偿的权利,这也是受教育权作为一项基本人权的当然内涵。当受教育权作为公民的一项义务时,就意味公民作为学生必须接受国家对其进行强制教育(义务教育的强制性尤甚),学校教育就是这种强制教育的内容之一。那么,当学生在接受国家的强制教育过程中受到伤害,在性质上就是国家教育权力行使的后果之一,国家作为这种权力行使的最初发动者,理应对此承担责任,这也是国家权力行使对人权所负的责任清单。对于国家而言,当国家作为受教育权的义务主体出现时,根据人权的国家义务要求,设立(公立)学校,配备相应的教职人员,拨付足额资金,是国家应尽的法定义务。这种保障义务也包括公民在接受教育的过程中受到伤害时国家对此履行赔付义务。学校体育伤害事故是学校体育的一个组成部分,而学校体育教育又是公民实现受教育权的重要内容之一,那么,国家作为人权保障的义务主体就应该为公民接受学校体育教育过程中受到伤害承担国家责

---

  ① 方益权,易招娣,唐丽雪.论社会法视域下义务教育的国家义务性[J].温州大学学报(社会科学版),2011(5):22.
  ② 吴鹏.中国宪法中公民受教育的权利和义务之解读[J].法学杂志,2008(3):145.

任。

(二)教育成本分担理论的国家责任

教育的成本分担主要包括"能力支付原则"和"利益获得原则"两个重要原则。其中,利益获得原则是指教育获益者需要支付因在教育中获益而产生的相关成本费用,且成本费用的支付与获益成正比例关系。[①] 这说明,教育的成本费用应该由教育的获益者支付,教育中的受益者不仅仅是受教育者本人,而且政府、社会、学校都能从教育中获益。其中,教育的最终目的是为国家和社会培养人才、提高全民素质、实现现代化,所以,国家和社会才是教育的最大和最终的受益主体。那么,按照教育的成本分担理论,既然国家和社会是教育的最大受益者和最终受益者,就应该分担最大和最终的成本支付义务责任。

学校体育作为学校教育的一部分,不仅担负着学校教育的最基本职能,而且还承担着培养学生终身体育锻炼的习惯,提高未来国民整体体育素质的国家任务。放眼世界,当今世界上的综合国力竞争,实质上是科学技术的竞争和民族素质的竞争。体质是民族素质的构成因子之一,也是其他因素的物质基础。学校体育教育有利于国家的青少年体质健康、意志坚强、身心和谐发展,最终有利于国家综合实力的提高,所以说,在学校的体育教育中,国家和社会也是最终的教育受益者。但是体育具有风险性,学校体育意外伤害是开展学校体育教学不可避免的组成部分,学生在此过程中没有避开学校体育意外伤害的自由。那么,既然学校体育伤害所造成的经济成本属于学校体育的活动成本,根据教育成本分担的理论,国家是学校体育教育的最终受益者,就理应为学校体育伤害事故承担最终的成本分担责任。

(三)学校教育教学行为的国家责任

在法律上,行为的性质决定了责任的分类,私法性质的行为产生民事责任,公法性质的行为产生公法责任。公立学校的教育教学活动在性质上属于"公权力"行为,这可从三个方面来判断:(1)学校的"公务法人"地位。公务法人是指在国家与地方行政机关以外的,享有一定的独立性,并承担

---

① 傅扬.基于高等教育成本分担理论和风险管理视角的高校融资问题探讨[J].行政事业资产与财务,2014(3):2.

公共事务职能的法人组织体。① 公务法人是国家行政主体基于特定任务而设立的服务性机构。因为它担负着特定的行政职能，服务于特定的行政目的，因而它在执行特定行政任务时享有一定的公共权力。学校就是国家为了达成教育公共事业行政任务而设立的公益性组织，因而公立学校的法律地位具有公务法人地位。当学校具有公务法人地位时，他所从事的教育教学行为在性质上就是公权力行为。(2)学校教师的教育教学行为的公务性。2018年中共中央、国务院在《关于全面深化新时代教师队伍建设改革的意见》中首先提出公办中小学教师作为国家公职人员特殊的法律地位，正式确认了教师的法律身份。2021年11月29日在教育部官网发布的《中华人民共和国教师法(修订草案)(征求意见稿)》第13条也明确规定：公办中小学教师是国家公职人员，依据规范公职人员的相关法律规定，享有相应权利，履行相应义务。这里的国家公职人员指具有国家公职身份，从事公共事务的人员。② 这是教师身份归属问题的一次重要突破，凸显了教师的公共属性，作为国家公职人员，教师承担国家使命和公共教育服务的职责。公民的受教育权是一项基本人权，国家有保障这种人权实现的责任与义务。本来，作为一项基本人权，国家应通过政府的行政职能直接保障这种义务的完成，但由于教育教学工作有很强的技术性与专业性要求，普通行政机关的工作人员难以胜任此种行政任务，政府必须另行任命专业的教育教学人员(教师)来履行这项公务职责，才能保证公民充分、有效地实现受教育权。从这个层面讲，学校教师实际上是代表政府执行公务职责，教师的教育教学行为(包括体育教学行为)实际上是执行公务行为。他们和公务员一样承担着服务社会、执行公共事务的职能，区别在于教师是专业性的"公务人员"。③ 并且，公办中小学校本身并不能行使所有的公权力，其中很大一部分要通过学校的教师来代为行使。这也就意味着，国家教育权的行使最终必然延伸到教师的职务行为上。作为学校代理人的教师履行教育教学职责，是代表国家来履职的公务行为。④ 如此，教师的教学职能表面上是教书育人，但它本质上代表着国家在执行公务、履行职责，具有公务性特征。当老师的教育教学行为是公务性时，这种行为也就是公权力

---

① 姜广俊.公务法人制度探讨[J].学术交流,2008(4):29.
② 劳凯声.教师法律身份的演变与选择[J].中国教育学刊,2020(4):8.
③ 李龙刚.我国公立中小学学校事故的国家赔偿责任研究[D].长沙:湖南师范大学,2009:32.
④ 杨挺,李伟.公办中小学教师作为国家公职人员的特殊法律地位[J].中南民族大学学报(人文社会科学版),2021(7):109.

行为。(3)教师和学校的教学职能是"公权力"性质。由于学校的"公务法人"地位以及教师的教育教学行为的公务性,所以学校以及教师的教育教学职能在性质上属于"公权力"行为。虽然《教育法》第 29 条在名义上规定为学校及其他教育机构的"权利",但实质上是学校及其他教育机构的"权力"。① 这种"权力"在性质上属于"公权力",学校及其教师的教育教学行为本质上是在履行"公权力"职责。

由此可见,既然学校具有国家教育的"公务法人"地位,学校教师的教育教学行为具有国家教育的公务性,学校及其教师的教学职能具有"公权力"性质,那么就能证明,学校教育教学行为在性质上属于公权力行为,因而因这种公权力行为产生的伤害事故就应该按照公法责任去归责。又因为这种公权力行为来自国家的授权,并且国家又同时是学校教育的出资者和举办者,那么,国家就理应对学校教育教学中发生的学生伤害事故(包括学校体育伤害事故)承担相应的国家责任。

(四)学校举办者中的国家责任

《教育法》第 26 条规定:国家制定教育发展规划,并举办学校及其他教育机构。国家鼓励企业事业组织、社会团体、其他社会组织及公民个人依法举办学校及其他教育机构。……以财政性经费、捐赠资产举办或者参与举办的学校及其他教育机构不得设立为营利性组织。在中国,公立学校的举办者是国家,私立学校的举办者可以是企业事业组织、社会团体、其他社会组织及公民个人。作为学校的举办者,它是教育运作、学校设备设施的设置、教师的适当配置以及工作条件等外在教育条件的直接责任主体。《教育法》第 54 条规定体现了举办者的这个责任:国家建立以财政拨款为主,其他多种渠道筹措教育经费为辅的体制,逐步增加对教育的投入,保证国家举办的学校教育经费的稳定来源。企业事业组织、社会团体及其他社会组织和个人依法举办的学校及其他教育机构,办学经费由举办者负责筹措,各级人民政府可以给予适当支持。从这一法理出发,对受伤害学生的损害补偿责任,应由学校的举办者承担。因为举办者既然是学校教育条件

---

① 《教育法》第 29 条规定:学校及其他教育机构行使下列权利:(一)按照章程自主管理;(二)组织实施教育教学活动;(三)招收学生或者其他受教育者;(四)对受教育者进行学籍管理,实施奖励或者处分;(五)受教育者颁发相应的学业证书;(六)聘任教师及其他职工,实施奖励或者处分;(七)管理、使用本单位的设施和经费;(八)拒绝任何组织和个人对教育教学活动的非法干涉;(九)法律、法规规定的其他权利。国家保护学校及其他教育机构的合法权益不受侵犯。

的提供者,同时内含着是学校教育条件的安全保障者。举办者如果不能使教育条件安全地运转,如因学校管理不善或者教学设备、设施缺陷发生学校体育伤害事故,则举办者就应该为教育条件不能安全运转负有补偿责任,这和企业的赔偿责任理论在法理上是相通的。如果说举办者需要提供学校教育条件是一种积极责任,那么,举办者对学校教育条件的安全保障就是一种消极责任。

另外,由学校举办者承担补偿责任也符合危险责任法理。学校教育主要以身体、心智尚未发育健全的未成年人群体为教育对象,学校教育活动包括实验课、技术教育、体育、课外俱乐部活动和夏令营等内容,这些教育教学活动隐含着危险。学校事故是学校教育活动潜在危险的一种表现形式,是学校诞生的那一天起就存在的,与教育教学活动密不可分的一种现象。[1] 也即意味着,即使是再完善的学校安全保障制度,也不可能杜绝学校事故的发生,特别是学校体育本身潜含的危险性以及未成年人好动性倾向结合在一起,更容易发生体育伤害事故。在这种潜在危险下,在一定意义上可以说学校事故的发生具有一定的不可避免性,比如在一些学校体育项目中,加害方和受伤害方以及学校均没有任何法律上的过错,但伤害事故还是发生了。那么,按照危险责任理论,既然学校举办者提供了学校教育条件,而这些教育条件中不可避免地包含着潜在的危险性,那么由学校举办者承担这些危险后果的损害责任在法理上是可以成立的。

在我国,公立学校的举办者是国家,按照举办者责任,国家应当承担公立学校中学校事故的损害补偿责任。然而公立学校的举办者虽然在法律意义上是国家,但在实践操作中是由政府代表国家举办的。需要注意的是,在我国政府有不同的层级和类别,包括中央政府和地方政府。故学校的具体举办者也分为中央政府和地方政府。比如公立高校中就划分为两类:一类是中央政府代表国家举办的高校,由财政部负责财政预算,由中央国库具体出资。另一类是地方政府根据地方预算,由地方国库承担出资的高校,即地方高校。但是无论是地方政府举办的还是中央政府举办的,其本质上都是代表国家举办学校。遵循着政府代表国家执行国家权力和承担学校举办者责任的法理,公立学校的体育伤害事故应由国家即政府承担损害赔偿责任。

---

[1] 李登贵.日本学校事故及其赔偿责任研究[D].北京:北京师范大学,2006:56.

(五)教育国家化中的国家责任

教育国家化的基本涵义是:为了赋予教育以应有的地位,充分发挥其振兴民族、国家的作用,而把教育纳入国家活动之中,用立法手段保证国家对教育的影响与控制,用行政手段发展学校,确立国民教育制度,以实现国家对教育的干预与管理。① 教育国家化是现代教育的基本趋势,是一种历史进步。我国教育国家化体现在:(1)用立法规定了学校教育的公益性。我国《教育法》第8条和第26条分别规定:"教育活动必须符合国家和社会公共利益","以财政性经费、捐赠资产举办或参与举办的学校及其他教育机构不得设立为营利性组织"。《民办教育促进法》第3条规定:民办教育事业属于公益性事业,是社会主义教育事业的组成部分。这意味着,无论是公立学校还是私立学校,其教育的取向以公益性为旨,这种公益性宗旨符合国家和社会利益。(2)教育目标的国家性。《教育法》第5条规定:教育必须为社会主义现代化建设服务、为人民服务,必须与生产劳动和社会实践相结合,培养德智体美劳全面发展的社会主义建设者和接班人。《民办教育促进法》第4条规定:民办学校应当遵守法律、法规,贯彻国家的教育方针,保证教育质量,致力于培养社会主义建设事业的各类人才。可见,无论是公立学校还是私立学校,教育的目标是为社会、为国家培养合格的公民,终极目标是提高国民的综合素质。(3)学校教学内容的国家性。无论是私立学校还是公立学校,都需要贯彻国家的教育方针,按照法律、法规以及国家的教育政策来设置课程,制定教材内容的编排,征订相应的教材等,在这些环节中,教育的国家意志性得到了充分的体现与贯彻。(4)教育职能中的国家性。21世纪综合国力的竞争实际上是科学技术的竞争和民族素质的竞争,这两种竞争归根结底取决于教育的发展。基于这种认识,世界各国都越来越多地通过教育来增强国家竞争力,教育的国家职能越来越明显。在我国的相关法律规定中,教育的国家性也是明确的,所有的教育均需要符合国家利益,在国家的指导、监督和管理下发展教育。我国《宪法》第19条规定:国家发展社会主义的教育事业,提高全国人民的科学文化水平。国家举办各种学校,普及初等义务教育,发展中等教育、职业教育和高等教育,并且发展学前教育。《教育法》第6条、第15条分别规定,"国家在受教育者中进行爱国主义、集体主义、中国特色社会主义的教育,进行

---

① 王雁.有关教育国家化趋势的历史考察[J].河南职业技术师范学院学报(职业教育版),2003(1):72.

理想、道德、纪律、法制、国防和民族团结的教育","国务院教育行政部门主管全国教育工作,统筹规划、协调管理全国的教育事业"。我国用立法即《义务教育法》推动义务教育的实施,确保国家义务教育的实现。这些法律规定都明确了教育职能的国家利益导向。

基于教育已然成为国家的一种行动,教育已经不再是个人的行为而是国家行动、国家目标和国家利益,那么国家就应该对这种行动负有一定的责任,也不能把这种教育行为产生的结果完全以私法责任来归结。这种责任既可以体现为国家对教育的投入与支持,也包括国家对教育行为可能产生的后果负责。学校体育是国家教育的重要组成部分,国家当然要对学校的体育教学行为负有一定的责任。这里的责任要求国家不仅要从经费和师资等方面对学校体育进行投入与支持,也要对学校开展体育教学产生的可能后果负责。因为学校体育教学既包括正常的体育教学,也包括由体育教学产生的体育伤害后果,这两者犹如硬币的两面。

四、比较法视野中学校体育伤害事故的国家责任

(一)美国地方学区中的国家责任

美国的教育行政是典型的地方分权制,学区作为教育的基层行政机构,具有很大的权力。一方面,美国联邦政府不能直接干预教育,教育是州的权力。但州不能直接管理学校,它只能通过学区来管理学校,故学区的教育委员会有权根据联邦和州教育法的精神制定本学区公立学校的教育方针及有关条例,学校需要遵守学区制定的规定并使之落实。另一方面,在学校的教师雇佣或解雇问题上,是由学区而非学校与教师签订聘约,教师聘约的解除也由学区教育委员会负责,故学区与教师形成雇佣关系,教师的教学行为属于职务行为。另外,学校经费则来源于学区在其辖区内征收的税款,学校财产由学区通过立法机构的授权占有。可见,学校的人财物均为学区所有。

基于学校的人财物与学区的这种从属关系,学校的伤害事故责任承担及赔偿一般由学区承担。首先,学校的建筑物和教学设备、设施是学区通过与建筑单位缔结合同而建立的,故建筑物及各种场地设施、设备等管理不善或瑕疵造成学生的伤害由学区和学校负责。其次,如果教师违反职责

造成学生伤害,按照雇主替代原则,由学区承担责任,受害者不能起诉教师。① 可见,这种两情形下发生的学校伤害事故,由学区代表政府承担国家责任。但是,如果学校在从事与教育关系不大的营利活动中造成学生伤害事故,则由学校作为唯一责任主体。另外,如果教师因故意造成学生伤害而被判有罪时或者教师从事学区授权以外的事务过程中造成学生伤害事故的,教师则作为唯一责任主体承担赔偿责任。② 从这里可以看出,不是所有的学生伤害事故都由学区代替学校承担责任,而是与教育有关的伤害事故或者是学区授权下的事务造成的学生伤害事故,才由学区承担赔偿责任。

另外,美国学区的国家责任还体现在学校责任险中。美国的学校责任险一般以学区为单位投保,由学区选择保险公司和保险项目,统一支付保险费。③ 学校责任保险的责任范围主要包括所有权责任、雇员责任、学生组织责任、机动车辆责任、无主车辆责任、管理者责任等方面。其中,所有权责任是指学校所有的建筑物、设施设备等管理不善造成的侵权赔偿责任,雇员责任指的是教职员工在职务行为中的民事侵权责任。险种有一般性责任险和专业责任险。一般性责任保险承保的是学校及其教职员工的一般性侵权行为造成的学生人身伤害或财产损害责任,包括学校所有物以及学校组织的活动中发生的事故。专业责任保险种类包括教育官员专业责任保险、教师专业责任保险、个人专业责任保险等。④

(二)加拿大地方政府集体保险中的国家责任

在加拿大,教育归各省负责,但各地方政府都为中小学教育购买了保险,进行集体投保,实际上是通过政府来履行国家责任。比如卑诗省的学校教育保险是政府集体投保购买的,根据1996年卑诗省学校法》第84条

---

① 美国的学区替代责任源于1961年纽约州等5个州联合颁布的《教职员赔偿免除法》。在这部法律中,规定公立学校的教职员工在校园伤害事故中的赔偿责任由学区教育委员会代为承担。这一做法受到了教职员团体及教育委员会联合会等组织的欢迎,迅速在美国各州普及。李登贵.西方主要国家学校事故赔偿法制的比较研究[J].内蒙古师范大学学报(教育科学版),2003(4):12.

② 李红艳,李宝婵.美国日本处理学生伤害事故的法理分析[J].浙江教育科学,2007(5):41.

③ 龙玫,尹力.美国学校责任保险的基本运行模式及其特点[J].比较教育研究,2008(8):66.

④ 龙玫,尹力.美国学校责任保险的基本运行模式及其特点[J].比较教育研究,2008(8):66.

规定,教育委员会必须根据法律和条例进行保险。另外,1980年安大略省《安大略省教育法》规定,地方教育局必须为学校的硬件设施等提供财产保险,并为学校及教师设置学生在校内的伤害事故责任保险。[①] 1987年1月1日在安大略省教育局的支持下,地方教育局互助保险公司(OSBIE)正式成立。当时参加保险公司的地方教育局共有130个,约占当时地方教育局总数166个的78%。到1998年时,168个地方教育局已经有145个加入了该保险公司。与商业保险公司的最大不同是,这种会员制的互助保险公司不以营利为目的,故其保险费用大大降低。而且作为教育保险机构,OSBIE免付投资收益所得税,而商业保险公司对其投资的收益要付42%的所得税。[②]

加拿大政府没有为高等院校购买保险,不承担国家责任。但是加拿大的许多高校联合成立了加拿大大学互惠公司(CURIE),实现各高校的风险共担、收益共享。[③]

(三)英国自治体赔偿制度中的政府责任

直到17、18世纪,英国的教育事务仍然被认为是宗教的管辖范围,政府无权过问。这种状况直到1870年英国议会通过的《初等教育法》才有所改观,该法案宣布国家设立公立学校,实行义务教育。1902年《巴尔福教育法》责成郡议会或郡自治市议会成立教育委员会,负责当地的初等教育和中等教育,开始形成了英国教育的中央统一领导和地方分权自治相结合的教育行政管理体制。在这种体制中,地方教育委员会具有很大的教育管理权。英国教育行政传统的理念是:最佳的教育行政管理是充分授权具体实施者,并依其独自方式处理教育事务,以求达到最好的效果;除非有明显的偏差,否则不应予以干涉。[④]

在英国,地方教育当局要负责大学以外的约90%以上的教育机构和学校的设立和管理,并负担全部费用。英国公立学校教师受中央和地方两级政府的管理,中央一级政府主要通过制定法令文件等形式来实现对教师的管理,如制定教师供需政策、教师的配额、教师的资格、见习教师的期限、

---

① 教育部外事司综合处.加拿大安大略省中小学教育保险[J].世界教育信息,1998(5):19.
② 教育部外事司综合处.加拿大安大略省中小学教育保险[J].世界教育信息,1998(5):18-19.
③ 教育部外事司综合处.加拿大高等院校教育保险[J].世界教育信息,1998(6):17.
④ 高家伟.教育行政法[M].北京:北京大学出版社,2007:91.

教师工资及退休金标准、教师进修与培训、教师教育资金管理等。教师的聘用和解聘则由地方政府来决定,1983年政府发表的白皮书《教学质量》规定,中小学教师受聘时应与地方教育局签订合同,而不与各个学校签订合同。1988年《教育改革法》实施之后,家长代表和学校对教师招聘的影响力增强,但对教师招聘的程序、对聘用教师条件的明确规定,都是地方教育局的权利。①

可见,地方政府(自治体)与公立中小学教师之间存在着直接的聘用关系,按照侵权责任法理,教师在职责范围内的教学行为产生赔偿责任由地方政府(自治体)承担替代责任。英国1947年制定的《国王诉讼手续法》的国家赔偿不包括公立学校的活动,所以19世纪以后地方自治体(教育委员会)一直承担着不成文法上的使用者责任。② 由于自治体的赔偿责任是代理责任,所以教师作为连带责任者会受到起诉,但在实际运作中多数情况下只追究自治体责任。③ 如果教师从事了受雇范围外的行为时,如体罚等,则只追究教师的个人责任。而对教师的过失责任、注意义务的判例显示,大部分是由学校举办者——自治体当局承担责任的判例,此类判例在20世纪60年代的事故判例中占了大多数。④

另外,1944年的《教育法》从立法上确立了地方自治体(教育委员会)的政府责任,其第10条第2项规定"遵照法律规定的安全标准提供公立学校设施,是地方教育当局的义务"⑤。因此,英国在学校教育法令中要求学校设施必须达到安全标准,否则,就会被认定为违反了法律规定义务,将承担事故的赔偿责任。

(四)法国教育公务员中的国家责任

法国的教育实行高度中央集权的行政管理体制,其管理分为三级:中央、学区、地方。中央级教育行政机构中,设立国民教育部与高教和科研部,其部长根据总理提名,由总统政令任命。中央教育行政部门的主要职

---

① 刘显娅.英国教育行政法[M].北京:中国政法大学出版社,2010:114-115.
② 李登贵.西方主要国家学校事故赔偿法制的比较研究[J].内蒙古师范大学学报(教育科学版),2003(4):12.
③ 李登贵.西方主要国家学校事故赔偿法制的比较研究[J].内蒙古师范大学学报(教育科学版),2003(4):12.
④ 李登贵.西方主要国家学校事故赔偿法制的比较研究[J].内蒙古师范大学学报(教育科学版),2003(4):12.
⑤ 李登贵.西方主要国家学校事故赔偿法制的比较研究[J].内蒙古师范大学学报(教育科学版),2003(4):12.

责是:制定教育方针和教学大纲;负责教育系统人员的招聘、培训和管理;确定各个教育机构的法律地位和规章;决定教育系统各教学单位和行政人员的编制。① 学区是法国实行教育管理的最主要单元和机构,在教育行政管理体系中具有相对比较大和独立的教育管理权。其独立性表现为:学区长直接受命于国民教育部长;学区是国民教育部派驻地方的直辖机构,与地方政府之间不存在行政隶属关系,学区拥有相对独立的财政权、人事权等。学区教育经费单列,由教育行政部门独立使用。② 地方的教育行政机构又分为省级和市镇级教育机构。省级的教育行政部门主要由学区督学、督导人员和咨询机构组成。学区督学是国民教育省级行政机关负责人,代表学区长,但不负责有关高校的事务。市镇级行政管理机构对小学及学前教育负有特殊的责任,是小学校房产主人,负责学校校舍建设、修缮、扩建,负责教学设备和公用设施的购置及日常运转费用。③

在法国,大学及中小学教职工均属公务员,按现行的公务员体制,法国的公务员分为国家公务员、地方公务员及医务卫生公务员,教职工属于第一大类。国家公务员从高到低分为 A、B、C 三个基本类别,教师全部为 A 类公务员。④ 在法国,中小学教师的任用权掌握在国家手中,学校没有教师的分配权,师范生或其他类别考生在获得教师资格后,就意味着获得了教师岗位。小学证书教师一般由学区长在本学区内分配工作,初中证书教师则按照学科在全国范围内分配。⑤

基于法国教师的公务员身份,法国的学校伤害事故实行国家责任制。法国学校伤害事故由两种国家责任构成:一种是法国 1937 年民法第 1384 条规定的国家代理责任,即在公共教育系统成员行使职责时所管理的学生遭受或引起事故,由国家代表公共教育系统成员承担责任。⑥ 也即受害者及其代理人不能对该教职员直接提起民事诉讼。一种是 19 世纪末以来的行政判例确立了公立学校设施和管理的瑕疵而产生的无过失赔偿

---

① 朱小玉.法国现行教育管理体制之一[J].法国研究,1995(4):144.
② 鲍传友,何岩.美法教育行政体制中的学区:比较与启示[J].国家教育行政学院学报,2011(6):90-93.
③ 朱小玉.法国现行教育管理体制之二[J].法国研究,1996(2):169-173.
④ 王文新.法国教育研究[M].上海:上海社会科学院出版社,2010:91.
⑤ 王晓宁,张梦琦.法国基础教育[M].上海:同济大学出版社,2015:149.
⑥ 雅基·西蒙,热拉尔·勒萨热.法国国民教育的组织与管理:第 8 版[M].安延,译.北京:教育科学出版社,2007:256.

责任由市、县、国家承担行政赔偿责任制度。①

(五)德国国家赔偿责任和劳动灾害保险制度中的国家责任

德国的教育体系在总体上是由各州单独构建的。② 德国大部分州都确立了教师的公务员身份,这主要来自《基本法》第7条第1款所赋予的国家成立公立学校的权能。公立学校一般都以公务行为来处理有关教师聘用、免职、调动等方面的事务。③ 因此,德国公立学校的举办者是地方政府,具体包括州、乡镇联合体和乡镇。比如,《勃兰登堡州学校法》第2条规定,公立学校由乡镇、乡镇联合体或州举办。《黑森州学校法》第138条和第127条规定,公立学校由州、乡镇联合体和乡镇举办。《巴伐利亚州教育和教学事业法》第3条规定,公立学校包括国家和地方的学校,其中,教学人员的上级主管当局为巴伐利亚州的学校为国家学校,教学人员的上级主管当局为巴伐利亚州的某一地方性团体法人(包括乡镇、县、区或乡镇联合体)的学校是地方学校。④ 作为公立学校的举办者,政府享有学校的人事权和财产权,即学校的教员由国家选任、聘用,公立学校教师属于公务员身份,受公务员法调整。一般来说,完成见习学习阶段的教师候选人参加各州文教部组织的第二次国家考试通过后即获得各自相应类别的教师资格证,由各州文教部根据公立学校师资需求分派至各学校任教,就正式成为国家公务员。⑤ 而德国高校中的科研人员(主要由高校教师、科学助手以及承担特殊任务的教师组成),《德国联邦公务员法》第133条直接规定属于联邦公务员。⑥ 但公立学校的法律地位,不具有法人身份,无权利能力,比如《勃兰登堡州学校法》第6条规定,"公立学校是无权利能力的公共机构"。⑦

基于公立学校教员的公务员身份,其行为代表国家或地方公共团体利

---

① 李登贵.西方主要国家学校事故赔偿法制的比较研究[J].内蒙古师范大学学报(教育科学版),1995(4):13.
② 简涛.德国当代教师教育研究[M].北京:教育科学出版社,2017:157.
③ 简涛.德国当代教师教育研究[M].北京:教育科学出版社,2017:166.
④ 胡劲松.德国学校法的基本内容及其立法特点——以勃兰登堡、黑森和巴伐利亚三州学校法为例[J].比较教育研究,2004(8):3.
⑤ 秦琳.德国基础教育[M].上海:同济大学出版社,2015:143.
⑥ 徐久生.德国联邦公务员法德国联邦公务员惩戒法[M].北京:中国方正出版社,2014:89.
⑦ 胡劲松.德国学校法的基本内容及其立法特点——以勃兰登堡、黑森和巴伐利亚三州学校法为例[J].比较教育研究,2004(8):34.

益,国家或地方公共团体依据代位责任原则对教师在教学或管理活动中的故意或过失造成的学生伤害负赔偿责任。国家责任取代官员责任在《民法典》颁布之后就成为发展趋势。在帝国法律中,第一次出现这种规定的是1897年3月24日的《土地登记法》第12条。巴登和符腾堡在其《民法典》施行法中规定了取代官员责任的国家责任,其他州至少也规定了国家的损失补偿责任。《魏玛共和国宪法》第131条规定,如果官员行使托付给他的公权力而行事,则由官员供职的国家或团体承接责任。在魏玛时期,司法裁判扩展了官员的概念:在公法行为上,任何被国家委托行使公权力的人均视为官员,不论其是否系公务员法上所指的官员。[1] 在现行法中,《德国联邦基本法》第34条规定:公职人员受委托执行公务时,相对第三人违反了有关应履行的公职义务的,原则上由国家或其所在的公共服务机构承担责任,再一次肯定了国家对其公务员在公权领域内的损害赔偿承担责任。《德国联邦责任法》明确规定,国家赔偿的责任主体中包括公立学校在内的具有全部或部分权力的公法权力主体。另外,自魏玛时代以来,由违法无过失的国家行为所造成的损害,通过适用公法上的有关损害补偿判例法理,国家一直以"特别牺牲补偿"的形式承担着这一补偿义务。比如1964—1967年的有关娱乐、体育事故的判例,是通过这一"特别牺牲补偿"的法理所实施的救济。近年来,法院一直认为,在学校事故超过通常的程度,可能对学生和家长造成过度的负担时,即使教师无因过失而产生工作上违反义务的情况,也应从特别牺牲补偿的角度予以损害补偿。[2]

为了适用以上的立法要求,1971年颁布的联邦法律把学校人身伤害事故的国家责任纳入劳动灾害保障法来承保。明确规定,从幼儿园到大学的学校灾害,是劳动灾害保险法上的劳动灾害。市、镇、村立学校的保险者为市、镇、村保险工会,州立学校及私立学校的保险者则为州。[3] 由此确立了政府在保险体系中的保险者责任。

当然,由于政府是学校的举办者,当学校设施设备的设置或管理有瑕疵引起学生伤害事故时,由国家负赔偿责任。

---

[1] 埃贝哈德·施密特·阿斯曼.德国行政法读本[M].于安,译.北京:高等教育出版社,2006:365.

[2] 李登贵.西方主要国家学校事故赔偿法制的比较研究[J].内蒙古师范大学学报(教育科学版),2003(4):12.

[3] 李登贵.西方主要国家学校事故赔偿法制的比较研究[J].内蒙古师范大学学报(教育科学版),2003(4):12.

(六)日本国家赔偿制和保险社会化中的国家责任

根据日本《学校教育法》第 2 条规定,日本的学校分为国立学校(国家设立的学校)、公立学校(地方公共团体设立的学校)、私立学校(学校法人设立的学校)。1947 年《国家公务员法》规定,国立学校的教师属于国家公务员。根据《教育公务员特例法》规定,公立学校的教师属于教育公务员,私立学校教师只具有教师身份,不具有公务员身份。可见,日本的国立学校和公立学校的教师具有公务员身份。

日本《义务教育国库负担法》(2017 年)规定,国家每年度支付各都道府县的公立小学、初级中学、义务教育学校、中等教育学校前期课程及特别支援学校的小学部和中学部中的教职员工工资、薪酬及报酬等所需经费的 1/3,其余所需费用由地方政府支付(即都道县负担)。根据《义务教育诸学校设施费用国库负担法》(2015 年)的规定,国家承担义务教育中的公立小学、初级中学、义务教育学校、中等教育学校前期课程及特别支援学校的小学部和中学部中学校建筑物修建所需费用中的 1/2,余下部分由地方政府负担。

日本《国家赔偿法》第 1 条规定,行使国家或公共团体之公权力的公务员,就行使其职务,因故意或过失而违法地给他人造成损害的,国家或公共团体承担赔偿责任。其中,"公权力行使"概念是区分适用该条还是适用民法不法行为之规定的重要概念。若公务员的职务行为是公权力行使,则适用《国家赔偿法》第 1 条;若不是,则适用民法不法行为的规定。[①] 日本不少体育法学者对《国家赔偿法》中的"公权力行使"持广义解释的观点。他们认为,学校教育中"教师与学生不是完全平等的关系,学生要按照教师的指示行动,在这种意义上,教师具有公权力或者类似于公权力的权力"。因此,《国家赔偿法》的第 1 条不仅适用于学校教育,而且还适用于市民体育、各种体育讲习班,以及体育运动会等。[②] 在司法实践中,学校的公权力主体地位也被最高法院的 1987 年 2 月 6 日判决(判时 1232 号 100 页)所确立。[③] 与公立学校体育时间的教师教育活动相关的"最判昭 62.2.6 判时 1332.100"等大多数判例,都将国立公立学校的教育视为"公权力行使"。[④]

[①] 宇贺克也.国家补偿法[M].肖军,译.北京:中国政法大学出版社,2014:26.
[②] 周爱光.日本学校体育保险的法律基础[J].体育学刊,2005(1):9.
[③] 王小平.学校体育伤害事故的法律对策研究[M].北京:中国政法大学出版社,2012:226.
[④] 宇贺克也.国家补偿法[M].肖军,译.北京:中国政法大学出版社,2014:26.

除此之外,《国家赔偿法》第2条第1款规定,因道路、江河及其他公共设施的设置或管理有瑕疵,给他人造成损害的,国家或公共团体承担赔偿责任。依据传统理解,《国家赔偿法》第2条第1款意指道路、江河、港湾、水道、下水道、机关办公楼、学校建筑物等用于公共目的的有体物。①

同时,日本的学校伤害事故保险制度中也体现着国家责任。比如日本体育振兴中心学校管理下的事故补偿制度,就是在政府的推动下建立的,并且它的运作方式也体现着国家责任。即它由学校及家长共同出资加入保险,国家出事务运营资金,其中公立学校由国家、都道府县以及市、街、村的教育委员会负担,私立学校由学校法人负担。当发生学校体育伤害事故时,就由中心承担学校所应承担的赔偿责任,并及时给予学生所应得到的补偿。②

由上可见:(1)无论是英美法系,还是大陆法系,发达国家都通过立法或判例确立了学校侵权事故中的国家责任。主要的路径有二:一是通过立法或判例确立国家在学校伤害事故包括学校体育伤害事故中的国家责任。这个国家责任主体可以是国家,也可以是地方政府、自治体、教育行政部门等。国家责任的方式既可以是民事责任,如法国的国家代理责任,也可以是行政责任,如法国的无过错行政责任和日本的行政赔偿责任。当然,不同国家的国家责任比重也不同,有些是政府承担全责,如英国、法国,有些是政府承担部分责任,如日本。二是学校侵权保险制度中的国家责任。即政府需要为学校侵权事故包括学校体育伤害承担保险者责任,如加拿大、德国、日本等。但无论是哪种路径,其法理都是相通的,国家需要对学校侵权事故承担一定的国家责任,即使对学校和教师进行归责,国家也要承担最终的赔偿责任,以此来减轻学校在体育伤害事故中的责任压力和赔偿压力。(2)国家责任仅限于政府举办的公立学校教育,不包括私立学校的伤害事故,私立学校的伤害事故通过民法途径救济。(3)国家责任限于与教育有关的伤害,国家不承担与教育无关的伤害事故引起的赔偿责任。(4)国家责任仅限于国立中小学教育中的国家责任,不包括大学教育中的伤害事故。(5)国家责任都是通过政府责任来完成的,即学校伤害事故中的国家责任都是通过政府责任来具体实施与实现的。比如美国是学区政府,英国是自治体政府。

---

① 田中二郎"关于国家赔偿法",转引自宇贺克也.国家补偿法[M].肖军,译.北京:中国政法大学出版社,2014:211.

② 陈莉,余君,胡启林.解析日本学校体育事故补偿制度[J].武汉体育学院学报,2008(10):46-50.

五、中国学校体育伤害国家责任的立法现状

(一)国家立法中关于学校(体育)伤害事故的国家责任规定

1.《学生伤害事故处理办法》中的第29条、第30条明确了学校主管部门或举办者有条件的国家责任。第29条：应当由学校负担的赔偿金，学校应当负责筹措；学校无力完全筹措的，由学校的主管部门或者举办者协助筹措。第30条：县级以上人民政府教育行政部门或者学校举办者有条件的，可以通过设立学生伤害赔偿准备金等多种形式，依法筹措伤害赔偿金。但是，需要注意：(1)这里的国家责任是学校伤害事故中的国家责任，而非学校体育伤害的国家责任。当然学校体育伤害包含在学校伤害事故中，学校伤害事故中的国家责任必然内含有学校体育伤害的国家责任。(2)国家责任的主体是县级以上人民政府教育行政部门或举办者。(3)国家责任是有条件的。一是在学校的赔偿金上，国家责任的条件是"学校无力完全筹措的，由学校的主管部门或者举办者协助筹措"。二是在设立学生伤害赔偿准备金等多种形式上，国家责任的条件是"县级以上人民政府教育行政部门或者学校举办者有条件的"。但是正如有学者指出的，由于"有条件"使用了不确定的、模糊的语言设置，使"有条件"变成了"没条件"，《学生伤害事故处理办法》应有的强制性、规范性和可操作性无疑会大打折扣。[①](4)设定了两种国家责任：一种是在学校无力完全筹措赔偿款时，由学校的主管部门或者举办者协助筹措；另一种是县级以上人民政府教育行政部门或者学校举办者设立学生伤害赔偿准备金等多种形式筹措伤害赔偿金。(5)《学生伤害事故处理办法》是由教育部制定的政府规章，法律效力较低。

2.2015年教育部《学校体育运动风险防控暂行办法》(教体艺〔2015〕3号)(以下简称《暂行办法》)第20条较为含蓄地规定了教育行政部门在校方责任险中的国家责任：教育行政部门和学校应当健全学生体育运动意外伤害保险机制，通过购买校方责任保险、鼓励家长或者监护人自愿为学生购买意外伤害保险等方式，完善学校体育运动风险管理和转移机制。(1)《暂行办法》第一次明确了教育行政部门的学生体育运动伤害国家责任——健全学生体育运动意外伤害保险机制，购买校方责任保险。(2)国家责任的主体是教育行政部门，但是和"学校"共同成为购买学生体育运

---

① 尹力.学生伤害事故处理：一个"有条件"的《办法》[J].教育理论与实践，2003(11):25.

动意外伤害保险,实际上是模糊了责任主体,造成实践中的操作混乱。(3)只是指出了教育行政部门国家责任的"应为性"与"指向性",但却没有指明行政教育部门实现国家责任的具体程序和实施细则。(4)《暂行办法》仍然只是教育部等部门规章,法律效力较低。

3.2022年6月24日新修订的《体育法》第33条规定:国家建立健全学生体育活动意外伤害保险机制(以下简称"学生体育活动伤害保险机制")。这从国家立法层面规定了学生体育活动意外伤害的国家责任,意义重大。(1)《体育法》第一次明确了学生体育活动伤害保险机制的第一义务主体——国家。这里明确指出建立健全学生体育活动伤害保险机制是国家职责,而不仅仅是政府职责。这意味着需要从国家层面保障学生体育活动伤害保险机制的建构与施行,这是立法对国家责任保障主体的认识转化,由教育部《暂行办法》的教育行政部门政府职责提升到新《体育法》第33条的国家职责。(2)《体育法》属于全国人大常委会制定的法,是真正意义上的"法",具有高位阶执行效力。(3)《体育法》的国家责任仅限于学校体育伤害,而不包括其他学生伤害事故。(4)国家责任实现方式从《学生伤害事故处理办法》的学生伤害筹措赔偿金到《体育法》的建立健全学校体育活动伤害保险机制,也是国家责任在学校体育伤害保障制度上的认识转变。(5)由国家统一牵头,以建立健全保险机制的方式为体育意外伤害风险兜底,既能消除学校等教育机构开展体育活动的后顾之忧,也能进一步缩小各地在体育风险防控中的实际差距。①

但是,《体育法》中的国家责任仍然只是一种倡议性提法,可操作性不强。如何建立健全可操作的实施细则,则是接下来需要面对的问题。

(二)国家政策中关于学校伤害中的国家责任规定

在政策层面,2007年国务院在《关于加强青少年体育增强青少年体质的意见》中明确提出由政府购买意外伤害校方责任险的意见要求:建立和完善青少年意外伤害保险制度,推行由政府购买意外伤害校方责任险的办法,具体实施细则由财政部、保监会、教育部研究制定。2012年10月22日,教育部、发展改革委、财政部、体育总局《关于进一步加强学校体育工作的若干意见》第8条要求建立健全政府主导、社会参与的学校体育风险管理机制,形成包括安全教育培训、活动过程管理、保险赔付的学校体育

---

① 肖永平,谢潇.《体育法》修订,为优先发展青少年和学校体育提供全方位法治保障[J].民主与法制周刊,2022(21).

风险管理制度。2019年6月25日,教育部、最高人民法院、最高人民检察院、公安部、司法部联合发布了《关于完善安全事故处理机制维护学校教育教学秩序的意见》,要通过财政补贴、家长分担等多种渠道筹措经费,推动设立学校安全综合险,加大保障力度。鼓励有条件的地方建立学校安全赔偿准备基金,或者开展互助计划,健全学校安全事故赔偿机制。2020年10月15日,中共中央办公厅、国务院办公厅印发了《关于全面加强和改进新时代学校体育工作的意见》,其中在第16条的制度保障中提出:健全政府、学校、家庭共同参与的学校体育运动伤害风险防范和处理机制,探索建立涵盖体育意外伤害的学生综合保险机制。

但是,其问题在于:(1)这些规定中对国家责任实现方式的规定是不统一的,有些要求直接筹措赔偿金或开展互助计划,有些要求购买校方责任险,有些要求建立健全学校体育活动伤害保险机制,还有些要求建立学校安全综合险等。这说明,目前的国家政策对学校伤害事故(学校体育伤害事故)的国家责任在认识上是不统一的,这在一定程度上会影响国家责任的推行效力。(2)这些规定中的国家责任都是规划性、建议性、原则性为多,要求强度低,弹性大,可操作性不强。(3)国家责任的资金来源和经费划拨标准没有可操作的实施细则,国家责任难以切实地贯彻施行。(4)在学校体育伤害的国家责任是建立在学校伤害事故的保险机制或者是学校安全综合险还是建立独立的学校体育活动伤害保险机制上,这些规定也是不一致的,这也反映出政策制定者对这个问题的认识也是不统一的。

(三)地方立法实践中学校伤害事故的国家责任

在地方的立法实践中,我们共收集到25部地方法规或规章有关于学校伤害事故国家责任的规定,具体如表7-1。

表7-1

序号	地方立法名称	具体条文规定	国家责任途径	国家责任方式	国家责任强度	生效时间	立法主体
1	《广东省学校安全条例》	第六十六条 中小学校和幼儿园应当购买校方责任险,公办学校所需经费从公用经费中列支,民办学校所需经费从学费或自筹资金中开支。	校方责任险	公办学校从公用经费中列支;民办学校从学费或者自筹资金中开支	应当	2020	广东省人大常委

续表

序号	地方立法名称	具体条文规定	国家责任途径	国家责任方式	国家责任强度	生效时间	立法主体
2	《〈深圳市学校安全管理条例〉实施细则》	第四条 政府建立和完善学校人身伤害校方责任险和学生人身意外伤害险制度。学生人身伤害校方责任险和学生人身意外伤害险由政府集中采购机构统一组织招标购买。	校方责任险;学生人身意外伤害险	政府集中购买	应当	2010	深圳市政府
3	《贵州省学校学生人身伤害事故预防与处理条例》	第七条 县级以上人民政府应当保障学校安全管理经费投入,设立学生人身伤害赔偿准备金。学生人身伤害赔偿备金管理办法由省人民政府制定。	成立学生人身伤害赔偿准备金	县级以上人民政府保障经费投入	应当	2014	贵州省人大常委会
4	《贵阳市中小学生人身伤害事故预防与处理条例》	第八条 县级以上教育行政部门应当组织学校购买校方责任险。保险费用由学校举办者承担。设立学生伤害事故赔偿补充资金,用于学校安全事故校方责任保险赔偿金不足部分的补充。资金的筹集和使用由市人民政府规定。	购买校方责任险;成立学生伤害事故赔偿补充资金	由学校举办者承担	应当	2003	贵阳市人大常委会
5	《合肥市中小学校学生人身伤害事故预防与处理条例》	第三十一条 学校应当为学生投保校方责任险,政府举办的学校保险费用从学校公用经费中支出,社会力量举办的学校保险费用由学校举办者或者学校承担。学校举办者有条件的可以设立学生人身伤害事故赔偿补充资金,用于学校责任保险金不足部分的补充。	校方责任险;学生人身伤害事故赔偿补充资金	学校从公用经费中支出,私立学校由举办者或学校承担	应当	2008	合肥市人大常委会
6	《湖南省学校学生人身伤害事故预防和处理条例》	第九条 鼓励学校投保校方责任保险及附加无过失责任保险,保险费用不得向学生收取。中小学校、中等职业学校、幼儿园应当投保校方责任保险,所需经费按照国家和省有关规定予以保障。	校方责任险;校方无责任险	政府保障	应当	2018	湖南省人大常委会

- 168 -

续表

序号	地方立法名称	具体条文规定	国家责任途径	国家责任方式	国家责任强度	生效时间	立法主体
7	《江苏省中小学生人身伤害事故预防与处理条例》	第三十七条 政府应当组织学校办理学生伤害事故校方责任保险，保险费用由省财政统筹支付。当政府举办的学校依法应当承担的赔偿金额大于校方责任保险的赔偿金额时，其差额学校承担有困难的，由地方财政给予适当补助。	校方责任险；地方财政补偿	省财政统筹支付；差额地方财政适当补偿	应当	2006	江苏省人大常委会
8	《上海市中小学校学生伤害事故处理条例》	第二十二条 本市以市或者区、县为单位组织学校为其责任事故进行投保。本市设立学生伤害事故专项资金，由学校的举办者筹集。专项资金的筹集与使用办法由市教育行政部门会同市财政部门另行制定。提倡学生的父母或者其他监护人为学生的人身意外伤害进行投保。	校方责任险；学生伤害事故专项基金	政府投保；公办学校基金由同级财政预算（公办）筹集	应当	2001；2011年修改	上海市人大常委会
9	《杭州市中小学校学生伤害事故处理条例》	第二十二条 教育行政部门以市或者区、县(市)为单位组织学校参加校方责任保险。学校投保责任险的，所需经费由学校的举办者列入教育经费预算，以学校为单位支付。第二十三条 市本级和各区、县(市)依法设立学生伤害事故专项资金。专项资金的筹集和使用办法，由同级教育行政部门会同财政部门制定，但不得向学生摊派或者变相摊派。	校方责任险；学生伤害事故专项资金	学校举办者列入教育经费预算；教育行政部门会同财政部门制定	应当	2002	杭州市人大常委会

续表

序号	地方立法名称	具体条文规定	国家责任途径	国家责任方式	国家责任强度	生效时间	立法主体
10	《郑州市中小学校学生人身伤害事故预防与处理条例》	第二十二条 鼓励学校向保险机构办理学校责任保险。保险费用由学校举办者承担,不得向学生收取。	校方责任险	学校举办者购买	鼓励	2006	郑州市人大常委会
11	《洛阳市中小学校学生人身伤害事故预防与处理条例》	第七条 市、县(市、区)人民政府应当组织学校办理学生伤害事故校方责任保险,保险费用按照国家有关规定支付。	校方责任险	保险费用按照国家有关规定支付	应当	2008	洛阳市人大常委会
12	《福州市中小学校学生安全防范和伤害事故处理条例》	第十四条 学校举办者为学校购买学生人身伤害校方责任险,不得向学生收取保险费。	校方责任险	学校举办者购买	应当	2006	福州市人大常委会
13	《淮南市中小学校学生人身伤害事故预防与处理条例》	第三十二条 学校应当投保校方责任保险。政府举办的学校保险费用从学校公用经费中支出,社会力量举办的学校保险费用由学校举办者或者学校承担。有条件的学校举办者可以设立学生人身伤害事故赔偿补充资金,用于学校责任保险金不足部分的补充。	校方责任险;学生人身伤害事故赔偿补充资金	学校办公经费支出;举办者或学校承担(私立)	应当	2011	淮南市人大常委会
14	《银川市中小学生人身伤害事故防范与处理条例》	第二十八条 学校的举办者应当设立学生伤害赔偿准备金,用于办理学校责任保险,或支付保险费不足以补偿的部分。	校方责任险;学生伤害赔偿准备金	学校举办者	应当	2004	银川市人大常委会
15	《云南省学校安全条例》	第三十八条 学校举办者应当依照国家有关法律、法规的规定为学校购买责任保险。	校方责任险	学校举办者	应当	2008	云南省人大常委会

续表

序号	地方立法名称	具体条文规定	国家责任途径	国家责任方式	国家责任强度	生效时间	立法主体
16	《福建省学校安全管理条例》	第六条 县级以上地方人民政府应当在每年财政预算中安排学校安全管理和安全事故学生人身伤害救助专项经费。第七条 建立和完善学生人身伤害校方责任险和学生人身意外伤害险制度。学校应当投保学生人身伤害校方责任险。鼓励学生、未成年学生监护人投保学生人身意外伤害险。具体办法由省人民政府教育行政部门商有关行政部门制定。	校方责任险	县级以上人民政府在财政预算中安排专项经费	应当	2018	福建省人大常委会
17	《北京市中小学生人身伤害事故预防与处理条例》	第六条 市和区教育部门应当组织学校投保校方责任保险及附加无过失责任保险。保险费用由学校举办者承担。	校方责任险;校方无过失责任险	学校举办者购买	应当	2003 2021年修改	北京市人大常委会
18	《苏州市中小学生人身伤害事故预防与处理条例》	第三十一条 本市以市或者县级市、区为单位统一组织公办学校办理学生伤害事故责任保险。其他学校可以参加市或者县级市、区组织的统一投保,也可以单独投保。保险费用由学校举办者承担。本市按照财政预算分级设立学生伤害事故处理专项资金。专项资金的筹集和使用办法由市人民政府另行制定。	校方责任险;学生伤害事故处理专项资金	学校举办者购买	应当	2004	苏州市人大常委会

续表

序号	地方立法名称	具体条文规定	国家责任途径	国家责任方式	国家责任强度	生效时间	立法主体
19	《天津市中小学幼儿园安全管理规定》	第五十二条 学校应按照有关规定投保校方责任保险,鼓励学生的监护人投保学生人身意外伤害保险。	校方责任险;天津市教委另外发文由政府购买,即津教政办〔2019〕193号	大学以下由政府财政购买	应当	2020	天津市人民政府
20	《辽宁省学校安全条例》	第三十一条 鼓励学校参加学校责任保险,所需经费纳入年度经费预算,由政府或民办学校举办者予以保障,并以学校为单位支付。	学校责任险	公立学校由政府购买	鼓励	2006	辽宁省人大常委会
21	《黑龙江省学校安全条例》	第九条 县级以上人民政府应当为所举办的九年义务教育阶段学校投保校方责任保险,为所举办的中小学校和幼儿园配备保安员。民办学校、企办学校的举办者可以参照当地人民政府所举办学校的标准投保校方责任保险,配备保安员。	校方责任险	九年义务制公立学校由县级以上人民政府购买	应当	2010 2018年修改	黑龙江省人大常委会
22	《邯郸市学校安全管理条例》	第四十二条 学校应当投保校方责任保险。政府举办的义务教育阶段的中小学校校方责任险费用由市、县(市、区)财政负担;政府举办的其他学校校方责任险费用由学校负担,市、县(市、区)财政给予一定支持;社会力量举办的学校校方责任险费用由举办者负担。保险机构的选定应当按照法定程序公开招标。	校方责任险	政府举办的义务阶段由政府财政负担,其他学校校方责任险政府财政给予一定支持	应当	2010	邯郸市人民政府

续表

序号	地方立法名称	具体条文规定	国家责任途径	国家责任方式	国家责任强度	生效时间	立法主体
23	《宁波市学校安全条例规定》	四十一条 市和县(市)、区教育行政部门、学校举办者有条件的,可以设立学校安全事故赔偿准备金。学校安全事故赔偿准备金不得向学生筹集,具体筹集和使用办法,由市教育行政部门会同市财政部门另行制定。学校应当设立安全工作专项经费,专项经费纳入年度教育经费预算。学校应当按照国家规定参加学校责任保险,保险经费列入教育经费支出。	校方责任险;学校安全事故赔偿准备金	由年度教育经费预算支出	应当可以	2004 2020年修改	宁波市人大常委会
24	《呼和浩特市中小学校安全管理办法》	第三十九条 学校应当投保安全事故校方责任险。购买校方责任险的资金,政府举办的义务教育学校按分级管理的原则由市和旗县区财政在教育费附加中列支;高中学校由学校预算外经费支付;民办学校由举办者支付,列入教育成本。	校方责任险	政府举办的义务教育学校由市和旗县区财政教育费附加中列支;高中学校由学校预算外经费支付	应当	2006	呼和浩特市人民政府
25	《重庆市中小学生人身伤害事故预防与处理条例》	第三十七条 政府应当组织学校办理学生伤害事故校方责任保险,保险费用由省财政统筹支付。当政府举办的学校依法应当承担的赔偿金额大于校方责任保险的赔偿金额时,其差额学校承担有困难的,由地方财政给予适当补助。	校方责任险;地方财政适当补助	政府举办学校由省财政统筹	应当	2006	重庆市人大常委会

通过分析笔者发现,地方立法实践中规定了三种国家责任途径:(1)校方责任险中的国家责任。这是最常见的国家责任实现路径,在25部地方法规或规章中,有24部规定了校方责任险中的国家责任。地方立法一般会规定公立学校的校方责任险费用由政府财政统一购买,比如《江苏省中小学生人身伤害事故预防与处理条例》(2006年)第37条规定:政府应当组织学校办理学生伤害事故校方责任保险,保险费用由省财政统筹支付。也有规定从学校的办公经费中支出,比如《广东省学校安全条例》(2020年)第66条规定:中小学校和幼儿园应当购买校方责任险,公办学校所需经费从公用经费中列支。(2)校方无责任险中的国家责任。这是校方责任险中的补充险,主要应对学校无责任时的险种,如《北京市中小学生人身伤害事故预防与处理条例》(2003年)第6条规定了学校无责任险中的国家责任。(3)学生人身伤害赔偿准备金(补充资金、专项资金)中的国家责任。共有10个地方立法对此作出了规定,有的直接规定成立学生人身伤害赔偿准备金,用于学校伤害事故的赔偿。比如《贵州省学校学生人身伤害事故预防与处理条例》(2014年)第7条规定:县级以上人民政府应当保障学校安全管理经费投入,设立学生人身伤害赔偿准备金。也有的规定用于学校购买校方责任险,比如《银川市中小学生人身伤害事故防范与处理条例》(2004年)第28条规定:学校的举办者应当设立学生伤害赔偿准备金,用于办理学校责任保险,或支付保险费不足以补偿的部分。专项资金的功用和准备金差不多,都直接用于学校伤害事故中的赔偿问题,比如《杭州市中小学校学生伤害事故处理条例》(2002年)第23条规定:市本级和各区、县(市)依法设立学生伤害事故专项资金。专项资金的筹集和使用办法,由同级教育行政部门会同财政部门制定,但不得向学生摊派或者变相摊派。补充资金主要用于超出校方责任险费用时的补充,比如在《淮南市中小学校学生人身伤害事故预防与处理条例》(2011年)第32条第二款规定:有条件的学校举办者可以设立学生人身伤害事故赔偿补充资金,用于学校责任保险金不足部分的补充。

以上地方立法实践中的国家责任主要有如下特点:(1)地方立法中的国家责任均是通过地方立法或地方政府责任来实现的,这也决定了国家责任的"国家性"不明显,权威性不够。(2)学校伤害事故(包括学校体育伤害事故)中的国家责任已经在相当程度上获得了一些地方立法实践的认可与实施,这些立法实践经验可以为国家层面的立法提供方案上的经验选择。(3)没有一个地方立法把学校体育伤害的补偿救济独立出来进行专门立法,都是把学校体育伤害中的补偿救济并入学校伤害事故处理或者学校安全管理中的国家责任来实现。(4)地方立法实践中国家责任经费投入的对象多限于政府举办的义务教育公立学校,一般不包括私立学校。但也有例外,比如深圳市的立法就包括公、私所有学校。(5)国家责任在地方立法多以"应当"要求,要求强度高,可操作性强。(6)地方立法实践法律效力较低,而且立法层次不一,有些是地方人大立法的地方性法规,有些是地方政府立法的政府规章。(7)地方立法中的国家责任实际执行到位不一。经了解,经济发达地方政府的费用投入比较到位。比如深圳市,所有公立学校与私立学校的校方责任险均由政府统一购买,而且如果学生购买人身意外伤害险,保险费用由财政、教育发展基金和学生监护人按1∶1∶1的比例承担。但在经济欠发达地区,国家责任的执行并不理想,比如《贵州省学校学生人身伤害事故预防与处理条例》第7条规定了县级以上人民政府应当保障学校安全管理经费投入,设立学生人身伤害赔偿准备金,但这个条例自2014年生效以来,学生人身伤害准备金并没有得到推行。(8)地方立法中对校方责任险的各地立法表述不一。有些地方直接在立法条款中规定由政府购买校方责任险,比如《邯郸市学校安全管理条例》(2010年)第42条规定:政府举办的义务教育阶段的中小学校校方责任险费用由市、县(市、区)财政负担。有些地方的规定较为模糊,比如《湖南省学校学生人身伤害事故预防和处理条例》(2018年)对校方责任险的规定较为模糊,中小学校、中等职业学校、幼儿园应当投保校方责任保险,所需经费按照国家和省有关规定予以保障。《云南省学校安全条例》(2008年)则规定为:学校举办者应当依照国家有关法律、法规的规定为学校购买责任保险。(9)地方立法中校方责任险的费用承担各不相同。对于公办学校来说,有的规定由学校公用经费支出,如《广东省学校安全管理条例》第66条规定。① 有的规定为政府财政投入,如《重庆市中小学生人身伤害事故预防与处理条例》第37条规定。② 有的规定为学校举办者支付,如《北京市中小学生人身伤害事故预防与处理条例》第6条规定。③ 有的规定由学校承担,如《邯郸市学校安全管理条例》第42条规定政府举办的义务教育阶段以外的其

---

① 《广东省学校安全条例》第66条:中小学校和幼儿园应当购买校方责任险,公办学校所需经费从公用经费中列支,民办学校所需经费从学费或者自筹资金中开支。

② 《重庆市中小学生人身伤害事故预防与处理条例》第37条:政府应当组织学校办理学生伤害事故校方责任保险,保险费用由市财政统筹支付。

③ 《北京市中小学生人身伤害事故预防与处理条例》第6条:市和区教育部门应当组织学校投保校方责任保险及附加无过失责任保险。保险费用由学校举办者承担。

他学校校方责任险费用由学校负担。① 对于公办学校来说,基本上规定由学校举办者或学校承担。而且有许多地方立法规定,校方责任险不得向学生收取保险费,如《福州市中小学校学生安全防范和伤害事故处理条例》第14条规定。② 但是,由学校承担校方责任险费用并非真正意义上的国家责任(后文详论)。(10)有些地方立法设立了补充资金,用于超出校方责任险部分的补偿。有些地方规定设立学生人身伤害事故赔偿补充资金,用于学校责任保险金不足部分的补充,如《贵阳市中小学生人身伤害事故预防与处理条例》第8条、③《合肥市中小学校学生人身伤害事故预防与处理条例》第31条、④《淮南市中小学校学生人身伤害事故预防与处理条例》第32条、⑤《银川市中小学生人身伤害事故防范与处理条例》第28条。⑥ 有些地方立法直接规定由财政进行补贴,如《江苏省中小学生人身伤害事故预防与处理条例》第37条、⑦《重庆市中小学生人身伤害事故预防与处理条例》第37条。⑧ 这也能说明,校方责任险并不能对学校伤害事故进行完全补偿,需要另设险种或另补资金。

---

① 《邯郸市学校安全管理条例》第42条:学校应当投保校方责任保险。政府举办的义务教育阶段的中小学校校方责任险费用由市、县(市、区)财政负担;政府举办的其他学校校方责任险费用由学校负担,市、县(市、区)财政给予一定支持;社会力量举办的学校校方责任险费用由举办者负担。保险机构的选定应当按照法定程序公开招标。

② 《福州市中小学校学生安全防范和伤害事故处理条例》第14条:学校举办者为学校购买学生人身伤害校方责任险的,不得向学生收取保险费。

③ 《贵阳市中小学生人身伤害事故预防与处理条例》第8条:设立学生伤害事故赔偿补充资金,用于学校安全事故校方责任保险赔偿金不足部分的补充。资金的筹集和使用由市人民政府规定。

④ 《合肥市中小学校学生人身伤害事故预防与处理条例》第31条:学校举办者有条件的可以设立学生人身伤害事故赔偿补充资金,用于学校责任保险金不足部分的补充。

⑤ 《淮南市中小学校学生人身伤害事故预防与处理条例》第32条:有条件的学校举办者可以设立学生人身伤害事故赔偿补充资金,用于学校责任保险金不足部分的补充。

⑥ 《银川市中小学生人身伤害事故防范与处理条例》第28条:学校的举办者应当设立学生伤害赔偿准备金,用于办理学校责任保险,或支付保险费不足以补偿的部分。

⑦ 《江苏省中小学生人身伤害事故预防与处理条例》第37条:当政府举办的学校依法应当承担的赔偿金额大于校方责任保险的赔偿金额时,其差额学校承担有困难的,由地方财政给予适当补助。

⑧ 《重庆市中小学生人身伤害事故预防与处理条例》第37条:当政府举办的学校依法应当承担的赔偿金额大于校方责任保险的赔偿金额时,其差额学校承担有困难的,由地方财政给予适当补助。

六、学校体育伤害国家责任的路径选择

(一)学校体育伤害国家责任的国家赔偿路径

学校体育伤害事故中的国家责任主要涉及国家赔偿责任和国家补偿责任问题。从应然角度看,《国家赔偿法》是实现学校体育伤害国家责任的最佳路径,但现有的《国家赔偿法》存在着制度障碍:(1)《国家赔偿法》第2条规定的主体限制障碍。因为根据《国家赔偿法》第2条的规定,国家赔偿仅限于"国家机关及其工作人员"行使职权侵犯公民、法人和其他组织的合法权益造成损害的赔偿。这就从主体上排除了学校成为侵权主体的可能性,因为学校既不是国家机关,其工作人员即教师也不是"国家机关"工作人员。① (2)赔偿义务主体陷入学校自己赔偿的困境。如果学校的公务行为属于法律、法规的授权行为,那么根据《国家赔偿法》第7条第三款"法律、法规授权的组织在行使授予的行政权力时侵犯公民、法人和其他组织的合法权益造成损害的,被授权的组织为赔偿义务机关"规定,学校就应该成为学校体育伤害事故中的赔偿义务机关。在学校体育伤害中建立国家责任的初衷就是要使学校从赔偿负担中解脱出来,但根据《国家赔偿法》的规定又使学校成为赔偿义务机关,岂不是又陷入了学校自己赔偿的困境?(3)国家赔偿不能实现学校体育伤害的及时赔付。因为《国家赔偿法》的赔偿程序至少两个月以上,根据《国家赔偿法》第13条和第23条的规定,无论是行政赔偿还是刑事赔偿,仅仅是赔偿义务机关就有两个月的审议期间,还不包括复议期间。但是学校体育伤害中的赔偿与其他国家赔偿不同,公平赔偿并不是它的唯一价值目标,及时赔偿的效率价值更是它的追求目标。很显然,《国家赔偿法》的复杂理赔程序和超长期限并不利于学校体育伤害的及时赔付。(4)这种路径不能适用于私立学校。《国家赔偿法》是基于公权力行为的赔偿,但民办学校是由国家机构以外的社会组织或者个人依法设立的教育机构,属于私法人。将私法人的侵权赔偿纳入国家赔

---

① 尽管中共中央、国务院《关于全面深化新时代教师队伍建设改革的意见》(2018年)和2021年11月教育部公布的《教师法(修订草案)(征求意见稿)》中都确立了公办中小学教师的国家公职人员身份,但仍然不属于《国家赔偿法》中"国家机关"的工作人员。

偿体系，显属不当。① 即使在日本，也仅将公立学校因设施、设备等所致之学生伤害事故，依其《国家赔偿法》第2条规定，由国家承担赔偿责任。②

可见，现有《国家赔偿法》的制度容纳空间有限，学校体育伤害事故进入《国家赔偿法》的调整范围难度较大。

值得注意的是，在教育部2021年11月29日公布的《教师法》(修改草案)(征求意见稿)》第13条规定中已经把公办中小学教师的身份规定为国家公职人员，那么，通过扩大解释把《国家赔偿法》第2条中的"国家机关及其工作人员"解释为"国家公职人员"也是可以的。比如日本就通过司法判例如"最判昭62.2.6判时1332.100"确立公立学校体育时间的教师教育活动相关的教育视为"公权力行使"而适用国家赔偿法。③ 但是，通过《国家赔偿法》建立学校体育伤害国家责任的立法难度较大，可操作性也不强。

(二)学校体育伤害国家责任的保险路径

目前有三种校园险种应对学校体育伤害事故。第一种是学平险。学平险是专门针对中小学生特点设立的一种人身伤害保险，学生入学时进行投保，被保险人只需交纳几十元的保费就可以获得包括意外伤害、意外伤害医疗以及住院医疗在内的多项保障。学平险是一种商业保险，需要遵循自愿保险原则，《保险法》第11条规定，"除法律、行政法规规定必须保险的外，保险合同自愿订立"。教育部在《关于2015年规范教育收费治理教育乱收费工作的实施意见》也明确要求"严禁各级各类学校代收商业保险费，不得允许保险公司进校设点推销、销售商业保险"。因此，如果政府直接把经费支持投入到学平险中，则有可能会出现国家责任不能普惠所有学生的结果，因为在现实中并非所有家长都自愿投保学平险。不过在实践中也有一些地方探索出应对经验，比如青岛市北区从2015年起每年由区财政出资200万元设立专项"学校体育运动意外伤害保险"，在原有学生平安保险的基础上，为每名有本辖区学籍的义务教育阶段在校学生、在园幼儿投保20元运动意外伤害保险。④ 这里的专项保险完全由政府购买，这样既解决了保险的自愿性问题，又能专门针对学校体育伤害进行投保，实现覆盖所

---

① 方益权.关于构建我国学校侵权责任保险制度的若干思考[J].法学家,2004(4):136.
② 张玲.论日本的工作物责任[J].外国法译评,1997(3):72.
③ 宇贺克也.国家补偿法[M].肖军,译.北京:中国政法大学出版社,2014:26.
④ 陈烛光.青岛市北区每年出资200万为学生上运动意外险[EB/OL].(2015-08-06)[2021-12-28].https://www.sohu.com/a/25971397_120869.

有学校体育运动伤害的普惠效果。

第二种是校方责任险。这是地方立法中选择国家责任的最常见路径。校方责任是一种责任保险，学校是投保人，因校方过失导致学生伤亡的事故及财产损失，由保险公司来赔偿。在学校的教学活动中，学生自我保护能力有限，安全隐患难以根除，学校和学生的安全事故时有发生，影响了正常的教育教学秩序。国家责任通过校方责任险来实现可以有助于学校积极预防、妥善处理学生事故，保障学生和学校的合法权益，减轻学校的经费压力，维护正常的教育教学秩序。但是校方责任险中的国家责任的挑战是：校方责任险承保的前提是校方有过失的学生安全事故，学校无过失的安全事故不在承保范围。但是在学校体育伤害事故中，有很多是无过错的意外事件，此时受伤害学生就不能通过校方责任险来获得赔付。再加上《民法典》第1176条自甘风险规则的加持，有可能出现学校体育运动伤害中的学生没有得到任何补偿的结果。

第三种是校方无责任险。校方无责任险指校方在学生校园伤害事故中无过失前提下依法仍然承担经济赔偿责任时，由保险公司进行赔付。可见，校方无责任险主要是针对学校无过失时的赔付。在校方投保实践中，一般情况下，当购买校方责任险以后就很少同时购买学校无责任险。但也有例外，据笔者了解，深圳市教育局就为全市的中小学同时购买了校方责任险和校方无责任险。另外，自2016年起潍坊市教育局也为市公办学校校方责任保险附加校方体育运动无过失责任保险。[①] 校方无责任险应对学校体育伤害事故的优势在于，当校方在学校体育伤害事故中无过失仍然依法要对损害进行经济补偿时，校方责任险可以为学校解除经济补偿压力。这种情况在《民法典》生效之前的《侵权责任法》时代还是比较常见的，因为《民法典》之前的司法实践可以引用公平责任条款来判决学校对伤害学生的补偿。但是这种情况随着《民法典》对公平责任条款的限制性修改，学校体育伤害事故中能引用《民法典》第1186条"依法"裁判学校承担公平责任的概率很少。在这种制度修改的背景下，校方无责任险在学校中推行的难度将大为增加。

由上可知，学平险的国家责任在某种途径上（如青岛市做法）可以实现对所有学生的普惠，但无法减轻学校方在体育教学中的压力，而国家责任

---

① 王叶妮.潍坊市推行校方无过失责任险 校方无责学生也能获赔偿[EB/OL].(2015-09-25)[2021-12-28]. https://sd.ifeng.com/weifang/fengguanweifang/detail_2015_09_25/4390741_0.shtml.

在单一的校方责任险或校方责任险都无法完全减轻学校在体育教学中的压力,国家责任只有同时注入了校方责任险和校方无责任险时,二者的合力才能减轻学校在体育教学中的压力。但即便如此,保险仍有力所不逮之处,即保险无法做到及时救助、保险的范围和保额有限、全员普惠(即便同时投保了校方责任险和校方无责任险,也不能完全排除学生受到意外伤害时需要自我承担损害后果的窘境)。但保险的这些劣势恰是基金路径的优势所在。

(三)学校体育伤害国家责任的基金路径

早在2016年时,上海市就建立学校体育伤害的基金模式。上海市的基金模式由中国人寿上海市分公司承保,在范围上,基金覆盖了所有学校组织与安排的课外体育活动,保障范围涵盖意外身故、猝死、伤残、医疗费用等各项内容(身故20万、伤残50万、医疗费用10万并含医保外5万)。在责任认定上,基金实行免责保障,即不对学校及学生进行责任认定,仅以学校运动伤害为依据进行理赔;在资金管理上,基金采取以支定收的方式进行管理,当年结余滚存入下一年,不足部分由保险公司先行垫付;在资金来源上,当年已参加中国人寿校园意外险的学校,不需额外缴纳费用,未参加的学校可按每生每年2元的标准自愿筹集资金并加入。当运动伤害事故发生后,先由区县教育部门及学校认定,再由保险公司严格依照赔付范围进行理赔,疑难案件将由专门的审定小组进行处理。①

基金的优势有:(1)赔付及时。与保险相比,基金的赔付更为及时,事故发生后,先由区县教育部门和学校认定,再报保险公司赔付。(2)能实现全员普惠。因为在责任认定上,基金实行免责保障,不对学校及学生进行责任认定,只要出现学校运动伤害就进行理赔,能实现对所有伤害学生的赔付。(3)赔付范围广。在范围上,基金覆盖了所有学校组织与安排的课外体育活动,保障范围涵盖意外身故、猝死、伤残、医疗费用等各项内容。(4)赔付额高。根据规定,身故20万、伤残50万、医疗费用10万并含医保外5万。

但是上海基金模式的问题是:(1)在资金来源上没有国家的投入,国家责任没有体现其中,完全是由学校自筹成立;(2)基金的公益性与基金管理

---

① 本市首创"学校体育运动伤害专项保障基金"免除学校家长后顾忧[EB/OL].(2016-01-18)[2021-12-08]. http://edu.sh.gov.cn/web/xwzx/show_article.html?article_id=85833.

者的上海人寿保险公司的营利性主体之间存在经营风险。(3)基金是一种纯粹的损失分担互相救助模式,没有惩罚功能,容易引起道德风险。

在上海基金模式基础上进行优化处理,可以成为国家责任承担的主要方式:(1)在资金来源上,确保政府的投入成为基金资金的主要来源,以实现基金的国家公益性。因为如果没有政府资金的投入,就很难体现基金的国家义务性。另外,当政府成为基金的主要资金来源者时,就能确保学校体育伤害事故的损害得到足额赔付。政府是主要资金来源,但不是唯一来源,学校与社会捐款也是来源之一。一来可以减轻国家的财政压力。二是学校购买才能体现基金的互助特征,否则就成为了纯粹的国家补偿。(2)在基金的管理上,应成立独立的基金管理中心或委员会并使其具有独立的法人地位,而不是由保险公司来管理。因为如果基金管理者不具有法人资格,则基金就不能以独立的身份出现在诉讼中,这不利于基金的诉讼追偿。故为了实现基金追偿的有效实现,应赋予基金管理者以独立的法人地位,按民法典的分类,其应属于基金会法人。(3)基金实行过错追偿制度,使其救助与惩戒功能并存发挥。之所以实行过错追偿制度,是因为过错者追偿制度可提高行为人的责任心,发挥其惩戒功能,有利于学校体育伤害事故安全防范机制的建立。如果基金没有被告追偿制度,无论过错与否都将获得无偿赔付,那就会导致学校放松安全责任防范机制的建立与完善,导致学校体育伤害事故的发生。需要指出,在追偿制度中,基金的国家责任是一种替代责任,本质上属于垫付责任,最终的赔偿责任由侵权行为人来承担。但这里的替代责任具有两方面的保障作用:一方面是,即使侵权行为人最后没有能力进行赔偿,国家责任的替代责任也可以确保受害人得到足额赔偿;另一方面是,国家责任的替代责任可以实现对受害人的及时赔付,这对受害人的及时医治非常重要。(4)对一般过错行为人和无过错行为人实行免赔制度。之所以对无过错者和一般过错者实行免赔制度,是因为学校体育教学行为本来就是一种正当的、应积极鼓励的行为,但学校体育本身就潜藏着运动风险,过多地苛责学校和行为人的一般过错和无过错的责任会影响学校体育运动的开展。但如果一般过错者或无过错者不承担赔偿责任,则对受害的学生而也是不公平的。此种情况最好由国家责任的基金来补偿,此时,国家责任是直接责任。

对于学校体育伤害事故而言,国家责任基金路径的优势在于:(1)它涵盖了所有的校园运动伤害,凡是参保学校组织的体育运动,无论是体育课、体育比赛、体育活动还是体育训练都将得到有效保障。(2)它实行免责承保,只要是校园运动伤害,都将获得理赔,且是在不先对学校及学生进行责任认定的前提下获得理赔。注意不先进行责任认定并不等于说不进行责任认定,当责任认定学校或学生有重大过错时,基金仍然可以通过追偿制度来把先前垫付部分追回,实现对重大过错者的惩罚功能。(3)基金降低了校园体育伤害事故进入司法程序的可能性。因为一旦受害学生获得了足额的赔偿,他就没必要通过司法程序去获得救济。(4)基金的及时赔付有利于受害人获得及时医治。因为基金不以责任认定为前提,当发生学校体育伤害事故时,只需经过区县教育行政部门及学校认定,便可获得基金的理赔。比之于烦琐漫长的司法程序而言,基金的救济过程极大地缩短了理赔程序,这对于受害学生而言是重要的。(5)基金追偿方式既可以实现专业化处理,也可以通过基金的替代处理使当事人(无论是学校方还是学生方)避免陷入复杂且漫长的纠纷解决程序,实现学校体育教学的有序开展。(6)基金可以实现学校体育伤害的专门化赔付。保险模式的赔偿都是寄附在学生伤害保险上(学校体育伤害是学生伤害的下位概念,也属于学生伤害范畴,但学生伤害保险做不到专门针对学校体育伤害进行承保),由于承保范围的扩大,自然会影响保险对学校体育伤害事故的赔付额度。基金模式则可以做到承保范围的专门化——以学校体育伤害为承保对象,实现学校体育伤害的专门化赔付。

当然,基金模式的国家责任也并非十全十美,与保险相比,首先需要各学校之间甚至是各地区学校之间建立了联合基金之后,国家责任才有可能因此实现。如果各学校之间因各种差异未能建立起联合基金模式,则国家责任就不能实现。比如在经济发达地区的上海可以建立基金模式,但是在经济欠发达的中西部地区,各地学校差异较大(如农村的乡镇学校和城市学校),很难建立联合的基金模式。而保险模式则只需要学校与保险公司建立了保险关系,即可实现国家责任的投入,这恰是保险模式的优势所在。

这里的分析说明,在中国各地区经济发展不平衡的国情条件下,因地制宜的多样化路径也许是国家责任在学校体育伤害事故中实现的可行路径。

(四)《体育法》第 33 条国家责任的法理阐释

《体育法》第 33 条规定:国家建立健全学生体育活动意外伤害保险机制。教育行政部门和学校应当做好学校体育活动安全管理和运动伤害风险防控。这里的"学生"体育活动意外伤害和"学校"体育伤害在概念上并没有太大区别,其主体都是指向学生。另外,这里虽然没有直接出现"国家责任"的字眼,但根据前述对国家责任的阐述得知,"国家"建立健全学生体育活动意外伤害保险机制在内涵上就是要求国家积极履行的责任。需要指出的是,在以往的政策和地方立法中,学校体育伤害意外保险机制的建立主体是飘忽不定的,可以是教育行政部门,也可以是学校,还可以是地方政府。但《体育法》的这一条规定区分了国家责任和政府责任,第一款规定"国家"负责建立健全学生体育活动意外伤害保险机制责任,第二款规定了"政府"(即政府教育行政部门)和学校负责做好学校体育活动的安全管理和运动伤害风险防控责任。这是《体育法》第一次明确了建立学生体育活动伤害保险机制的第一义务主体——国家,也是我国首次以法律的形式确立了学校体育意外伤害保险制度。[①] 把国家作为学生体育意外伤害保险机制的义务主体意义重大:(1)说明国家已经意识到,运动伤害是体育运动中不可避免的遭遇,学校体育也不例外。因此学生体育伤害保险机制的责任主体不能仅仅学校、教育行政部门,甚至是地方政府,而必须是"国家"从宏观层面建立健全保险机制。(2)说明国家已经从教育的举办人、教育受益者分担和教育国家化的高度角度来认识学校体育中的伤害问题以及责任承担问题,认识的意义重大。同时,学生体育伤害保险机制的建立主体从过往的政策和地方立法的学校、教育行政部门和地方政府到国家的转变,也是实践认识的升华,终于从把建立健全学生体育意外伤害的责任主体提升到了"国家"的高度。(3)既然从"法律"上规定了"国家"建立健全学生体育活动伤害保险机制的,那就意味着国家责任的主要任务是接下来要从机制上"建立健全"学生体育活动伤害保险机制,这是"国家"以责任者身份在接下来要做的重要事务。

首先,对《体育法》第33条中的"保险机制"应从功能上理解。保险的主要功能有:风险分担、经济补偿、互济共助等功能,因此,只要有这些功能的机制,即使不叫"保险",也应归为"保险机制"的功能链。因此,这里的保险机制不仅包括"保险"模式,还应该包括各种"基金"模式,或者补偿金模式。而且,第33条中建立健全保险机制的重点不是"保险",而是"机制",基金模式或补偿金模式也是具有这种"保险"的功能机制。何况真实的情况是,目前的保险模式还不能完全补偿学生在体育伤害中的损失,基金模式或补偿金模式可以对保险模式起到补充作用。一些地方立法实践在规定保险的同时,又补充规定了基金或补偿金方式。比如:《合肥市中小学校学生人身伤害事故预防与处理条例》第31条:学校应当为学生投保校方责

---

① 王旭升.新修订《体育法》中学校体育意外伤害保险机制的制度构建[J].体育学刊,2023(4):62.

任保险,政府举办的学校保险费用从学校公用经费中支出,社会力量举办的学校保险费用由学校举办者或者学校承担。学校举办者有条件的可以设立学生人身伤害事故赔偿补充资金,用于学校责任保险金不足部分的补充。《贵阳市中小学生人身伤害事故预防与处理条例》第8条:县级以上教育行政部门应当组织学校购买校方责任险。保险费用由学校举办者承担。……设立学生伤害事故赔偿补充资金,用于学校安全事故校方责任保险赔偿金不足部分的补充。资金的筹集和使用由市人民政府规定。《淮南市中小学校学生人身伤害事故预防与处理条例》第32条:学校应当投保校方责任保险。政府举办的学校保险费用从学校公用经费中支出,社会力量举办的学校保险费用由学校举办者或者学校承担。有条件的学校举办者可以设立学生人身伤害事故赔偿补充资金,用于学校责任保险金不足部分的补充。从目的解释来看,《体育法》规定"国家"建立健全学生体育活动意外伤害保险机制,其的目的通过建立健全保险机制实现对学生体育活动意外伤害的风险分担、经济补偿、互济共助。无论是"保险",还是基金或者是补偿金方式,在功能上均能实现风险分担、经济补偿、互济共助之功效目的。更何况中国幅员辽阔,人口众多,城乡差距和地区差异也很大,在这种国情下把"国家"建立健全学生体育活动意外伤害保险机制仅仅限于"保险"种类,无异于无视中国国情之现实把国家责任自我限缩。故《体育法》第33条中的国家责任不仅包括建立健全"保险"责任,还在于建立健全"基金"或"补偿金"等责任。

其次,对体育活动应持广义理解。学校的体育活动是否就限于学校场域范围内发生的体育伤害事故呢?这直接决定着保险责任范围问题。这里需要作扩大解释理解,这里的体育教学活动不仅包括了体育课中的教学活动,也包括非体育课之外的学校体育活动。另外,从体系解释来看,也是广义上的学校体育活动。《学校体育工作条例》第2条也规定,学校体育工作包括体育课教学、课外体育活动、课余体育训练和体育竞赛。从比较法视角看,域外实践也持广义的体育活动解释。如日本学校体育保险的责任范围就包括学校运动会、运动训练、体育课、课外体育活动。[1]

当然,《体育法》从国家立法层面规定了学生体育活动意外伤害的国家责任,虽然意义重大,但是,《体育法》中的国家责任仍然只是一种倡议性提法,可操作性不强。新修订《体育法》第33条第1款仅解决了我国学校体育意外伤害保险机制的法源缺失问题,其"空心化"的现象依然突出,亟待

---

① 周爱光.日本学校体育保险现状的研究[J].中国体育科技,2005(6):68-71.

填补。① 因此，国家需要循此立法要求，切实把学生体育活动伤害意外伤害的保险机制建立健全。

在国家"建立健全"学生体育活动伤害保险机制时，一些基本原则需要坚持：(1)公益性原则。教育的公益性决定了学校体育保险公益性的社会保险性质。目前的《保险法》没有涉及学生保险规定，《未成年人保护法》《民法典》《教育法》等众多法律法规中也没有具体和有针对性的法律规定来处理与学校有关的运动伤害问题。只有《学生伤害事故处理办法》规定了学校的运动伤害问题，但相当数量的学校免责条款却将学校体育风险转嫁给了学生家庭。整体来说，目前的法律体系对学校体育保险的公益性规定不明确。那么，根据《体育法》第33条规定的国家责任，国家在"建立健全"学生体育活动意外伤害保险机制时，应坚持保险的公益性面向。在保险费的承担上，至少在义务教育阶段，国家和政府应该成为保险费用的主要主体，个人只应象征性地缴纳部分保险金。由于经营的保险公司是商业主体，商业逐利性是其本性，为了使这些保险公司在承担学生体育活动意外伤害保险时具有公益性面向，国家需要对学校体育保险的管理在技术上进行监督，通过提供学校体育保险补贴、管理费补贴或者在税收上实施减免税等进行扶持，使其具有公益性面向。或者是由国家和政府出面通过财政支持成立非营利性保险公司，由其经营学校伤害保险业务，也可以实现学校体育伤害保险的公益性面向。只有坚持了公益性面向，才能保证国家在建立健全学生体育活动伤害保险机制中的方向性。(2)实用性原则。当下中国学生体育活动伤害保险在实用性上的主要问题是：一是有关学校伤害保险的法律规定太过于提纲挈领，对于具体实施没有特别好的指导作用，缺乏从上至下的联系，缺乏具有可操作性、细节实施性的属性。二是针对学校体育伤害的险种单一，保险人可选择性不多。在日本，针对学生体育活动伤害保险的险种是多样化的，其主要险种有：体育安全保险；学生教育研究灾害伤害保险；学校灾害互助支付保险；全国市长会学校灾害赔偿、补偿保险；都道府县立学校管理者赔偿责任保险；社会体育设施保险。而且每个险种类型下面又设有不同的子类型，比如国家市长协会学校的灾害赔偿和补偿保险分为五种类型，其中2到5类中每种包含1~5种的子类型。其中赔偿责任保险每个类别里分为A到F共6个类型。险种功能不

---

① 王旭升.新修订《体育法》中学校体育意外伤害保险机制的制度构建[J].体育学刊,2023(4):63.

同,多元化满足不同需求。① 但在中国,可选择的险种只有学平险、校方责任险和校方无责任险三个险种。三是针对学校体育伤害的保险覆盖范围有限。正如前面分析的,在学平险中,有些中高风险的体育项目不在保险范围之内,校方责任险只承保校方有过错的学校体育伤害事故,学校无过错的学生体育意外伤害不在承保范围之内,保险覆盖范围有限。因此,针对这些问题,根据《体育法》第 33 条规定的国家"建立健全"学生体育活动意外伤害保险机制就要坚持实用性原则,在政策和法律上要制定更为详细可操作的保险规定,增加更多的针对学校体育伤害的险种,实现学校体育伤害的保险全覆盖。(3)原则性与灵活性相结合原则。一方面要坚持一些基本原则,公益性原则、国家责任原则、普惠制原则、全覆盖原则、可操作性原则等,以保持国家在"建立健全"学生体育活动意外伤害保险机制中的方向性。另一方面又要做到灵活性,因为中国幅员辽阔,人口众多,城乡差距很大,国家的经济支付能力有限,国家在"建立健全"学生体育活动意外伤害保险机制时应允许地方政府根据各地实际情况探索符合当地实际情况的保险机制。前述对各地国家责任地方立法实践的分析就是例证。(4)坚持从问题出发原则。国家需要在了解现有学校保险的基础上"建立健全"学生体育活动意外伤害保险机制。为此,需要了解我国现在的学校伤害保险有哪些险种,各险种在性质上属于哪类保险,这些险种覆盖了哪些学校伤害事故范围,还有哪些学校体育活动范围没有被覆盖,等等,只有在全面了解的基础上,才能"建立健全"学生体育活动意外伤害保险机制。从目前来看,保险公司能提供的学校伤害事故的险种有:学平险、校方责任险和校方无责任险。"学平险"是"学生平安意外伤害保险"的缩写,从性质来讲,它属于自愿投保的一种意外险,意外险属于人身保险中的一个门类。"校方责任险"与"校方无责任险"均属于财产保险中的种类,只不过"校方责任险"属于强制投保责任险,"校方无责任险"是"校方责任险"的附加险种,学校自愿投保。"学平险"是学生或其父母投保的个人保险。"校方责任险"是学校自保的责任保险。整体看来,"学平险"主要保险范围限制在重大疾病和意外伤害,但排除了一些高风险的体育活动。如中国人寿保险公司的"学平险"就排除了潜水、跳伞、攀岩、探险运动、武术、摔跤、特技表演、马术、赛车等中高风险运动项目的承保。又因为"学平险"属于自愿保险,很多家长和学生不愿意投保,"学平险"的作用有限。再加上"学平险"坚持补

---

① 蒋怀兴.日本学校体育保险制度研究及其对我国的借鉴意义[D].上海:上海师范大学,2019:22-32.

偿原则,这样如果被保险人从社会医疗保险获得了赔偿,那么其只能就未获得赔偿部分向"学平险"的承保公司索赔,这样保险公司的索赔风险就被无形中缩小,成为医改改革后的获利者。当然,如前述青岛市北区政府在学平险之外设立专项"学校体育运动意外伤害保险"也是一种解决"学平险"的问题导向做法。"校方责任险"虽然是强制保险,但其承保范围仅限于学校在学生意外事故中有"过错"的地方,学校无过错发生的学生意外伤害并不能获得保险公司的赔付,承保范围有限。而且,"校方责任险"的强制性仅限于中小学,不包括大学,其承保范围进一步缩小。

放眼世界,其他国家的国家责任的内涵就丰富多了。比如德国公法学按照责任的强弱对国家责任划分为兜底责任、保障责任和履行责任三种。[①] 国家责任中的兜底责任主要是指在穷尽其他方式仍然无法保障其伤害救助时,国家扮演最后出场的角色,承担最后的兜底责任。国家责任中的履行责任是指国家应当为全国所有学校承担保费。国家责任中的保障责任是指国家从单一的给付责任转向寻求社会整体分担责任的制度改革,通过社会主体与国家分担责任减轻国家在国家给付上的任务,国家角色从往昔的"给付国家"向"保障国家"转变,国家成为制度的保障者,体现的是国家的保障责任。通过将给付责任让渡,国家承担了更为复杂的功能和责任:一方面,国家不再是唯一的保险给付者,社会各部门亦可以成为保险的供给者;另一方面,对于保险给付结果和公共任务之最终实现,国家仍有保障给付结果之责任。颇为遗憾的是,《体育法》第 33 条中的国家责任主要是一种保障责任,而且主要是制定制度的保障责任。因为第 33 条规定了建立健全学生体育活动意外伤害保险机制,国家主要承担"建立健全保险机制"的制度保障者任务。我们认为,国家在承担建立健全保险机制的制度保障任务的同时,理应承担起给付责任。

七、基于《体育法》第 33 条国家保障责任之体现

基于上述对《体育法》第 33 条国家责任的法理分析,我们认为,《体育法》第 33 条中规定的国家责任应该包括如下内容。

(一)国家在学生体育活动伤害保险机制中的制度建设责任

制度建设责任是国家建立健全学生体育活动伤害保险机制的基本责

---

① 转引自谢冰清.论中国长期护理保险制度中国家责任之定位[J].云南社会科学,2019(3):121.

任,如下方面的制度建设是非常重要的。

1. 运营模式。从国际视角看,国外的学生体育保险运营模式既有纯商业化运营模式,如美国学生体育保险主要通过商业保险方式运营,通过多样化的运营机构来提供丰富的保险险种。① 也有非商业化的学校事故互助支付运营模式,如日本的灾害共济给付制度。② 还有由教育行政部门牵头成立互助保险公司的运营模式,如加拿大安大略省于1987年成立的地方教育局互助保险公司(OSBIE)。③ 在中国的学校体育保险实践中,既有政府购买型模式,也有校际互助型模式或社会捐赠型模式。④ 那么,当国家成为建立健全学生体育活动意外伤害保险机制的责任主体时,首先要面临的问题便是确定采用何种保险运营模式的选择问题。此时,就需要借鉴国外经验,立足中国国情来选择学生体育活动伤害保险运营模式。我们认为,由于中国各地经济社会发展水平差异性巨大,不应采取一刀切的统一模式,而应该在差异性基础上尊重各地的立法实践,由其选择一种切合实际情况的运营模式。那么,从国家层面来说,国家需要做的事有:(1)介绍各种模式的基本做法及具体要求。(2)展现各种模式在各地实践的效果。(3)收集、总结各种模式面临的问题。(4)分析各种模式的利弊。由于我国目前的"校方责任险"作为一项强制保险,其推广适用的对象仅限于中小学校。但是大学的学校体育伤害事故同样呈现出多样性、复杂性特征,大学体育教育面临的学生体育意外伤害风险对学校体育教育教学的影响日趋严重。因此,"校方责任险"也可以在大学中推行,但不是强制性的。如果条件允许的话,也可以像加拿大安大略省那样由教育部牵头推行全国大学联盟形成的互助式保险公司。

2. 保险性质和地位。国家应从立法上明确学生体育活动伤害保险机制的公益性,加大政府对体育伤害保险的支持力度,建立健全学生体育活动伤害保险的补偿机制,化解学生体育活动伤害保险本身的政策性目标与实践中经营者的商业性目标的矛盾。

3. 保险运作方式。论证学校体育伤害的强制保险的可行性与必要性,在此基础上推行学校体育伤害强制性保险。事实上,我国已在很多领

---

① 王国军,蔡凌飞.体育保险的国际比较及其对中国的启示[J].中国体育科技,2012(1):131.
② 周爱光.日本学校体育保险现状的研究[J].中国体育科技,2005(6):70.
③ 教育部外事司综合处.加拿大安大略省中小学教育保险[J].世界教育信息,1998(5):18.
④ 连小刚.我国学校体育保险模式研究[D].太原:山西大学,2021:64.

域推行强制保险,如交强险、①建筑职工意外伤害保险等。② 学校体育的对抗性、激烈性、极限性明显,学校体育活动产生体育伤害具有不可避免性,但学校体育又是国家教育战略方针不可缺少的重要内容,鉴于目前商业保险的自愿性难以充分保障学校体育安全的有效展开,建议通过立法规定,无论是校方责任险还是学生意外体育伤害险(学平险),均实行强制保险制度。在上位法《体育法》第33条已经规定了国家建立健全学生体育活动意外伤害保险机制的国家责任的前提下,可参照《机动车交通事故责任强制保险条例》,制定专门的学校体育强制保险条例,③或者通过发布政策规定强制性。又基于《体育法》第33条规定的国家责任,对于强制性的险种,应制定保费国家补贴比例并给予投保人优惠等政策支持。

4. 险种设计。在美国,学校体育保险险种丰富,如大学生体育保险、中小学生意外保险、巨灾医疗保险、校际重大医疗保险等等。④ 在我国,有关学生体育意外伤害的险种主要有校方责任险、校方无责任险、学平险等几个险种,险种较为单一,不足以保障所有学生体育意外伤害造成的损失。基于《体育法》规定的学生体育意外伤害保险机制的国家责任,国家应注重从立法与政策上进行险种设计,增立更多的险种。比如可以设立高风险项目的特别险、学校体育社团险、学校体育团体意外险等。⑤ 根据不同学生年龄段特点设计险种,再将每一学段的保险细化,在保险费率和投保方式上给予差异化设计。针对学校体育场地设施和器材在学校体育活动中的重要性,可以设立体育场地器材设施险险种,包括体育设施责任保险和体育灾害赔偿保险。针对学校体育设施对外开放后校外人员在学校体育设施开放期间发生的体育伤害,设立第三方人身事故险,可缓解校外人员与学校之间的体育伤害事故纠纷,减轻学校压力。针对学校体育教师、体育教练的职业风险,设立体育教师、体育教练特别险种,维护体育教师和教练在学校体育教学中的合法正当利益。此外,国家可以利用补贴、税收或其他优惠政策鼓励保险公司增设更多的险种。

---

① 参见《机动车交通事故责任强制保险条例》第4条。
② 参见《建筑法》第48条。
③ 刘庆谊.如何防止普通学校体操课中的伤害事故[J].兰州商学院学报,2002(3):123-124.
④ 王国军,蔡凌飞.体育保险的国际比较及其对中国的启示[J].中国体育科技,2012(1):132.
⑤ 徐士韦,肖焕禹,谭小勇.学校体育保险机制构建视角下的学生体育权利实现[J].西安体育学院学报,2013(5):538-534.

5. 保险条款的拟定。目前,校方责任险条款和学平险条款都是由保险公司自行拟定的格式合同,其规定的保险责任与学校体育伤害的赔偿之间不完全等同,这会导致有些伤害事故发生后,学生和学校虽然购买了保险,但仍然得不到补偿,或者多买了自己不需要的保险。而且,由于合同是各保险公司单方面制定的,各保险公司会想方设法地增加学校或学生义务,减少保险公司的对等义务。单方制定的合同必然影响其公正性。因此,为了使保险条款更公正兼顾各方利益,从国家责任出发,制定政策,允许学生体育活动伤害保险中的保险条款由教育主管部门、学校、保险经纪公司、保险公司共同协商制定,使保险合同的保障范围更适合学校的需要。中国保险监督管理委员会在审批或备案校方责任险和学平险条款时,可以发挥其调整条款、修改设计的作用。

6. 保险监管。学生体育活动伤害保险立法的落实,关键还要依靠监督。国外体育保险业发展的实践表明,体育保险业的发展除了需要完善的法律法规制度外,还需要完善的保险监督运行机制。中国保监会、教育部、国家体育总局是代表国家行使对学生体育保险业监管的主要机构。除此之外,应借鉴国际上对体育保险业监管的成功经验,制定相关的学生体育活动伤害保险监管体系,其中包括建立风险预警机制,规范学生体育活动伤害保险费率和定价,保证投保人的合法权益,加强对学生体育活动伤害保险机构赔付能力的监管。为了更好地实现对学校体育保险的监督,可以在中国保险监督管理委员会之下设立和教育行政部门共同监督的分支机构进行监督,实现对学校体育保险的双重监督机制。

7. 经费保障。学生体育活动伤害保险机制中的核心问题是经费承担问题,这是国家承担学生体育活动伤害保险机制中的制度建设责任绕不开的问题。基于学校体育教育的公益性,国家应该在经费保障中发挥基础保障作用,承担部分险种的经费问题,或者承担一定比例的保险经费。有条件的地方可以构建由政府主导的,政府、学校和家庭三者结合的学校体育保险制度。在此过程中,政府可实施减免税、建立风险基金、补贴保险机构经营管理费、补贴保险费等专项措施协助学校体育保险业的发展。

8. 推进下位法的细化立法。《体育法》第 33 条提出的建立健全学生体育活动伤害保险机制国家责任的制度建设不能仅通过修改来完成。同时,基于学生体育活动伤害保险机制的制度建设内容庞大,期望通过立法解释或司法解释实现一揽子解决的可能性不大。最可取的路径是对现有的下位法进行修改,设立专门章节来解决。从内容的契合度来看,最能容下学生体育活动伤害保险机制的下位法是《学生伤害事故处理办法》和《学校体育工作条例》。但是《学生伤害事故处理办法》的调整范围是针对所有的校园学生伤害,既包括了学生体育伤害,也包括了学生非体育伤害的其他校园伤害。从概念上来讲,学生伤害事故是上位概念,学生体育伤害是下位概念,二者是包含与被包含关系。在《学生伤害事故处理办法》中设立专章规定学生体育活动伤害保险制度,又与其他章节在内容上不能形成完全对应,故在《学生伤害事故处理办法》设立专章立法并不是最佳选项。《学校体育工作条例》由教育部于1990年制定(2017年修订),至今已有三十余年,与学校体育教育实践脱节较为严重。从内容的结构来看,现行《学校体育工作条例》由总则,体育课教学,课外体育活动,课余体育训练与竞赛,体育教师,场地、器材、设备和经费,组织机构和管理,奖励与处罚,附则九个章节构成。可以看出,现行《学校体育工作条例》主要是从学校体育的正面工作进行内容设计的,没有一个条款涉及学校体育工作的伤害处理及防范问题。众所周知,任何体育活动都带有风险性,都有产生伤害的可能性,学校体育活动也概莫能外。因此,日常学校体育工作,除了体育教学以及开展各项体育活动之外,也应该注意学校体育工作的伤害防范与处理。很显然,现行《学校体育工作条例》的规定具有结构性缺陷,没有对学校体育工作的伤害防范与处理进行设定。有学者建议,在《学校体育工作条例》修订时,根据对体育伤害司法案例的分析,结合《中华人民共和国民法典》对"自甘风险""安全保障义务"的规定,以及教育部《学生伤害事故处理办法》《学校体育运动风险防控暂行办法》相关规定,增添新章节"学校体育伤害事故"。[①] 我们完全赞同这种做法。

(二)国家责任在学生体育活动伤害保险机制中的给付责任

前述法理论证已经指出,既然受教育权是一项基本人权,国家是人权的义务主体,而学校体育又是受教育权中的当然内容,国家当然就要承担学校体育教育中产生的费用负担,包括学生体育伤害造成的损失。教育成本分担理论也指出,既然国家和社会是教育的最终受益者,国家就应该分担教育(包括体育教育)中的成本支付义务。而教育行为的公法性以及教育国家化理论均能论证,国家应该为建立健全学生体育保险机制提供保障义务。

那么,国家应该为学生体育保险机制提供什么样的给付责任呢?我们

[①] 刘波,邵峰,韩勇,等.新时代修订《学校体育工作条例》的背景、依据和路径研究[J].体育科学,2022(6):17.

认为,最重要的是在物质上提供经费保障,具体来说就在校方责任险、校方无责任险、学平险以及其他新增险种或基金中提供经费保障。那么,国家的经费保障又如何落实呢?有观点认为应该由国家为全国所有学校承担经费保障。[①] 这个观点看似合理,但在学生体育保险机制中不具有操作性。因为:(1)由国家统一为全国所有学生体育保险承担保费,如果保费总额大于赔偿总额,则保险属不必要,由国家直接支付赔偿金即可,不必有保险之中间环节;反之,则保险人不愿承担该保险业务。(2)民办学校是一个法人实体,由国家为其承担保费在法律上难以说通。并且由国家为民办学校投保,也容易使国家过多地介入和干预其办学自主权。

在前述的地方立法实践中,有的地方立法规定从办学经费中支出,有的地方立法规定为直接的财政补贴,有的地方立法规定由学校的管理者即教育行政部门负责,还有的地方立法规定由学校举办者承担。那么,到底哪种经费保障方式真正体现为学生体育保险的国家责任呢?首先,经费由学校的管理者即教育行政部门负责不现实。因为学校的管理者多为地方教育行政部门,如果规定各级地方教育行政部门为学生体育保险买单,则投保的落实情况势必受当地政府对教育的重视程度、财政状况等的影响,很难保证全面落实。同时,从现实情况来看,我国广大农村的中小学的主管是当地的县、乡一级教育行政部门,这些地区的教育行政部门财力有限,要其承担学生体育保险费用是强其所难,其结果要么是欺上瞒下、敷衍了事,要么是挪用其他教育经费。其次,由学校从办公经费中支出保费也是不现实的。因为学校的本职工作是搞好教育教学,不应由其花大力气去筹措保险经费。在学校办公经费本来就已紧张的前提下还要求其从办公经费中支出部分费用去投保,投保率很难保证。再次,由政府直接进行财政补贴去购买保险实属多此一举。因为由政府通过财政拨款将保险经费拨到学校,然后再由学校去投保,既增加了中间环节,增加了成本,还可能因为有中间环节而出现腐败,致使保险经费被贪污、挪用等。其实,由学校的举办者承担保费才是真正的国家责任。因为从产权关系看,私立学校财产来源的私人化不仅决定了其对所属财产享有直接的支配、使用及处分的权利,同时也决定了其还依法独立享有内部管理及对外进行民事活动的权利,并独立承担民事责任。因此,私立学校的学生体育保险费由举办者承担具有法理正当性。公立学校的经费全部或大部分依赖国家财政拨款,其

---

① 方益权.关于构建我国学校侵权责任保险制度的若干思考[J].法学家,2004(4):136.

资产属于国有资产,国家就是其国有资产的所有者,国家对学校负有无限责任。因此公立学校的学生体育保险费用由其举办者即国家承担也具法理正当性。

当确定了学生体育保险费的承担者之后,国家的责任就是督察学校举办者去落实这笔保险费用的到位。

(三)国家责任在学生体育活动伤害保险机制中的引导责任

制度建设责任是国家的基本责任,但是制度的推行需要全体社会主体的理解与支持,这需要国家在其中发挥引导作用,促使社会共同关注、积极履责、形成合力,才能切实将法律规定的国家责任落实到位。在原有的制度设计和社会观念中,学生体育活动伤害保险的责任主体仅限于学校、学生及其家长,或者地方教育行政部门和地方人民政府,很少上升到国家责任层面。在地方立法实践中,对责任主体的多样化规定也反映出立法实践对责任主体认识上的不统一。故国家的引导责任很有必要,国家不仅通过资金、制度建设、权利保障等手段来引导社会主体,而且也应该通过积极制定方针政策来引导社会主体形成统一认识,以利于学生体育活动伤害保险制度的有效推行。

2007年国务院《关于加强青少年体育增强青少年体质的意见》、2012年教育部等《关于进一步加强学校体育工作的若干意见》、2019年教育部等五部门《关于完善安全事故处理机制维护学校教育教学秩序的意见》等政策就直接或间接地表达了学生体育活动伤害保险中的国家责任。随着《体育法》以"法律"形式规定了学生体育活动伤害保险机制中的国家责任,还需要国家制定更有针对性的政策和文件以阐明国家责任的价值内涵和具体要求,引导社会形成统一认识。

(1)制定并发布有关学生体育活动伤害保险的基本政策,用以引导各方责任主体朝着既定的政策目标努力。

(2)明确学生体育活动伤害保险中的政策支撑,用以鼓励社会力量能够积极地参与到学生体育活动伤害保险事业的发展之中。

(3)根据中国教育实际,包括历史传统、价值观念、教育的国家定位、学校实情、地方实践等,在充分借鉴相关国家或地区成功经验的基础上,选择合适可行的国家责任模式,引导各方力量在此模式之下发挥自己的作用。

(4)建立健全与学生体育活动伤害保险机制相配套的有关制度,促进学生体育活动伤害保险事业与其他事业的协调发展。

除此之外,教育部在制定《学生伤害事故处理办法》之后,教育部科技发展中心于2003年成立了北京联合保险经纪有限公司,全力建立全国教育系统风险管理服务体系。到现在,北京联合保险经纪有限公司在每个省都设立了分公司,并被所在省市的教育行政部门聘为风险管理顾问。基于国家责任需要,教育部可以指定北京联合保险经纪有限公司利用其专业性为各地学校体育保险提供专业咨询与指导。

(四)国家责任在学生体育活动伤害保险机制中的监督责任

学生体育活动伤害保险机制中的各项制度及保障措施的有效施行,需要配以建立完善的监督机制。国家在学生体育活动伤害保险机制中的监督责任主要通过采取一定的监督措施来保证各项制度与保障措施功能的实现和相关目标的落实,这是国家本身承担的监督责任在学生体育活动伤害保险机制中的具体体现。任何制度的设计和推行,无论设计方案多么好,施行主体的能力多么强,如果缺乏相应的监督措施,都有可能沦为空谈,或者无法达到预期的目标,学生体育活动伤害保险机制的建立健全也概莫能外。

学生体育活动伤害保险机制中的国家监督责任主要体现在三方面:一是对学生体育活动伤害保险监督机制的建设,不断改进管理方法和手段,强化学生体育活动伤害保险过程中的信息化管理。此外,相关管理机构工作人员要加强监督素养,尤其是学生体育活动伤害保险不仅专业性强,相关的政策性也极强,这需要相关人员不断提高理论水平、业务素质以及准确理解政策水平的能力。二是要监督各个职能主体对学生体育活动伤害保险机制的落实。国家可以通过国家保监会、教育部、国家体育总局下设主管部门来对学生体育活动伤害保险机制的落实情况进行监督。监督的内容主要是国家制定和执行的有关学生伤害保险政策是否得到了落实;国家应提供的服务或给付是否达到了应有的标准;法律和政策规定的经费落实是否到位等。这些监督主体可以通过专项检查、工作汇报以及各层级的督查等方面进行监督,也可以通过政党、社会团体和社会组织、新闻舆论媒体、人民群众等社会监督形式或者是权力机关即各级人民代表大会的监督来落实。三是对地方立法的监督。学生体育活动伤害保险机制的很多内容需要地方立法进行细化规定,但是正如前述对地方立法实践的分析所指出的,地方立法实践对学生体育活动伤害保险机制的理解以及制度设计是不统一的。这需要:一方面,国家从法律与政策的高位效力阐明学生体育活动伤害保险机制的精神内核和具体要求,使地方立法实践能理解到位,制定出具体的实施规定。另一方面,督查地方法律、法规的有关内容是否符合《体育法》和国家政策对学生体育活动伤害保险机制的精神,指导地方立法制定更详细的符合《体育法》和国家政策的学生体育活动伤害保险机制。

本章小结

  法治意义上的国家责任不仅包括传统意义上的国际法和行政法中的消极国家责任,而且也包括了社会法中的积极国家责任。又因为国家的对内责任主要由政府来完成,政府就成为国家对内责任的主要承担者,政府在承担责任的过程中体现了国家意志。但是目前的法律规定使教育机构法人责任陷入了私法化困境,而"国家缺场"是学校体育伤害陷入困境的结构性问题。在受教育权、教育成本分担理论、学校教育教学行为、学校举办者、教育国家化等方面能从法理上证成学校体育伤害中的国家责任。中外的立法实践证成了国家在学校体育伤害事故中承担责任的可行性。在目前的制度框架下,通过基金形式或保险形式实现国家责任在学校体育伤害事故中的承担是最为可行的路径选择。《体育法》修改则从法律层面上确立了国家建立健全学生体育活动意外伤害保险机制的保障责任。为此,接下来需要国家从制度建设责任、给付责任、引导责任和监督责任方面履行其保障责任。

第八章　学校体育伤害事故的多元化救济机制

学校体育伤害纠纷是一种较为特殊的纠纷类型。首先,它属于学校伤害事故,学校与学生、教师与学校的特殊关系,以及学校作为教育公共机构行使国家教育的特殊职能与地位,使得此类纠纷涉及利益关系较为复杂。其次,它又属于体育伤害,体育运动的身体性特点决定了此类纠纷原因的多样性。因此,当学校体育伤害事故发生之后,如何对事故中的受害人提供有效救济,便成为处理此类问题的关键。目前来看,主要有侵权责任赔偿救济和商业保险救济两种途径。但从制度层面上讲,这两种救济途径在实际运行中还存在着诸多问题。因此,建立有效的学校体育伤害事故救济法律机制,并对各种救济机制给以完善,从而形成一个体系化的救济机制,这应该是当下学校体育伤害事故救济机制的努力方向。

一、学校体育伤害现有救济机制困境

(一)侵权责任赔偿救济途径的困境

对于学校体育伤害事故中的受害人而言,侵权责任赔偿是最主要的救济途径。侵权责任赔偿的救济功能体现在:(1)不同层次的法律法规对学校体育伤害事故作出了规定,这些法律法规是:《民法典》以及各种司法解释、《学生伤害事故处理办法》等。这为当事人的法律救济和法院审理此类案件提供了法源依据。(2)建立不同层次的归责原则。其中,过错责任是此类案件最主要的归责原则,对当事人的责任划分主要是通过过错责任来归责的。另外,《民法典》第1199条、第1200条、第1201条还专门针对无民事行为能力人和限制行为能力人在学校或其他教育机构中的人身伤害实行无过错责任、过错推定责任和补充责任。由此,现有侵权责任赔偿为学校体育伤害事故中的受害人建立了无过错责任、过错责任、补充责任的归责体系。(3)免责事由的严格限制。对侵权人免责事由的限定,反过来就有利于受害人得到有效的赔偿和救济。《民法典》第1173条规定了与有过失制度,规定被侵权人对损害发生或扩大也有过错的,可以减轻侵权人的责任。第1176条自甘风险规则规定,行为人有重大过失或故意的不能提起自甘风险抗辩。第1174条规定了只有在受害人"故意"造成损害时,才能免除行为人责任。另外,《学生伤害事故处理办法》第12条第5款规定:在学校体育事故中如果学校已履行了相应职责,行为并无不当的,学校不承担法律责任。

但侵权责任赔偿救济路径在学校体育伤害事故中也在某种程度上陷入困境。主要有:(1)有些案件的被告人因没有赔偿能力而使受害人的医治及赔偿陷入困境。在学校体育伤害案件中,如果被告方是学校或其他教育机构时,基本上还能承担得起赔偿。但如果被告方只有学生一方,且该学生的家庭经济条件较差的情形下,即使判处其败诉,也不一定能赔偿到位。但在学校体育伤害案件中,受害学生需要及时得到医治,如果被告方没有赔偿能力,就会影响其及时医治。(2)时间与金钱的耗费困境。侵权损害赔偿以侵权行为民事责任的成立为前提,因此,学校体育伤害的侵权责任赔偿救济,首先要确定加害人的责任而不是受害人的损害。但是要落实加害人的责任则需要通过诉讼程序来确定。众所周知,诉讼过程耗时又费钱,这对于受害学生的及时救济是不利的。(3)受害学生在自甘风险时或双方被归为无责时会出现救济盲区。一是根据《民法典》第1176条规定,自愿参加具有风险的体育活动,因其他参加者的行为受到伤害的,受害人不得请求其他参加者承担侵权责任。比如在吴某1、张某1生命权、健康权、身体权纠纷案中,[①]张某1自行加入金玉兰小学篮球训练当中,与吴某1在篮球运动抢防中发生碰撞,导致张某1倒地受伤,属于自愿参加具有一定风险的文体活动因其他参加者的行为受到损害的情况。在难以认定吴某1存在故意或重大过失的前提下,吴某1不对张某1的损害承担赔偿责任,张某1自行承担损害后果。二是双方被归为无责任时,特别是《民法典》第1186条对公平原则作了限制性规定以后,[②]公平责任的适用空间受到极大限制,则受害人也需自己承担损害后果。比如在王某臣与张家口市第四中学、赵某龙侵权责任纠纷案中,[③]法院在认定赵某龙无故意或重大过失的同时,又认定了第四中学"在管理中不存在不当"行为。如果在一个案件,既有自甘风险规则的适用,又认定学校无过错时,损害的后果就

---

① 安徽省马鞍山市中级人民法院(2021)皖05民终824号。
② 《民法典》第1186条对原《侵权责任法》第24条作了限制性规定,即由原来的"受害人和行为人对损害的发生都没有过错的,可以根据实际情况,由双方分担损失"修改为"依照法律规定由双方分担损失",这样就极大地限制了公平责任的适用空间。
③ 河北省张家口市桥西区人民法院(2020)冀0703民初234号。

只能由受害学生自己承担。此时,侵权责任的诉讼救济就出现救济上的盲区。

(二)保险救济途径的困境

目前在学校体育伤害事故中推行的保险险种主要是校方责任险、校方无责任险与中小学生平安保险,即学平险。校方责任险的投保人是学校,当学校方在学校活动中或由学校统一组织安排的活动中因过失导致出现学生伤亡事故及财产损失时,由保险公司承担赔偿。校方责任险的推行对于解决学校体育伤害事故的意义在于:(1)促进教育事业的健康发展。基于我国财政性教育经费支出比例较低的现状,学校教育经费的使用经常陷入捉襟见肘境地。因此,如果学校的教育经费被用于学生体育伤害的赔付上,可能会使学校正常的体育教学活动受到影响。事实上,巨额的学校体育伤害事故赔付已经对学校的体育教学秩序产生了影响,很多学校都采取了消极规避的防范方式。比如拆除各种体育器械设施、缩减体育课时,放学后清校,减少对抗性、竞技性运动项目教学等。因此,校方责任险的推行,可以保障教育经费的正常使用,有利于维护学校体育教学的有序进行,促进教育事业的健康发展。(2)它可以有效维护学生的合法权益。由于学校的办学经费有限,所以当学校赔付不能或不足时,受害学生的合法权益就会受到影响。校方责任险可以在一定程度上扭转这种困境,因为学校在体育教学活动中因过失出现学生体育伤害事故时,这部分的赔偿由保险公司赔付。(3)可以实现对受害学生的及时赔偿。当学校方因过错而导致学生发生体育伤害事故时,校方责任险可以使受害学生迅速、可靠地从保险公司获得损害赔偿金,从而使其得到有效医治。

校方无责任险是指在校学生在校园内或学校组织的活动中,因自然原因、学生自身原因、学生体质因素、校内外突发性侵害或学生自身行为导致发生学生人身伤害,学校履行了相应职责,行为并无不当,但依法仍需要对受伤害学生进行补偿时,由承保的保险公司赔付。

学平险是专门针对学生的一种低保费、高保障的特殊险种,但它在性质上属于商业保险,采取自愿参保原则。[①] 学平险对于学校体育伤害事故而言,最大功用是"在学生群体未被纳入社会保险保障范围之前,低费率、高保障的学平险可以为发生意外事故的学生提供基本保障,对于保

---

① 2003年保监会发布53号公告(《保监会关于学生平安保险有关事项的公告》),明确规定"学平险"属于商业保险,由投保人自愿购买。

护学生权益、维护正常教育教学秩序以及家庭社会稳定起到了重要作用"①。

但是保险的救济路径在学校体育伤害事故中也会陷入困境。(1)投保的困境。这里的投保困境主要指学平险和校方无责任险。学平险是商业保险,按自愿原则投保。虽然学生是学校体育风险的直接载体,但其自身不具有支付保费的能力,学生家长才是投保人。但总体来看,学生家长的风险意识比较低,投保热情不高,实践中学平险的救济功能因投保少而陷入困境,以致出现不少保险公司主动放弃这一市场的后果。另外,在实践中很少有学校在购买了责任险时又附加了无责任险,因为在学校方看来,既然学校尽了职责,行为并无不当,就不应该承担责任,不应该赔偿,因此认为购买无责任险的意义不大。特别是现在《民法典》第1186条对公平责任进行限制修改以后,学校被以公平责任条款归责的概率更小,学校就更不愿意购买这个险种了。(2)覆盖面不足的困境。不管是校方责任险还是学平险,并不能对所有的学校体育伤害事故进行全覆盖。在校方责任险方面,它是以校方存在过失为前提,这就意味着保险公司把学校的无过错体育伤害事故排除在理赔范围之外。但青少年保险调研显示:青少年体育伤害事故中,90%以上的情况是校方没有责任的,②这就意味着校方责任险在实践中发挥的救济作用非常有限。在学平险方面,保险公司对潜水、跳伞、攀岩、武术、摔跤等高风险运动项目不赔。而且,学平险赔付标准相对较低,其保险费率一般最低为5000元,最高为5万元,对学生的体育活动的保障力相对较小。(3)理赔程序复杂的困境。学校责任保险发展过程中存在的投保不规范、责任认定不明确、理赔过程复杂投保方式不统一、部分学校隐瞒事故、险种单一等问题也使其"蹒跚前行"。③ 在校方责任险的实施过程中,理赔难是反映较为普遍的问题。难度在于有些事故的责任不容易认定,此时保险人与校方就会陷入僵持不下的局面,往往要通过诉讼方式来解决。但一旦进入诉讼程序,则理赔时间就会被拖得很长。除此之外,受害人及其家属直接索赔的难度较大。虽然《保险法》第65条对受害

---

① 周志.论我国学生平安保险的功能定位与法制完善[J].金融理论与实践,2019(1):113.
② 王先亮,张瑞林,王瑞静.青少年体育保险的历史变迁与推进路径[J].首都体育学院学报,2017(4):341.
③ 张国斌.中国与发达国家学校体育保险比较研究[J].宜宾学院学报,2009(4):41.

人的直接索赔权作了规定,①但是这里的规定还比较原则化、抽象,执行的弹性较大。首先是规定保险人只是"可以"直接向第三人赔偿,受害人的直接索赔权受制于保险人的"可以"选择。其次,"被保险人怠于请求"的界定在实践中的操作性不强。由于没有具体的期间限制,如果校方拖延赔偿受害,又不主动向保险人索赔,同时保险人也不积极赔付,则受害人的直接请求权就流于形式。(4)法官简单下判的困境。由于校方责任保险是以校方的过失为前提,这就很难排除在司法实践中法官为使受害人获得保险理赔而简单判定校方过失责任成立的道德风险,使"为自己行为负责"的规则受到冲击、侵权责任构成要件理论受到动摇。②

二、多元化救济机制的探索

(一)加藤雅信综合性人身受害救济系统的理论探索

20世纪80年代以后,日本侵权法在处理损害赔偿时陷入了"侵权法危机"。一方面是侵权行为制度因赔偿义务者缺乏财力影响了它的实效性,而由于过失、因果关系等等理论造成侵权诉讼的低效率从而导致被害者得不到有效救济。另一方面是责任保险的泛滥使得侵权行为制度的惩罚与预防变得徒有虚名。③ 由此在日本出现了"脱侵权行为化"的说法。

加藤雅信的综合性人身受害救济系统正是在这种背景下产生的。这个综合性救济系统是由社会保险制度和损害赔偿制度合二为一形成的,侵权行为的受害人首先从综合救济系统得到给付,然后综合救济系统再通过向加害者追偿补偿原始资金。加藤雅信认为,为了实现这个综合救济系统,首先要建立救济基金。基金的原始资金主要从三个方面征收:一是征收"危险行为课征金",如机动车的强制保险、劳灾保险、公害污染负荷量征缴金等;二是自卫性的保险费,如医疗保险、养老保险等自己负担的部分;

---

① 《保险法》第65条规定:保险人对责任保险的被保险人给第三者造成的损害,可以依照法律的规定或者合同的约定,直接向该第三者赔偿保险金。责任保险的被保险人给第三者造成损害,被保险人对第三者应负的赔偿责任确定的,根据被保险人的请求,保险人应当直接向该第三者赔偿保险金。被保险人怠于请求的,第三者有权就其应获赔偿部分直接向保险人请求赔偿保险金。
② 王利明.建立和完善多元化的受害人救济机制[J].中国法学,2009(4):154.
③ 张挺.日本综合救济论的生成与展开[J].北航法律评论,2011(1):114-119.

三是对故意侵权行为加害人的追偿。① 与以追究加害者责任为目的的侵权法不同,加藤雅信教授的综合救济是一种以基金为形式的救济,以社会性集团为基础的社会保障性制度,这种制度有五大特点:救济的迅速性、确定性、一律公平性、效率性、社会保障性。②

总体上看来,加藤雅信的综合性救济是一种行政化的救济路径,它在学校体育伤害事故中的优势在于:(1)有利于受害者的及时赔付。因为这种综合性救济不经过责任认定环节,只要有损害结果的发生,即可以实现赔付。(2)可以实现对学校体育伤害事故赔付的全覆盖,不论是过失造成的伤害,还是无过错造成的意外事故,也不论是体育教学过程中还是体育教学以外的伤害,只要发生体育伤害,均可以实现赔付,而且可以足额赔付。

但是对于当下的中国学校体育伤害事故而言,综合性救济的劣势在于:(1)建立这种制度所需要的费用过大,这可能不符合中国的现实国情。(2)最重要的是,这种制度会弱化侵权人的责任心,使侵权行为法的制裁功能和抑制功能减弱。因为在这种救济制度下,综合救济系统只对故意侵权和潜在危害行为进行诉讼追究责任,其他情形不对侵害人进行追责,侵权法的制度功能与抑制功能不能通过诉讼来发挥。进一步的后果便是,如果没有对加害者施加必要的制裁压力,则势必会使学校方以及其他加害者放松对学校体育伤害事故的预防,反而更有可能增加学校体育伤害事故的发生频率。对加害者的免责,也会增加道德风险。

(二)中国多元化救济的理论探索

近几年来,国内学者也开始在反思侵权法救济和社会保险之外的多元化救济问题。其中王利明、赵毅、方益权等人的研究具有代表性。王利明教授认为,为有效解决我国日益增多的人身和财产损害问题,应建立多元化的受害人救济机制,由此形成完整的损害填补体系,即侵权责任赔偿与保险赔偿、社会救助平行模式。对于学校体育伤害事故中的受害者而言,这种平行模式的优势在于:可以为事故中的受害者从不同角度提供有效救济;受害者可根据具体情况,选择最有利于自己损害救济的方式。③ 但是

---

① 渠涛.从损害赔偿走向社会保障性的救济——加藤雅信教授对侵权行为法的构想[M]//梁慧星.民商法论丛:第2卷.北京:法律出版社,1994:315-317.
② 渠涛.从损害赔偿走向社会保障性的救济——加藤雅信教授对侵权行为法的构想[M]//梁慧星.民商法论丛:第2卷.北京:法律出版社,1994:317.
③ 王利明.建立和完善多元化的受害人救济机制[J].中国法学,2009(4):146-156.

在侵权责任赔偿与社会救助、保险赔偿的协调关系上,王利明教授认为应以侵权责任赔偿为基础,社会救助和保险赔偿只能起到辅助性作用,无论责任保险和社会救助制度将来如何发展,都不可能代替侵权法对受害人的全面救济。① 但是我们认为,对于学校体育伤害事故中的受害学生而言,可能最为紧急的不是对侵权者的责任认定问题,而是尽快得到医治的问题。

赵毅、王扬认为应建立"基金为主、司法化为辅、保险补充"的层次化救济模式。他们认为,在学校体育伤害事故发生之后,校园体育意外伤害救济基金应发挥主要作用,由该基金先行对事故进行理赔,提前垫付受害学生的损失,无需事先认定伤害事故各方的责任。同时在学校或加害学生有过错时,基金向有过错的相关方追偿。在进入追偿程序后,基金管理者以侵权司法救济路径或者交由独立的第三方鉴定机构进行责任认定。在学校和加害学生因过错承担了相应责任后,或者受害学生不满足于基金赔付数额之情形,保险将发挥基金和侵权司法化救济之外的补充作用。② 对于学校体育伤害事故中的受害学生而言,基金的先行理赔提前垫付可以使受害学生得到及时医治。同时,实行对过错者进行追偿制度又实现了侵权责任赔偿的制裁功能和预防功能、教育功能,实现多元救济方式在学校体育伤害事故中的功能互补。颇为遗憾的是,该文没有交代基金中的国家责任如何落实的问题。

方益权等认为,学校安全事故的社会化救济体系由侵权责任法、校方责任保险、社会救助基金和学生平安保险等多种救济制度构成,其中侵权责任法、责任保险和意外伤害保险属于私法救济,社会救助基金属于社会法律救济。③ 对于私法救济领域中的救济顺序,应该"建立责任保险优先支付规则",至于学校安全事故社会救助基金和校方责任保险、学生平安保险等一般商业意外保险的关系,应该是责任保险和学生平安保险等一般商业意外保险优先适用,社会救助基金发挥补充作用。④ 从保险的范围来看,因为责任保险是建立在校方有过错的基础上的保险,故责任保险的保险范围只限于过错责任,无过错责任的学校体育意外事故无法涵括。当学

---

① 王利明.建立和完善多元化的受害人救济机制[J].中国法学,2009(4):150-158.
② 赵毅,王扬.论多元化校园体育伤害救济模式之构建[J].成都体育学院学报,2017(6):118-120.
③ 方益权.中国学校安全治理研究[M].北京:中国社会科学出版社,2017:226.
④ 方益权.中国学校安全治理研究[M].北京:中国社会科学出版社,2017:228-229.

校体育伤害事故发生时,社会救助基金并不能马上发挥作用,而是在一般商业保险优先适用之后才能启动社会救助基金。

(三)上海市"学校体育运动伤害专项保障基金"的实践探索

2016年3月1日开始,上海市在全国首个试点推出专门针对校园体育运动意外伤害设计的"学校体育运动伤害专项保障基金"(以下简称"基金"),基金由中国人寿上海市分公司承保。基金覆盖了所有学校组织与安排的课外体育活动,保障范围涵盖意外身故、猝死、伤残、医疗费用等各项内容(身故20万、伤残50万、医疗费用10万并含医保外5万);基金实行免责保障,即不对学校及学生进行责任认定,仅以学校运动伤害为依据进行理赔;基金采取以支定收的方式进行管理,当年结余滚存入下一年,不足部分由保险公司先行垫付;在资金来源上,当年已参加中国人寿校园意外险的学校,不需额外缴纳费用,未参加的学校可按每生每年2元的标准自愿筹集资金并加入。当运动伤害事故发生后,先由区县教育部门及学校认定,再由保险公司严格依照赔付范围进行理赔,疑难案件将由专门的审定小组进行处理。

对于学校体育伤害事故而言,基金的优势在于:(1)它涵盖了所有的校园运动伤害,凡是参保学校组织的体育运动,无论是体育课、体育比赛、体育活动还是体育训练都将得到有效保障。(2)它实行免责承保,只要是校园运动伤害,都将获得理赔,且不对学校及学生进行责任认定。(3)基金降低了校园体育伤害事故进入司法程序的比例。因为一旦受害学生获得了足额的赔偿,他就没必要通过司法程序去获得救济。(4)基金的及时赔付有利于受害人获得及时医治。因为基金不以责任认定为前提,当发生学校体育伤害事故时,只需经过区县教育行政部门及学校认定,便可获得保险公司的理赔。比之于烦琐漫长的司法程序而言,基金的救济过程是极大地缩短了理赔程序,这对于受害学生而言是重要的。(5)这种互助保险是非营利的共保风险,可以降低保险的经营成本,在保险费率方面比商业保险更具优势,使该模式具有较高的接受性。[1]

可以这样认为,如果这个基金运行良好,几乎可以解决前述受害人救济难的全部问题。但是纯粹的基金救济模式也会产生负面后果:(1)基金模式仍然会增大学校的财政压力。基金模式的基础是学校要具备相应的财政支付能力,在教育经费有限的前提下再让学校承担这部分保险费用,

---

[1] 连小刚.我国学校体育保险模式研究[D].太原:山西大学,2021:84.

对学校的办学会构成更大的经济压力,很难保证学校投保的持续性。特别是在经济不发达的中西部地区学校,各学校经费压力的差异性,很难组成具有校际联盟性质的基金模式。上海模式是以上海中小学学生基数为数理基础的,如果学生基数不能满足保险需求,经费安排不能提供支撑,那么也就无法建立互助保险基金,可能出现资金筹集困难的情形。(2)实行免责认定会淡化学校安全防范责任与意识。因为如果完全以基金的免责认定来代替侵权法的责任认定,则侵权法的制裁功能和预防功能完全被基金的救济功能取代,就会导致学校及学生的责任心降低,反而可能增加事故的发生。另外也存在责任淡化的风险,在学校主观上不存在过错的前提下,一些本来不该承担的责任也被划为学校承担,增加学校的额外责任。(3)基金的商业化运作可能会产生商业异化后果。一方面基金被定位为公益属性,另一方面又让上海市人寿保险公司来运营。追求利益最大化是商业主体运营的出发点与最终目标,因此"一个盈利性质的公司在从事公益事业时,能否最大限度地满足公益目的的实现,值得怀疑"①。在对基金的管理中,只要有商业运作的可能性,就很难杜绝商业主体的商业化运作的原始冲动。实际上,基金的运营方式是存在着商业化运作空间的,即基金实行"以支定收"的运营方式。这会给中国人寿对保费金额进行浮动调整的自主权,这种权利一旦缺乏监管,便很容易被企业滥用,从而使基金成为企业捞取金钱的工具。(4)最重要的是,纯粹的基金救济功能有限。基金只能发挥救济功能,但它不能发挥制裁、教育与预防功能,这对于学校体育伤害事故的杜防来说,并非好事。

三、建立"基金或保险为主、司法为辅"的救济模式

(一)学校体育伤害事故救济模式的理论争论

前述分析指出,虽然侵权归责的制裁与预防功能有效,但其诉讼周期长且成本高,不利于学校体育伤害事故中受伤害学生的及时救助,而且受害学生还存在诉讼中没有得到赔偿的可能。而保险和基金虽然可以有效地发挥其社会救助功能,但其制裁功能、教育与预防功能欠佳。可见,任何单一的救济方式都不能适应学校体育伤害事故中多元化的现实需求,惟有

---

① 赵毅,王扬.论多元化校园体育伤害救济模式之构建[J].成都体育学院学报,2017(6):119.

把多种救济模式有机结合起来形成功能上的互补机制之后,才能有效解决学校体育伤害事故问题。故建立多元化救济机制是解决当下学校体育伤害事故的不二选择。但是,这些救济方式如何优化组合才能实现功能上的互补,也是一个见仁见智的问题。王利明教授认为,侵权赔偿责任与保险赔偿、社会救助平行模式是最为可取的。① 这种模式对于整个社会而言,也许是可取的,但是在学校体育伤害事故中未必可取。因为学校体育伤害事故的伤害者是学生,多数情况下属于未成年人,其经济不独立,在其受伤后面临的最紧迫问题是及时医治而非公正追责,更何况在很多学校体育事故属于意外事件,几方当事人都是无责任的,对这种情况的追责毫无意义。并且,学生的追责能力有限,采用平行模式由当事人选择未必合适学生群体。赵毅、王扬主张"基金为主,侵权责任为辅,保险为补"的层次化救济模式在功能定位上基本切了校体育伤害事故的价值取向,在优先发挥基金的"无责任赔付"的"救人"功能的基础上,又能实现对过错者的追责。但过于强调基金的主导地位可能会弱化侵权归责的制裁功能和教育功能。并且,这种救济模式不一定能统一适用于所有地区的学校体育伤害事故,因为在有些地方就很难建立起基金模式。不可否认,学校体育伤害事故中最主要的任务是救济受害人,但是制裁功能和教育功能也是必不可少的。否则就会引起道德风险,导致相关人员责任心降低,就不能有效减少学校体育伤害事故的发生。

(二)"基金/保险为主、司法为辅"救济模式的选择

我们认为,及时医治与救助是学校体育伤害事故首先要解决的问题,只有在认清了学校体育伤害所要解决的主要问题的基础上,才能厘清学校体育伤害在救济模式上的选择取向。由于司法是以追求公正为主要价值目标,其公正需要建立在程序正义和归责基础上,但在学校体育伤害事故中,司法在对受伤害人的及时医治及救助上没能发挥其比较优势。相比而言,基金和保险就具有比较优势,能实现对学校体育受害人的及时医治与救助,因此没必要再在基金和保险中进行优项排列。因为:(1)基金的"组团"模式,需要各个学校共同加入才能组建救助基金,但在有些地方,学校的差异性很大,"组团"的相同性不高。再加上组建基金需要以政府的大力推进为前提,各地区地方政府的决心高低不一,很难组成统一的基金模式。

---

① 王利明.建立和完善多元化的受害人救济机制[J].中国法学,2009(4):146-161.

而保险模式则不需要各学校之间"组团",相对来说容易实现。(2)各地方政府的财力差异性很大,应允许各地根据具体情况进行优势组合。比如在地方政府财政经费充裕的上海等发达地区,以基金模式为主具有可行性,但在不发达的中西部地区,保险也许才是其最优选项,因为保险不需要学校"组团"就可以根据自己需要进行投保。(3)随着《体育法》第33条规定国家建立健全保险制度的加持,保险在学校体育伤害事故中的救济作用将越来越重要,国家推行保险的力度会加大。(4)基金和保险都是无责任赔付模式,二者在性质上都属于保险,只不过基金是互助性保险,保险是商业性保险,二者在"保险"功能上是同质的。

基于以上分析,我们认为应建立一种"基金/保险为主、司法为辅"的救济模式。基金/保险主要发挥及时救助功能,司法在归责基础上发挥制裁、教育与预防功能。这种救济模式的优势在于,可以发挥各种救济方式在不同时段的救济优势,实现功能互补。基金和保险可以发挥其"无责任赔付"功能,实现对学校体育伤害事故中受害人的及时赔付,解除学校体育伤害事故受害人不能及时获得救助的困境。在此之后的司法就可以发挥其在归责基础上的惩罚、教育与预防功能。

这样,学校体育伤害事故中的救济流程是:(1)基金补偿/保险预付。当学校体育伤害事故发生以后,无需进行责任认定,先由基金对受伤害学生进行补偿,或者先由保险对受害学生进行预付,以解决受害学生及时医治问题。这里的"补偿"或"预付"有救助与垫付双重属性,如果当事人过后被认定为没有过错,就由基金或保险对当事人直接"补偿"。如果当事人有过错,基金或保险的"补偿"具有垫付作用,在垫付之后,基金/保险对过错者进行追偿。(2)独立第三方鉴定机构责任认定(下文详述)。当认定各方无过错时,按意外事件处理,由基金/保险直接补偿。当认定学校有过错时,如其认可鉴定结论,则由基金或保险追赔,若学校购买了校方责任险,则由保险公司进行赔付。当认定加害学生有过错时,如其认可鉴定结论,则由基金或保险赔付(学生可以通过购买商业保险来规避风险),如其不认可鉴定结论时,则允许其提起诉讼进行责任认定。然后由基金/保险公司对有过错的以上学校和加害学生进行追偿。(3)司法辅助。司法程序之所以在整个救助体系中起"辅助"作用,是因为当事人认可基金/保险中的第三方鉴定机构的责任认定并且受害人能完全从基金/保险获得赔付之后,其就不需要启动诉讼程序进行救济。只有当各方当事人不认可第三方鉴定机构的责任认定时,才向法院提起诉讼进行责任认定,根据法院的责任认定来确定赔偿数额。救助体系的逻辑框架如图8-1。

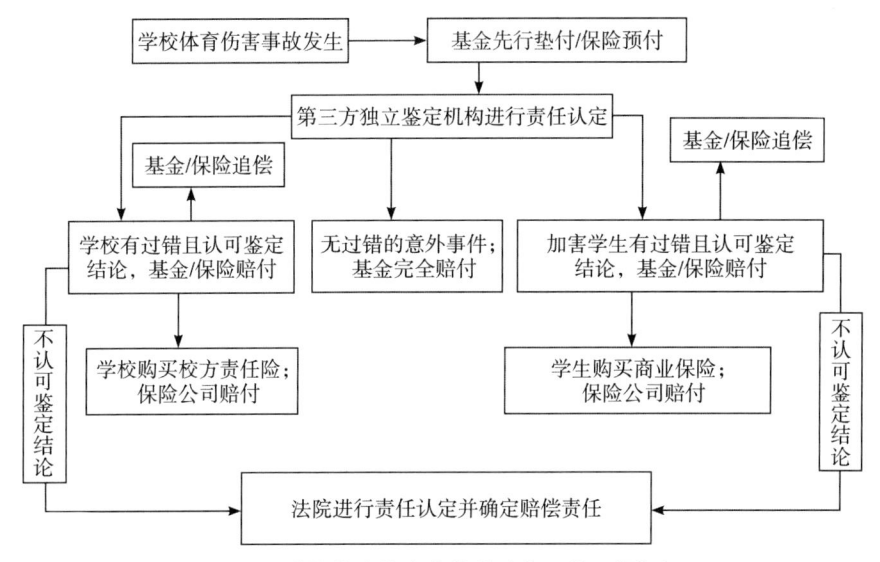

图 8-1　学校体育伤害事故救助体系的逻辑框架

四、"基金/保险为主"中的制度优化

由于学校体育伤害事故最需要解决的是及时医治与救助,故在"基金/保险为主、司法为辅"的救济模式中,最主要的任务是建立健全基金制度和保险制度。但在目前看来,无论是基金方式还是保险方式,都需要对其进行制度优化。

(一)建立第三方责任认定机构

在这三种救济方式中都会涉及"责任认定"问题。其中,诉讼中的归责认定是最为权威的,其最能胜任这个功能定位。但诉讼程序耗时过长且程序烦琐影响了其他救助方式在学校体育伤害事故中的有效推进。在此前提下,应该在诉讼程序之外成立一个高效、独立的第三方责任认定机构(鉴定机构),[①]以实现快速推理基金/保险中的责任认定问题。当第三方鉴定机构承担了责任认定的主要功能之后,诉讼在学校体育伤害事故中的功能定位就是辅助作用,即只有当各方不承认鉴定机构的责任认定时,才启动侵权诉讼进行权威认定,诉讼成为殿后的选择程序。由此,第三方鉴定机

---

① 赵毅,王扬.论多元化校园体育伤害救济模式之构建[J].成都体育学院学报,2017(6):118-120.

构就成为学校体育伤害事故救助链条上的关键连接点,需要赋予第三方鉴定机构的责任认定以一定法律效力。有人认为,应由学校与基金在事故发生后预先签订合同,同意将责任认定交由一个独立的第三方鉴定机构负责,这样由于合同的拘束力,鉴定结果能被双方接受,追偿结果能够得到有效保证。① 但是,鉴定结论的合同效力将面临如下挑战:(1)合同是在合意基础上建立,现实中可能无法促进学校与基金签订合同,第三方鉴定机构的责任认定的法律效力无从谈起。(2)合同只对学校和基金具有约束力,对保险公司和学生没有约束力,很难在法律上要求这些主体遵守鉴定结论。我们主张,与其赋予鉴定结论以合同效力,倒不如把第三方鉴定机构的责任认定规定为如劳动仲裁那样的必经程序更能有利于基金方式和保险方式的功能实现。

为了确保鉴定机构独立公正地进行责任认定,应该从如下方面去建立健全鉴定机构:(1)成立鉴定机构的专家库,专家库成员在人员构成上,除了专业人士以外,还应当有人大代表、政协委员和教育行政部门人员。(2)机构人员的专业性。在学校体育伤害事故的认定中,可能涉及的专业知识有教育、体育、医学、法律等,故为了确保鉴定结论的专业性,其人员应由具有这些专业背景的人士构成。(3)鉴定机构不负责追偿,只负责划分责任,以保证其独立、公平、公正地进行责任认定。(4)鉴定结论具有认定效力。为了确定鉴定结论的约束力,要求保险公司、基金和学校事先在合同中约定或者通过地方教育行政部门发布行政指导性意见,要求签约各方承认鉴定机构结论的效力,使鉴定结论能被各方接受。(5)建立回避制度。凡与伤害事故有关联的专家,可能影响到鉴定结论的公平公正者,均需要回避。回避的启动方式可以由专家自己提出或者案件当事人申请提出,是否需要回避由鉴定机构决定。(6)在立法上或在政策上规定第三方责任认定为处理学校体育伤害事故的必经程序。

(二)建立基金追偿制度

基金追偿制度是连接基金救济与司法救济之间的协调机制,为此需要在如下方面建立基金追偿制度:(1)明确基金追偿权。基金的基础功能是补偿功能,即当学校体育伤害事故发生后,受害人主要通过基金的先行补偿实现救助。但是基金的补偿功能没有替代侵权责任制度的功能,侵权责

---

① 赵毅,王扬.论多元化校园体育伤害救济模式之构建[J].成都体育学院学报,2017(6):119.

任人不因基金补偿受害人而消失。基金的补偿功能也不允许受害人获得双重赔偿,否则就违背了基金的"补偿"性质。因此,基金在履行了补偿功能之责赔付受害人之后,就取得了受害人对过错侵权责任人的债权,成为过错侵权责任人的债权人,可以对过错侵权责任人行使追偿权。如果受害人从其他主体获得了赔付,在不损害受害人损害赔偿权的前提下,基金对该受害人也享有追偿权。需要指出的是,基金的追偿权应是一种法定权利,它不需要受害人与基金之间就债权达成协议,基金因履行补偿受害人的法定义务后当然地取得受害人对侵权责任人的追偿权。(2)明确基金救济范围。基金救助应只限于人身伤害,不包括精神损害赔偿。在学校体育伤害事故中,作为一种公益性基金,其资金来源有限,因此应把功能定位在对人身伤害的救助而非财产损失的救助。虽然财产损失也会影响一个学生的生活,但它还不至于影响到受害学生的生存与学习,除非财产损失影响到了其基本的生存能力,直接危及受害学生的基本人权或学习,才需要基金的救助。除此之外,精神损害也不应在基金的赔付范围之内,因为精神损害难以估算且难以判断,并且基金的资金有限,如果加上精神损害赔偿,会加重各当事人负担。(3)基金管理者应具有法人身份,属于基金会法人。如果基金管理者不具有法人资格,则基金就没有诉讼主体资格,这不利于基金的诉讼追偿。故为了实现基金追偿权的有效实现,应赋予基金管理者以独立的法人地位。按民法总则的分类,其应属于基金会法人。(4)确定基金追偿权对象。根据基金的补偿性质,如下主体应成为基金的追偿权对象。一是过错侵权责任人。侵权责任人对受害人承担损害赔偿责任的原因是侵权行为,基金在补偿受害人后,对过错侵权责任人行使追偿权的法理基础是法定债权让与,即受害人将其对有过错的侵权责任人的债权让与给基金。二是一定条件下的受害人。基金在对受害人进行补偿以后,如果受害人又从侵权责任人或保险公司获得了赔付,基金可以向该受害人行使追偿权。之所以不允许受害人在学校体育伤害事故中获得双重补偿,是因为学校体育伤害事故的救济是"补偿性"。因此,当受害人从其他主体获得的赔付金与基金补偿之和小于或等于受害人实际损失总额时,基金无权就其补偿向受害人进行追偿。但当上述所获款金额之和大于受害人实际损失产生的费用时,为了防止受害人获得重复赔偿,基金在受害人获得重复赔偿额时行使追偿权。(5)明确基金追偿权的费用范围。基金与侵权责任人之间没有约定义务,基金补偿受害人先替侵权责任人履行侵权赔偿责任。根据《民法典》的规定,受害人请求侵权责任人赔偿的损失,包括抢救费、治疗费或丧葬费以及侵权责任人延期付款的利息和受害人为行使请求权而产生的基本开支。故基金对侵权责任人的追偿权费用范围也应包括垫付款本金以及相关利息和基金行使请求权的费用。鉴于基金的宗旨是保护学校体育伤害事故中的受害人,因此基金对受害人追偿权的范围只应限于补偿金和诉讼费或仲裁费为限,不包括利息等其他支出。(6)明确基金追偿权实现顺位。基于基金为学校体育伤害事故提供救济之设计初衷,立法应明确当侵权责任人的责任财产或其责任保险金不足以实现基金的追偿权与受害人的赔偿请求权时,受害人的赔偿请求权优于基金追偿权。(7)基金资金来源。基金的资金来源包括三个部分:学生投保;社会捐赠;政府拨款。其中,学生投保应采取学校统一投保方式,每名学生的投保额不应过高。另外,政府应成为基金资金的主要来源。这是因为受教育权是一项基本人权,国家是人权的义务主体,对人权的实现负有履行义务的责任,[①]《教育法》第 4 条规定也指出了受教育权的国家义务性:"教育是社会主义现代化建设的基础……国家保障教育事业优先发展。"教育是国家的一项公益性事业,学校体育属于国家教育的一部分,但体育教育不仅仅包括正常的体育教学,也包括体育教学过程产生的体育伤害,体育伤害是学校体育教学中衍生的副产品。因此,从国家的教育义务来看,政府不仅应该对正常的体育教育投入必要的经费,也应该对因学校体育教育产生的校园体育伤害事故投入必要经费,这也属于国家履行保障人权的国家义务。因此,基金在资金的来源上,应保持政府投入的主导地位才能保证基金的公益属性。其实,如果没有政府资金的投入,就很难保障基金的持久维持,也很难发挥基金在学校体育伤害事故中的救济主导作用。

(三)保险第三人直接请求权与最高额限度赔偿制度

在保险救济方式中,需要优化如下制度。(1)明确责任险中第三人的直接请求权。《保险法》第 65 条第 2 款赋予了受害人对责任险公司享有附条件的直接请求权,[②]但是在学校体育伤害事故中,受伤害学生在救济中处于弱势地位,基于最大利益保护受害学生之考量,立法应该明文规定,在发生承保的责任事故之后,受害学生有权直接向保险人提出请求或通过诉讼实现请求。有人会认为,受害人与保险人之间并没有合同关系,在此前

---

① 我国《宪法》第 33 条第 3 款规定:国家尊重和保障人权。
② 《保险法》第 65 条第 2 款规定:责任保险的被保险人给第三者造成损害,被保险人对第三者应负的赔偿责任确定的,根据被保险人的请求,保险人应当直接向该第三者赔偿保险金。被保险人怠于请求的,第三者有权就其应获赔偿部分直接向保险人请求赔偿保险金。

提下允许受害人享有直接请求权,违反合同相对性原则。我们认同王利明教授的观点,即基于特定法政策考量而对合同相对性的突破,[①]这里的受害人是处于弱势地位的受害学生,基于政策的特殊考量,应允许他们享有直接请求权,有利于最大限度在学校体育伤害事故中实现其救济权。(2)确立受害人救济最高限额制度。一方面,多元化救济体系的建立是为了对受害人提供全面的救济,但是另一方面,受害人在多种可选的救济方式中,可能会获得超过其实际损害的结果,这与不当得利的法理冲突,此时立法应对受害人救济规定最高限额限制。在学校体育伤害事故中,无论是校方责任保险,还是学平险,如果在保险理赔以后,受害人只能就其尚未获得救济的部分向侵权人请求赔偿。如果保险人支付了的保险金仍然没有达到该限额,则侵权行为人应当继续承担侵权责任,受害人可以就剩余的部分要求侵权行为人赔偿。当然,如果是受害人自己购买保险,由于这部分是受害人的费用支出所获得的利益,受害人因事故发生而获得的理赔不应计算在内。

本章小结

目前的侵权赔偿救济方式和商业保险救济方式在学校体育伤害事故中均有无法克服的缺陷。为此,应建立以及时救助受害学生为首要价值目标的"基金/保险为主、司法为辅"综合救济模式,需要建立第三方责任认定机构、基金追偿制度、保险第三人直接请求权与最高额限度赔偿制度等对这种模式进行制度优化。

---

① 王利明.建立和完善多元化的受害人救济机制[J].中国法学,2009(4):155.

第九章　学校体育的安全防范

任何体育运动都带有一定的潜在危险性,学校体育自身所具有的价值也是毫无疑问的,不能仅仅因为其危险性而放弃开展学校体育运动。因为学校体育是国家教育的重要组成部分,是学校必须完成的任务,是学生必须修完的学分。尽管学校体育伤害事故的发生具有偶发性、多发性,但是如果安全防范措施到位,还是可以把学校体育伤害事故的发生降到最低点。

一、学校体育安全防范的制度依据

学校体育安全防范的制度依据主要分两大类:一是法律法规类;二是政策类。

(一)法律法规中的学校体育伤害防范规定

法律由立法机关制定,是国家意志的体现,具有国家强制力,因此是学校执行并制定更详细的学校体育伤害防范规定的主要依据。这里又分为两个层面的法律法规:一类是国家层面的立法规定,这些法律法规包括《民法典》《教育法》《体育法》《未成年人保护法》《学生伤害事故处理办法》《学校体育工作条例》《学校体育运动风险防控暂行办法》《未成年人学校保护规定》《中小学幼儿园安全管理办法》。另一类是地方的立法规定,比如《上海市中小学校学生伤害事故处理条例》《北京市中小学生人身伤害事故预防与处理条例》《江苏省中小学生人身伤害事故预防与处理条例》《贵州省学校学生人身伤害事故预防与处理条例》《广东省教育厅学生伤害事故处理办法实施细则》等。这些地方立法虽然只限于在该地方具有法律效力,但其对该地方的学校执行并制定更详细的学校体育伤害防范措施具有直接的执行效力与指导意义。

这些涉及学校体育安全防范规定的法律法规又可以分类为:

1. 间接性、概括性地规定了学校体育安全防范义务与职责。这里的间接性、概括性表现在三个方面:一是间接性地规定了学校的教育、管理职责。在这些教育、管理职责中就包括了学校等教育机构的学校体育安全防范义务，如《民法典》第1199条至第1201条规定了教育机构的教育、管理职责。二是概括性地规定了学校体育安全防范义务。如《体育法》第30条规定了学校应当建立学生体质健康检查制度，第32条规定了学校应当按照国家有关标准配置体育场地、设施和器材，并定期进行检查、维护，适时予以更新。《教育法》第45条规定了教育机构完善体育设施的义务。三是概括性地规定了学校的安全保护义务，这些安全保障义务中就包括了学校体育安全防范义务。如《未成年人保护法》第35条规定了教育机构建立安全制度，加强对未成年人的安全教育，采取措施保障未成年人人身安全的义务。《中小学幼儿园安全管理办法》第15条规定了学校应当建立健全校内各项安全管理制度和安全应急机制，第23条第2款规定了学校应当建立学生健康档案，组织学生定期体检，第28条要求学校在日常的教育教学活动中遵循教学规范，落实安全管理要求，合理预见、积极防范可能发生的风险。《学生伤害事故处理办法》第5条规定：学校应当对在校学生进行必要的安全教育和自护自救教育；建立健全安全制度，预防和消除教育教学环境中存在的安全隐患；学校应当针对学生年龄、认知能力和法律行为能力的不同，采用相应的安全教育内容和预防措施。虽然这些法律法规只是间接性地规定了学校体育安全防范义务与要求，但因为其在法律效力上属于高位阶法律，对下位法的细化立法具有指导意义和最高约束力。

2. 直接规定了学校体育安全防范义务与职责。这些规定中，有些是规定了学校体育中的某个安全防范义务，比如《学校体育工作条例》第20条、第21条规定了学校体育场地、器材、设备的安全防范要求，规定学校应当按国家或者地方制订的各类学校体育场地、器材、设备标准逐步配齐，制定体育场地、器材、设备管理维修制度并由专人负责管理，以及《中小学生健康体检管理办法》中有关学生健康体检的规定；有些是全面地规定学校体育安全防范义务，比如《体育法》第33条第2款规定了教育行政部门和学校应当做好学校体育活动安全管理和运动伤害风险防控，《学校体育运动风险防控暂行办法》专门针对学校体育运动风险进行风险防控立法，分别从管理职责、常规要求、事故处理三个方面共21条规定了学校体育运动风险的具体防控要求。这些规定的特点是，直接规定了学校体育安全防范的义务与要求，对于学校等教育机构以及教育行政机构具有直接的执行效力。

3. 地方性法规细化了学校体育安全防范义务与职责。地方性学校体育安全防范规范的效力只在该地方范围内有效，但是它可以根据上位法规定进行细化立法,因此它可以实现在学校体育安全防范上制定更有针对性、具有操作性的地方立法。比如广东省教育厅根据《学生伤害事故处理办法》在 2004 年制定了《广东省教育厅〈学生伤害事故处理办法〉实施细则》(以下简称《实施细则》),其中有许多规定都很详细,具有操作性。比如第 10 条规定学校建立校园安全值班制度,要求中小学校实行学校领导和教师值日制度,在学生课间室外活动场所安排专人巡查、管理、疏导、保护学生,发现学生有危险行为,应当及时告诫、制止和纠正。这是针对学校课间室外活动容易造成伤害事故需要强化监管的细化规定。第 21 条规定学校举行大型运动会,禁止非比赛人员在运动场内带跑和观看比赛。学校的篮球架、足球架、单双杠等体育运动器械应当固定牢固,维修体育器材或场地应当设置警示标志或围栏。在上位法的《学生伤害事故处理办法》中都没这些规定,也无须通过上位法来这么详细地规定,此时作为下位法的《实施细则》就可以做到详细规定了。

(二)政策中的学校体育伤害防范规定

与法律的权威性与稳定性相比,政策的最大优势是具有高度的灵活性。但是,从某种意义上讲,政策与法律只有一步之遥。一方面,成熟的政策可能经由立法转化为法律。另一方面,一些政策集合(比如规划)不是传统型的法律,但却具有了一定的法律特征。[①] 这是说,政策往往是立法的先期试验,成熟的政策经由立法转化为法律,同时,一些政策的法律特征明显,具有法律的执行力。这些年来,国务院以及教育部、国家体育总局等各部委发布了一系列有关学校(体育)的政策,有些政策涉及学校体育的安全防范问题。

1. 国务院层面的学校体育安全防范政策。2007 年 5 月 24 日中共中央、国务院发布了《关于加强青少年体育增强青少年体质的意见》(中发〔2007〕7 号)(以下简称《意见》),《意见》第 12 条提出了加强体育安全管理的要求。其中,涉及学校体育安全防范要求的有:加强体育场馆、设施的维护管理;加强对大型体育活动的管理,做好应急预案;学校要对体育教师进行安全知识和技能培训,对学生加强安全意识教育;完善学校体育安全管理制度,明确安全责任,完善安全措施;建立和完善青少年意外伤害保险制度,推行由政府购买意外伤害校方责任险的办法;建立校园意外伤害事件应急管理机制。这是国务院专门针对青少年体质健康问题发布的政策文

[①] 肖金明.为全面法治重构政策与法律关系[J].中国行政管理,2013(5):39.

件,要求在今后一个时期内,要把增强学生体质作为学校教育的基本目标之一来完成。2016年4月21日国务院办公厅发布了《关于强化学校体育促进学生身心健康全面发展的意见》(国办发〔2016〕27号),在提出"天天锻炼、健康成长、终身受益"目标的同时,在第12条提出了健全风险管理机制的要求:对学生进行安全教育,培养学生安全意识和自我保护能力;根据安全风险程度对体育器材设施及场地进行分类管理;健全学校体育运动伤害风险防范机制;加强校长、教师及有关管理人员的运动风险管理意识和能力培训;完善校方责任险,探索建立涵盖体育意外伤害的学生综合保险机制。2017年4月25日国务院办公厅发布了《关于加强中小学幼儿园安全风险防控体系建设的意见》(国办发〔2017〕35号),在学校总体安全要求之下,也包括了学校体育安全防范要求:对学校使用的关系学生安全的设施设备、教学仪器、建筑材料、体育器械等,按照国家强制性产品认证和自愿性产品认证规定,做好相关认证工作,严格控制产品质量(第5条)。建立多元化的事故风险分担机制,学校举办者应为学校购买校方责任险,义务教育阶段校方责任险所需经费从公用经费中列支。探索与学生利益密切相关的食品安全、校外实习、体育运动伤害等领域的责任保险(第19条)。这些政策以国务院发文形式颁布,具有国家执行力和国家意志属性,对学校体育安全防范工作具有国家指导意义。大致来说,主要的要求有:加强对学校教师、领导以及相关管理人员的安全意识和安全管理能力的培训,加强对学生的安全教育。对学校体育器材、设施以及场馆进行分类管理;建立健全学校体育运动伤害风险防范机制;完善校方责任险,探索建立涵盖体育意外伤害的学生综合保险机制。

2. 教育部等各部委层面的学校体育安全防范政策。这方面的政策主要是指教育部、国家发展和改革委员会、财政部、国家体育总局于2012年10月22日发布的《关于进一步加强学校体育工作的若干意见(国办发〔2012〕53号)(以下简称《若干意见》)》。《若干意见》第7条提出加快学校体育设施建设任务,要求各地加大学校体育设施建设力度,推动全国学校体育设施和器材逐步达到国家标准。第8条提出健全学校体育风险管理体系任务,要求各地建立健全政府主导、社会参与的学校体育风险管理机制,形成包括安全教育培训、活动过程管理、保险赔付的学校体育风险管理制度,各学校要制定和实施体育安全管理工作方案,明确管理责任人,落实安全责任制,加强对体育设施的维护和使用管理,切实保证使用安全。

这些学校体育政策具有如下特点:(1)目的性。这些学校体育政策是根据一定的需要而制定出来的,具有明显的价值倾向性。其中涉及的学校体育安全防范要求也一样,政策制定者就学校安全防范作出设计和要求,是为了解决学校体育安全问题,达到安全防范目的。(2)权威性。这些政策都是中国共产党领导的国务院发布或者教育部、国家体育总局等各部委联合发布的,党和国家行为的合宪性决定了他们制定的学校体育政策的合法性,以及由此而具有的权威性。(3)规范性。即这些政策都明确规定,学校以及各主体等应该做什么,不应该做什么,都规定明确的尺度,对执行主体具有极强的指引、评价、预测等作用。比如在《国务院办公厅关于强化学校体育促进学生身心健康全面发展的意见》第12条关于健全风险管理机制的任务上,就明确要求学校应当根据体育器材设施及场地的安全风险进行分类管理,定期开展检查,有安全风险的应当设立明显的警示标志和安全提示。(4)可执行性。是指这些学校体育政策的各项内容都是作为具体的行为准则、规范出现的,它会告诉人们应怎样做,甚至是如何去操作以达到什么目标,都规定得很具体。比如在《意见》第12条关于学校体育伤害的保险问题,《意见》明确规定推行由政府购买意外伤害校方责任险的办法,具体实施细则由财政部、保监会、教育部研究制定。

上述的法律法规和学校体育政策,对学校体育安全防范的作用在于:(1)是地方教育行政部门以及学校执行学校体育安全防范任务的执法依据。(2)是地方制定学校体育安全防范规定的上位法依据,对地方立法具有直接的导引作用。(3)学校体育政策不仅具有直接的执行性效力,而且也具有先行立法的试验作用,其某些内容可以在条件成熟时转化为立法内容。(4)法律法规类和学校体育政策均可以成为地方教育行政部门以及学校制定更为详细的学校体育安全防范措施的制度根据。

二、学校体育安全防范的司法视角

从司法裁判视角来分析学校体育安全防范问题是一个理应受到重视的问题。因为司法裁判文书中以过错责任(包括过错和过错推定两种责任)对学校体育伤害案件进行归责最能反映学校在体育安全防范上的主观过错(过错包括故意与过失两种形式)以及安全防范漏洞所在。在此基础上,也能找出学校体育安全防范的重点所在以及应对措施。

为了从司法裁判视角分析法律对学校在体育伤害事故中的过错责任,我们以《民法典》生效后为时间起点,在聚法案例网上以学校、体育为检索关键词,以侵权责任纠纷、人格权纠纷为案由,以2021年1月1日到2022年4月1日为筛选时间,共获得案例样本191份。经人工筛选,如下

4种类型样本不属于学校体育伤害事故的过错情况,需删除:一是,21个校外公共娱乐场所等非学校体育伤害事故案件;二是,7个内容重复案件;三是,3个公平责任案件(因公平责任案件中学校最终是无过错);四是,26个以过错条款进行归责但最终学校被归责为无过错案件。经过筛选与复核,最终得出学校被归责为有过错责任的有效样本共134份。现根据不同情况分析如下[①]。

1. 不同场合下学校体育伤害案件中学校承担过错的情形(如表9-1所示)

表9-1　不同场合下学校体育伤害案件中学校承担过错的情形

学校体育活动情形	案件数	学校承担责任的占比
体育教学	83	61.9%
学校组织的体育活动	37	27.6%
学生课间课后自主开展的体育活动	14	10.4%

表9-1的数据表明:从案件发生率来看,学校承担过错的场合最高的是体育课教学,共有83件,占比61.9%。这是因为学校体育教学活动是每个学生必须参加的活动,如此才能获得相应的学分。体育教学活动也是学生在校内参加体育活动频率最高、用时最多的活动方式。在这种多频率、高参加率的活动场合,学校以及体育教师等管理者在学校体育伤害事故中稍有不慎,学校就要承担过错责任。这是学校在体育活动安全防范中需要重点关注的环节。其次是学校组织的体育活动,这些活动包括学校组织的运动会以及校内体育项目竞赛(如年级之间的篮球、足球比赛等)、校外体育活动、课间体操活动等,共有37件,占比27.6%。这些场合的运动特点是:(1)参加人员众多,比如课间操是全员参加,增加了学校的管理难度。(2)参加的人员角色复杂,比如校运动会,既有参赛队员,又有等候参赛队员,也有作为观众的加油人员,还有各种服务人员。由于角色不同,在体育活动场合要遵守的活动规则就不同,会场的秩序难以控制,容易造成伤害。三是竞赛形成的激烈竞争效应容易造成伤害。在这些活动中,学校的组织管理者需要制定安全防范措施,如果有所疏漏,学校就要承担过失责任。再次是学生课间课后自主开展的体育活动,为14件,占比10.4%。课余时间的体育活动造成的伤害最少固然是因为这个时间的体育活动是自愿的,只有部分学生参加,还有很多体育活动学校是禁止在课余时间(课间、午休时间)进行,发生伤害的比例自然就会小。另外还有一个重要原因是,相比

---

① 笔者的学生何绮泳、何素诺帮忙收集了相关数据。特此感谢!

于体育教学场合和学校组织的体育活动场合,学校在课余时间对学生自由参加的体育活动的监管责任会减轻,故在司法裁判实践中,有些案例最后认定学校已经尽到了教育、管理责任,判决学校无责。比如在魏某、陈某 1 等生命权、健康权、身体权纠纷二审民事案中,①体育伤害案件发生在放学后的自由活动时间,法院判决学校管理无责的理由是:学校在日常教学中进行过安全教育且与家长沟通过;案发时间是在放学后,是学生自行组织的篮球活动,并非学校组织的体育活动,也并非是在要求有教师在场监管或巡查的上课、课间休息、午休或体育活动期间所发生。但是,学校在课余时间对学生体育活动管理责任的减轻并不等于说学校在这种场合就没有管理责任,学校还是需要承担必要的管理责任。有些司法判例之所以判决学校承担部分责任,就是认为学校仍然有管理责任。比如在姜某、新民市姚堡学校等生命权、健康权、身体权纠纷民事案中,②体育伤害事故发生在学校午休期间,但是法院仍然认为学生的自由活动并未脱离学校监管,当时也有老师在操场巡视,但被告新民市姚堡学校对于原告姜某与被告张某超出正常活动必要限度的嬉戏打闹行为并未及时制止,并未尽到合理的监管职责,存在过错,因此其应承担 20% 的责任。

2. 校方在学校体育伤害事故中被归责为过错的原因分析(如表 9-2 所示)

表 9-2 校方在学校体育伤害事故中被归责为过错的原因分析

序号	学校被归责的原因	案件总数
1	未尽足够安全保障义务/未采取相应的防范措施/未采取有效保护措施/对存在的安全隐患不提醒	16
2	对危险/嬉闹行为没及时发现或制止/有效管理	23
3	学校安排无资质/非专职人员上课	6
4	学校延迟向家长报告伤情/未及时送医/未及时现场救助	10
5	体育设施、运动装备、场地不符合安全标准、不达标,安全隐患不排除	17
6	体育老师不在场/擅离教学现场	16
7	没能根据天气等情况安排室外教学活动	2
8	在体育教学自由活动时疏于管理	3

---

① 福建省福州市中级人民法院(2021)闽 01 民终 8167 号。
② 辽宁省新民市人民法院(2021)辽 0181 民初 6999 号。

续表

序号	学校被归责的原因	案件总数
9	学校未尽到教育、管理职责	5
10	学校在课间课余活动时监管保护不力、疏于看管	6
11	学校在教学过程中/组织活动中不能进行有效管理、组织	32
12	没考虑特殊体质学生情况进行教学、组织活动	3
13	没能按规范操作进行教学	6
14	体育活动前未进行安全教育	2
15	推定为尽到教育、管理职责(学生为无行为能力人时)	5
16	学校未提交证据证明其尽了教育、管理职责	6
17	未合理配置每个场地中教职人员与接受培训的学生数量	1

表9-2的数据呈现如下特点:(1)学校的教育、管理责任在具体的学校体育伤害案件中是多样化的。仅以上数据就有17种之多,而且在一个案件中,学校被归责的原因可能也是叠加的。比如在学校组织的运动会中,学校被归责的原因可能同时包括事前没有进行安全教育,在运动会中没有有效管理会场秩序,伤害发生后延迟送医等。(2)从责任的阶段性来看,可分为:体育活动前的责任,即学校在体育活动前进行必要的安全教育或安全训练;体育活动中的责任,即学校在体育活动中的教育、管理责任;体育活动受伤后的责任,即学校及时通报家长和及时救助的责任。(3)从被归责的频率来看,排在前几位的学校侵权类型依次是:在教学过程中/组织活动中不能进行有效管理、组织(32);对危险/嬉闹行为没及时发现或制止/有效管理(23);体育设施、运动装备、场地不符合安全标准、不达标,安全隐患不排除(17);未尽足够安全保障义务/未采取相应的防范措施/未采取有效保护措施/对存在的安全隐患不提醒(16);体育老师不在场/擅离教学现场(16);学校延迟向家长报告伤情/未及时送医/未及时现场救助(10)。对这些司法数据的进一步解释是:(1)越是学校组织的体育教学活动和体育竞赛活动,发生体育伤害的频率就越高。因为在这些活动中,涉及的人员庞多且是活动着的,这需要校方对所有参加者进行有效管理,它既取决于校方人员的有效组织问题,也取决于学生的有效配合问题。校方稍有不慎,就会因为管理不当被归责并承担责任。比如学校在操场上举行广播操比赛时任由两个学生从不同方向相向跑步往学校沙坑跳着玩发生相撞造

成鼻骨骨折,校方因为管理不到位而被判承担过错责任。①(2)学生的危险/嬉闹行为是一类潜在的体育伤害危险,需要校方的管理人员及时发现并制止,否则就很容易造成体育伤害,校方就需要承担过错责任。特别是在小学和初中阶段,这两个年龄段的学生天性好动但又自我保护能力差,这些危险/嬉闹行为很容易酿成伤害事故。(3)未尽足够安全保障义务/未采取相应的防范措施/未采取有效保护措施/对存在的安全隐患不提醒和体育设施、运动装备、场地不符合安全标准、不达标,安全隐患不排除问题,本质上属于校方安全隐患责任心不强的表现,需要学校特别注意防范。(4)体育老师不在场/擅离教学现场,属于体育教师不遵守教学纪律问题,需要体育教师认真对待。(5)延迟向家长报告伤情/未及时送医/未及时现场救助,属于校方救助不力问题,本质上属于不尽责的表现。

上述数据从义务产生的原因来看,无论是发生频率最高的学校在教学过程中/组织活动中不能进行有效管理、组织,还是发生频率最少的未合理配置每个场地中教职人员与接受培训的学生数量,之所以要求学校承担过错责任,是因为在这些行为中存在着体育伤害的风险,这些风险产生了学校的教育与管理义务。

3. 各学习阶段发生体育伤害事故的学校承担责任分析(如表9-3所示)

表9-3 各学习阶段发生体育伤害事故的学校承担责任分析

上学阶段	学校承担主要责任的案件	学校承担责任占比
幼儿园	6	4.5%
小学	73	54.5%
初中	41	30.6%
高中	14	10.4%

表9-3的数据呈现一个规律:小学和初中阶段,校方在学校体育伤害事故中承担过错责任的占比最高,特别是小学阶段,共有73个案例判决学校承担过错责任,占比54.5%。幼儿园和高中阶段,校方被判决承担责任的占比不高,特别是幼儿园阶段,总共才6个案例,占比4.5%。究其原因是:(1)幼儿园阶段没有开设体育课程,发生体育伤害事故的概率自然就会很小。加上幼儿园教师的全方位看管,减少了不必要的体育伤害。(2)高中阶段的学生心智已经较为成熟,对动作要领的理解接近于成年人,操作较为规范,自然就会减少体育教学中伤害事故的发生。(3)在小学和初

---

① 江苏省徐州市中级人民法院(2022)苏03民终1380号。

中阶段,一方面是学校都开设了体育课程,增加了学生体育活动的概率,另一方面这两个阶段的学生天生好动却心智不成熟,自我约束能力较差,增加了学校体育伤害事故的发生频率。这两个阶段的学生对体育动作的规范要求的领悟能力和操作能力都相对欠缺,也是增加学校体育伤害事故发生的重要因素。(4)这样的判决数据也符合司法的认知规律以及学校承担责任比重的发展规律。因为从《民法典》第1199条规定教育机构对无民事行为能力人承担过错推定责任和第1200条规定教育机构对限制行为能力人承担过错责任的立法认识来看,年龄越低的学生,学校的教育与管理责任越重,反之,则越轻。司法实践的判例也反映了这样的认识规律,越是低年级的学生伤害事故,学校被判过错承担责任的概率就越大,反之,则越低。这提示我们,在学校体育安全防范中,初中和小学是需要重点防范的阶段。

三、学校体育安全防范

学校体育伤害事故的广泛性、多发性、危险性增加了学校体育安全防范的难度。为此,需要从教育干预、制度建构、运行机制、重点防范方面制定多项学校体育安全防范措施。

(一)学校体育安全的教育防范

在安全科学上,安全教育是防止人的不安全行为的重要途径。同理,在学校体育安全防范中,安全教育也是干预人的安全行为的重要途径。学校体育安全教育的对象主要是体育教师和学生,因此,学校体育安全的教育防范也是以这二者为重点。

1. 对体育教师的学校体育安全教育防范。从学校体育伤害事故发生的原因来看,除了学生自身原因和学校体育硬件设施以外,学校体育教师的安全意识以及安全教育能力也是关键所在。在学校体育教学过程中,体育教师除了教授学生科学地学习体育技能以外,还需要肩负着各项学生安全教育与安全监督的责任。王岩的研究表明,41.1%的教师没有参加过急救培训,66.7%的体育教师没参加过安全运动技能培训。[①] 体育教师的这部分能力的具备需要通过培训来获得。基于此,中共中央、国务院《关于加

---

① 王岩.我国学校体育伤害事故致因模型及其预防[D].北京:北京体育大学,2011:108.

强青少年体育增强青少年体质的意见》（中发〔2007〕7号）第12条就提出要求：学校要对体育教师进行安全知识和技能培训，对学生加强安全意识教育。学校体育安全知识的培训内容主要包括体育教学中的安全、体育场地与器械的安全、体育项目中的安全（即每类体育项目中的安全，比如篮球、足球、体操、跑步等项目中的安全知识）。对体育教师安全技能的培训内容有：紧急伤害事故的现场救护技能、各种动作的安全保护技能；运动器材检查和保养技能；场地器材安全布置技能；对学生身体和技能状况准确判断技能；利用学生群体进行相互安全保护技能；等等。对体育教师的培训主要采用专题讲座和现场培训。通过对体育教师的培训，希望达到的培训目标有：掌握常见的运动损伤及运动性疾病的预防与紧急处理方法；提高体育教师对体育教学中危险的预判能力；根据青春期青少年的生理、心理发育特点进行体育安全教育；掌握体育教学中各类体育项目的难点及保护与帮助技巧。通过对体育教师的学校体育安全培训，可以提高体育教师的学校安全教育能力。这些能力包括：学校体育安全意识的防范能力；学校体育安全问题的识别能力；学校体育安全知识的宣传能力；学校体育安全理论的把握能力；学校体育安全方法的掌握能力；学校体育安全问题的处理能力。[1]

2. 对学生的学校体育安全防范教育。在学校体育伤害事故中，学生既是事故中的受害者，但同时往往也是事故发生的原因之一，学生的安全防范意识的强弱以及防范能力的高低是决定事故发生与否以及减轻与否的关键因素。因此，对学生进行体育安全教育对于防范学校体育安全事故的发生具有重要意义。西方的"知行信"理论认为，知识是行为改变的基础信念，态度是行为改变的动力。[2] 可见，知识、信念、态度是改变行为的前提条件。提高学生学校体育安全防范意识和防范能力的前提是对学生进行体育安全知识和技能的教育干预。学校体育安全教育所涉及的内容太多，可以采用专题教育进行，这些专题性体育安全教育包括：准备活动的作用和步骤；整理活动的作用与步骤；运动损伤预防步骤；运动损伤处理的禁忌及原则；扭伤、拉伤的预防与处理；挫伤、擦伤的预防与处理；排球、篮球、足球常见损伤及预防；快速跑中常见运动损伤及预防；耐久跑中常见运动损伤及预防；骨折的预防与紧急处理；脱臼的预防与紧急处理；运动性腹痛

---

[1] 刘广慧.体育教师的安全教育能力培养研究[J].教育教学论坛,2016(11):7-8.
[2] 胡俊峰,侯培森.当代健康教育与健康促进[M].北京:人民卫生出版社,2005:35.

的预防与紧急处理;肌肉痉挛的预防与处理;运动中暑的预防与处理;运动中头痛的原因及预防;运动中呼吸困难的预防与处理;运动性晕厥的预防与急救;运动猝死预防措施等。[①] 教育的方式可以采用说教、讲座、播放专题录像片、图片、展板、黑板报、发放手册或规则、实践、专门课程、安全演习、模拟情景训练等。根据王岩的调研,学生最喜欢的是亲身体验(55.9%)、教学片(54.5%)、专题讲座(44.8%)、体育课讲解(39.8%)。[②] 通过教育干预希望达到的目标是:让学生掌握常见的运动损伤和运动性疾病的预防与简易处理方法;让学生掌握体育活动中自我保护和相互保护的知识,消除体育运动中安全隐患的方法;提高学生的运动安全意识;帮助学生树立学校体育伤害事故可预防性的信念。

(二)学校体育安全管理的制度建构

新修改的《体育法》第33条第2款规定:教育行政部门和学校应当做好学校体育活动安全管理和运动伤害风险防控。《中小学幼儿园安全管理办法》第15条规定:学校应当遵守有关安全工作的法律、法规和规章,建立健全校内各项安全管理制度和安全应急机制,及时消除隐患,预防发生事故。《学校体育运动风险防控暂行办法》第4条规定:学校体育运动风险防控遵循预防为主、分级负责、学校落实、社会参与的原则。教育行政部门和学校应当建立健全学校体育运动风险防控机制,预防和避免体育运动伤害事故的发生。可见,做好学校体育运动风险防控机制是学校的责任与义务。其中,学校是第一责任主体(根据《学校体育运动风险防控暂行办法》第6条规定,另一责任主体教育行政部门主要负责对学校建立体育风险防控的管理与督导),需要学校根据法律法规以及政策的规定与要求去建立学校体育风险防控机制,制定更为具体的防控措施(制度),这些措施包括:

1.以物为中心的学校体育安全防范制度。上述案例的分析表明,学校体育器材与场所设施也是造成学校体育伤害的一个致因,此即物的致因。从原因来分析可知,物的致因主要是这些物的安全性出现了问题。因此,从预防的要求来看,需要对学校体育器材与场所设施进行安全性预防。为此,需要从以下方面着手进行安全性预防。

(1)学校体育场地设备的物的安全性设计与维护。《学校体育工作条

---

① 王岩.我国学校体育伤害事故致因模型及其预防[D].北京:北京体育大学,2011:124-125.
② 王岩.我国学校体育伤害事故致因模型及其预防[D].北京:北京体育大学,2011:125.

例》第 20 条要求:学校的上级主管部门和学校应当按照国家或者地方制定的各类学校体育场地、器材、设备标准,有计划地逐步配齐。《学校体育运动风险防控暂行办法》第 8 条还要求:如果没有国家标准和行业标准的,应当要求供应商提供第三方专业机构的安全检测及评估报告。要求教育行政部门和学校建立体育器材设施与场地安全台账制度,记录采购负责人、采购时执行的标准、使用年限、安装验收、定期检查及维护情况。要求学校体育器材设施由供应商负责完成安装,安装完成后学校应当进行签收,签收结果记录在体育器材设施与场地安全台账中。不仅如此,从物的设计安全性要求,学校的体育器材及场所设施还需要做到:场地器材的设计要符合学生的年龄特征和心理特征;场地器材的质量要达标;危险性高的器材设备要有配套的安全保护装置;缺陷的场地器材要及时修理或更换;器材设备要标明使用方法及安全注意事项。①

(2)学校体育场设备的经费保障。资金是搞好学校体育安全保障的必要条件,只有充足的资金才能为学校体育器材的购置、检修、建设、保养提供资金保障,才能为相关人员进行安全培训提供保障。对此,《学校体育工作条例》第 22 条规定了各主体对学校体育经费保障的支持要求:各级教育行政部门和学校要把学校体育经费纳入核定的年度教育经费预算内予以妥善安排,地方各级人民政府在安排年度学校教育经费时应当安排一定数额的体育经费,国家和地方各级体育行政部门在经费上应当尽可能对学校体育工作给予支持,国家鼓励各种社会力量以及个人自愿捐资支援学校体育工作。对于学校而言,从政府那里获得的教育经费,需要安排一定比例的经费用于学校体育活动。

(3)制定学校体育场馆设施和体育器材的安全管理制度。《学校体育工作条例》第 21 条规定"学校应当制定体育场地、器材、设备的管理维修制度"。制度是人类进行社会管理的规范性要求,它具有指导性、约束性、规范性、程序性、明确性等优势。只有规范性的制度和严谨的工作程序才能确保学生的体育活动安全。学校除了按照法律法规、政策及技术标准的要求做好这些物的安全性问题以外,从预防的要求看,还需要制定诸如《体育场地器材安全制度》、《体育场馆使用制度》、《游泳池使用制度》等制度性规定。通过这些规定建立起体育场馆设施和器材管理员职责制度,使学校体育场馆设施与器材有专人负责看管,定期检查和维护。①建立体育器材和

---

① 王岩.我国学校体育伤害事故致因模型及其预防[D].北京:北京体育大学,2011:94.

设施购买、入库、报废制度,并落实到人。②建立体育器材保管、使用制度。③建立体育风险提示制度,根据体育风险程度,在必要的体育设施旁边设置警示牌或张贴安全须知。④建立体育器材借还制度,保证体育器材和设施的使用有据可查。⑤实行体育器材入库登记制度,做好账册管理,做到物账相符。

2. 以人为中心的学校体育安全防范制度建构。人的因素是体育教学活动中的发起者、组织者、执行者和管理者,与体育教学安全结构相辅相成、不可分割。在体育教学活动中,人的安全预防主要是针对教师、学生或其他相关管理人员的直接或间接的安全预防。

(1)针对教师的学校体育安全防范要求。这些要求包括:①建立体育教师的安全责任制度。只有把安全责任落实到体育教师,才能把安全防范推到体育课堂的最前沿地段。只有建立起体育教师的安全责任制度,才能提高体育教师的安全防范意识,并把安全防范落实到位,把这种安全防范要求与意识融入到教学工作中的每一个细节,将安全防范意识变成一种工作本能。②体育教师的课堂纪律要求。一方面,课堂纪律是针对学生的,学生需要严格遵守。不少学校体育伤害事故的发生是由于学生课堂组织观念淡薄、纪律性差。对不遵守课堂纪律的学生,体育教师要严于管理。另一方面,课堂纪律也是针对体育教师的,体育教师也必须遵守一些课堂纪律,最好制定一些禁止性规定,要求体育教师在课堂上有不得为的行为。有不少的学校体育伤害事故的发生与体育教师的课堂纪律不严,擅自离开课堂或对课堂的松散管理有关。③体育教师课堂教学要求。虽然体育的个体化教学特点比较明显,体育教学要针对学生的身心发展特点和实际情况进行施教,但是仍然需要建立一些基本的课堂教学要求。这些要求包括:体育教学计划、教学方法的选取、拟进行的教学组织形式、场地安排、教学设施的运用、教学目标等,都应以降低伤害事故发生的概率,保障学生的安全为目标指向。④体育教师对特殊体质学生的合理应对要求。特殊体质的学生因为身体的特质不能参加体育运动或者不宜参加某些项目的体育运动,如果参加会增大体育伤害的风险系数,为此应建立一些体育教师基本的应对要求。这些要求包括:体育教师的了解义务与责任规定;体育教师与医生的沟通制度;体育教师的安全评估制度;体育教师的急救要求。⑤体育教师的现场急救要求。发生学校体育伤害事故,体育教师往往是现场当事人或者是第一现场人,其对现场的处理以及其采取的急救方式是受伤害学生能否得到及时救护的关键。为此,对体育教师制定相关的现场急救要求是必要的。这些现场急救要求有:体育教师掌握基本的现场急救方法;体育教师现场的分类处置要求;体育教师的现场报告要求;体育教师的现场秩序维护要求。

(2)针对学生的学校体育安全防范要求。①学生体育活动纪律要求制度。从司法实践案件来看,许多学校体育伤害事故的发生是起因于学生的组织纪律意识淡薄,因此制定详尽的纪律要求可以有效地杜防此类伤害事故的发生。学生体育活动纪律要求包括课堂体育活动纪律、课余体育活动纪律、竞赛体育活动纪律等。纪律要求可分为"应为"的纪律要求和"禁为"的纪律要求。应为的纪律要求属于积极性义务,它要求义务主体必须积极地去履行义务,比如要求学生在体育课堂教学中必须按规定穿戴运动着装上课。禁为的纪律要求属于消极性义务,它要求义务主体即学生不得做出某些行为。很大部分的学校体育伤害事故的发生是由于学生违反了禁为性纪律要求。为此,学校应详细列出禁为性的纪律要求,以便师生遵守执行。如运动时其他人不得进入危险性区域、运动时不得抢道、课余不得做危险性游戏、上课时不得擅自在运动区域内活动等。②建立学生健康档案制度。学生的健康档案信息对于保障学校体育教育活动的开展意义重大,是预防意外伤害的重要保证。因此,学校应当重视预防学生因体质原因而引起的体育伤害事故的发生。据此,学校应在新生入学前给家长发放学生健康信息表,信息包括学生家长的联系方式、工作单位、学生身体健康状况,在此基础上给每个学生建立健康档案。然后,学校把身体异质的学生告知任课体育教师和班主任,以便体育教师在安排教学内容时能做到心中有数。同时,班主任应对身体异质学生进行跟踪关注,与家长保持沟通,对有身体疾病者要在取得家长同意的前提下参加体育活动。③学生体育活动报告制度。包括健康信息报告制度和伤害事故发时的报告制度。身体健康与体育运动安全息息相关,如果一个学生的体质出现了健康问题,那么他参加体育活动就可能导致体育伤害事故的发生。因此,除了学校层面建立健康档案制度以及体育教师的及时了解之外,学生及其家长的主动健康报告也很重要,特别是一些基础性的不宜进行剧烈身体运动的疾病,家长与学生的及时、主动告知对于杜防体育伤害事故的发生意义重大。为此,学校应规定,学生及其家长及时向学校及体育教师报告自身的健康状况。当体育伤害事故发生时,学生的及时报告对于减少伤害事故的扩大以及及时救治伤者意义重大。因此,体育伤害事故发生后,每个学生都有向体育教师、班主任或学校相关部门报告的义务。

(三)学校体育安全防范的运行机制

制度的实现需要运行机制来保障。机制通常指制度机制,通过制度系统内部组成要素按照一定方式的相互作用实现其特定的功能。学校安全机制,是指学校安全管理中学校的管理者与被管理者之间的相互牵制,通过这种管理制约机制,可以使管理的制度、方式、方案得到良好的运作。因此,对学校体育的安全防范,还需要建立相应的运行机制,以实现学校体育安全防范的动态运转。

1. 设立专门的学校体育工作安全机构。成立校领导挂帅的学校体育工作安全领导机构,发挥安全机构对学校体育安全防范工作的统一领导与统筹规划。领导是整个学校体育工作安全制度的策划者、确定者、监督者,领导的重视有助于建立相关的安全责任制,领导的重视可以使已经制定的学校体育安全制度得到有效执行,使形成的机制能有效运转,并且通过领导的以身作则促使人人遵守学校体育安全保障制度,做到"有法可依"。只有做到"专人负责、归责明确、定期监督",才能保证学校体育安全工作的日常化和规范化。具体而言,成立以校长或主管副校长为主的学校体育工作安全机构,成员包括校长、主管副校长、体育教师、学校保卫人员、班主任等。在此过程中明确各组成人员的责任,建立责任体系,其中,校长或主管副校长为第一责任人,负责教学活动管理计划的制定、实施及其检查、监督。体育教师为主要责任人,具体负责体育活动的实施以及体育设施、场所设备的购置、安装、维护以及安全隐患的检查、评估。班主任为纪律督查责任人,主要负责学生参加体育活动(如大型体育比赛活动)的纪律督查。保卫人员为辅助责任人,主要负责课余时间学生体育活动的纪律监管。

2. 成立学校体育工作安全监督机制。制度所预设的价值和作用的实现有赖于制度的执行。为了确保制度得到有效执行,维护制度的权威,需要建立相应的监督机制。对于学校体育工作安全制度的监督机制,可以从学校内部和外部来建立。但从有效性来看,外部监督优于学校的内部监督,这是因为:一是许多学校体育工作安全制度是由学校制定的,由其自己进行内部监督很难形成制衡关系。二是前述的专门学校体育工作安全机构本来就包含了监督职能。目前,学校体育工作安全外部监督机制的主要问题是:(1)缺乏专门的学校体育安全监督部门。目前对学校体育安全的监督有三:一是学校内部有关部门如教务处或政教处等职能部门基于教学要求的监督。二是教育行政部门的督导监督。根据《教育督导条例》第6条的规定,县级以上人民政府根据教育督导工作需要,为教育督导机构配备专职督学,一般设在教育行政部门,由教育行政部门负责管理。三是家长和社会的监督。但无论哪一种监督,都不是专门机构的监督,这些监督主体做不到专业化监督。(2)监督内容不明确。目前的政策法规没有对学校体育安全的监督内容进行明确规定,学校体育安全工作的督导不规范。(3)监督程序规则不全。目前《教育督导条例》仅对督导的职权(第12条)、经常性督导(第13条、第14条、第15条)、督导形式(专项督导和综合督导,第17条)等进行了规定,基本不涉及程序规则方面的规定。为此,应成立专业的学校体育工作安全监督机构,使之成为专门化、独立化、常规化的监督。适宜的做法是在县级以上教育行政部门的督导机构中设立学校体育安全委员会,成员可以由从事体育教育管理、教学或者教育研究工作10年以上的人员组成。监督的内容有:(1)督查学校的体育工作安全措施是否到位,体育安全管理制度是否落实到位。(2)督查学校是否把学校体育安全工作落实到职能部门以及人员的岗位职责。(3)督查学校是否按照国家有关产品和质量标准选购体育器材设施,是否建立体育器材设施与场地安全台账制度。(4)督查学校是否建立学校健康体检制度。(5)其他需要督查的事项。

(四)学校体育安全防范的重点工作

前述司法裁判文书数据很好地呈现了学校体育安全防范的漏洞所在,学校、体育教师以及学生要在平时就有重点防范思维意识。

1. 首先是严抓体育教学环节和体育比赛以及课外活动中的体育安全防范问题。因为从司法裁判文书的数据分析可知,学校体育伤害事故中学校承担过错最多的场合是在体育教学环节和学校组织的体育活动环节,理应受到重点关注。体育教学环节包括体育器材与场地设施的安全检查、体育教学中示范动作的规范性示教和规范性要求、体育教学过程中的纪律要求和秩序维持、教学活动的合理安排(如跑步的合理间距)、教学过程中事故的及时救助与通知家长等。学校组织体育活动的安全要求有:活动前的安全教育、活动预案的制定、活动场合设施和体育器材的安全检查、活动场合各类人员的纪律要求和秩序管理、运动伤害的及时救助与通知家长。另外,王岩的调研显示,课外活动时间(35.9%)和体育比赛时间(31.5%)是学生体育事故最容易发生的两个时间段,需要学校和体育教师加强对学生在这两个时间段的安全教育及监管。

2. 重点防范发生频率较高的几种类型。发生频率较高的几种类型是:学校在教学过程中/组织活动中不能进行有效管理、组织;对危险/嬉闹行为没及时发现或制止/有效管理;体育设施、运动装备、场地不符合安全标准、不达标,安全隐患不排除;未尽足够安全保障义务/未采取相应的防范措施/未采取有效保护措施/对存在的安全隐患不提醒;体育老师不在场/擅离教学现场。体育教学和体育比赛的有效管理问题在前面已有论及,不再赘述。对于学生的危险/嬉闹行为,需要体育教师和学校管理人员对学生强调纪律的重要性并要求他们严格遵守以及现场的及时发现并制止,才能有效防止此类行为的伤害事故的发生。对于体育设施、运动装备、场地不符合安全标准、不达标,安全隐患问题,最重要的是做到三点:一是平时注意检查并及时维修与更新;二是建立体育场馆和设施、器材管理员职责制度,实行专人负责看管,定期检查和维护;三是根据体育风险程度建立体育风险提示制度,在必要的体育设施旁边设置警示牌或张贴安全须知。对于未尽足够安全保障义务/未采取相应的防范措施/未采取有效保护措施/对存在的安全隐患不提醒问题,最重要的是从三个方面做:一是制订安全应急预案,做到防范在前。二是建立风险提示制度,在组织活动前对相关人员进行风险提示,在有风险的体育器材设施和场地设立明显警示标志和安全提示。三是向学生和家长宣讲体育运动风险防控要求和措施,引导学生和家长重视理解体育运动风险防范。对于体育老师不在场/擅离教学现场和学校延迟向家长报告伤情/未及时送医/未及时现场救助问题,最主要是做两点工作:一是制定体育教师课堂纪律,要求体育老师严格遵守纪律,不得擅自离开教学现场。二是建立体育教师的现场急救制度,要求体育教师掌握基本的现场急救方法并根据情况分类处置。

3. 重点关注小学、初中阶段的体育安全防范。针对这两个阶段学生天性好动又心智不成熟的特点,需要着重在以下方面做工作:一是制定详细的学校体育安全防范措施,这是做好中小学校体育安全防范工作的前提条件。二是建立执行监督制度。良好制度的效果取决于执行,故建立执行监督制度非常重要。具体来说,就是要建立校外的外力监督制度和校内的自我监督制度。三是强化学生的安全教育与纪律教育。学生是体育活动的参加者,其安全意识以及纪律约束力的高低很大程度上决定着学校体育伤害事故的发生与否。四是强化教师的安全培训与课堂纪律制度。因为教师特别是体育教师是学校体育活动的管理者与教学者,其良好的安全意识、安全处置能力与课堂纪律的执行到位很大程度上可以有效减少学校体育伤害事故的发生。

4. 重点关注篮球、足球、跑步、跳远、羽毛球等易发生伤害事故项目的安全防范。一方面是因为这些项目开展的广泛性和参与人数较多,容易造成伤害。另一方面是因为这些项目所追求的对抗性或极限性(如跑步、跳远)极易造成伤害。这一方面需要体育教师根据项目特点进行动作技能讲解,要求学生掌握好每一个动作要领,做动作时要规范;另一方面要求学校及体育教师向学生宣讲这些项目的比赛规则和注意事项以进行安全教育。

本章小结

学校体育安全防范的制度依据主要分两大类：一是法律法规类；二是政策类。其对学校体育安全防范的作用在于：(1)是地方教育行政部门以及学校执行学校体育安全防范的执法依据。(2)是地方进行学校体育安全防范立法的上位法依据，对地方立法具有直接的导引作用。(3)学校体育政策不仅具有直接的执行效力，而且也具有先行立法的试验作用，其某些内容可以在条件成熟时转化为立法内容。(4)法律法规类和学校体育政策均可以成为地方教育行政部门以及学校制定更为详细的学校体育安全防范措施的制度根据。在司法裁判文书中寻找学校体育安全防范漏洞是一个理应受到重视的视角，因为司法裁判文书中以过错责任对学校体育伤害案件进行归责最能反映学校在体育安全防范上的主观过错以及安全防范漏洞所在，在此基础上找出学校体育安全防范的重点所在以及应对措施。为此，需要从教育干预、制度建构、运行机制、重点防范方面制定多点学校体育安全防范措施。

参考文献

一、著作类

[1]谭小勇,宋剑英,叶蓓蕾,等.学校体育伤害事故法律问题研究[M].北京:法律出版社,2015.

[2]张勇,王瑞连.中华人民共和国体育法释义[M].北京:中国法制出版社,2023.

[3]王小平.学校体育伤害事故的法律应对[M].北京:中国政法大学出版社,2012.

[4]韩勇.学校体育伤害的法律责任与风险预防[M].北京:人民体育出版社,2012.

[5]王岩.我国学校体育伤害事故预防理论与实践研究[M].北京:北京体育大学出版社,2018.

[6]MITTEN M J,DAVIS T,PURU N J,et al.Sports law and regulation:cases,materials and problems[M].Valencia:Aspen Publishers,2013.

[7]European centre of torts and insurance law.Tort and insurance law[M].New York:Speringer Wein:2006.

[8]COOKE J.Law of tort[M].New York:Pearson Education Limited,2013.

[9]伊藤尧,山田良树.体育六法[M].东京:道和书院,2002.

[10]日本体育法学会.详解体育基本法[M].东京:成文堂,2011.

[11]宇贺克也.国家补偿法[M].肖军,译.北京:中国政法大学出版社,2014.

[12]严平.日本教育法规译文精选[M].北京:科学出版社,2019.

[13]孙惠春.国外制度法制比较研究[M].哈尔滨:黑龙江人民出版社,2001.

[14]李智.体育争端解决法律与仲裁实务[M].北京:对外经济贸易大学出版社,2012.

[15]全国人大常委会法工委民法室.《侵权责任法》条文说明、立法理由及相关规定[M].北京:北京大学出版社,2010.

[16]卡尔·拉伦茨.法学方法论[M].陈爱娥,译.北京:商务印书馆,2003.

[17]郑永流.法律方法阶梯(第三版)[M].北京:北京大学出版社,2005.

[18]陈金钊.法律方法论[M].北京:北京大学出版社,2013.

[19]阿列克西.法律论证理论[M].北京:中国法制出版社,2003.

[20]杨建军.法律事实的解释[M].济南:山东人民出版社,2007.

[21]梁上上.利益衡量论[M].北京:法律出版社,2016.

[22]王伯琦.民法债编总论[M].台北:正中书局,1962.

[23]杨立新,袁雪石,陶丽琴.侵权行为法[M].北京:中国法制出版社,2008.

[24]王泽鉴.民法总则[M].北京:中国政法大学出版社,2001.

[25]冯·巴尔.欧洲比较侵权行为法(下卷)[M].焦美华,译.北京:法律出版社,2001.

[26]杨立新.学生踢球致伤应否承担侵权责任[M]//侵权司法对策(第3辑).长春:吉林人民出版社,2003.

[27]杨立新.侵权行为法案例教程[M].北京:中国政法大学出版社,1999.

[28]杨立新.侵权行为法[M].上海:复旦大学出版社,2005.

[29]张文显.法哲学范畴研究[M].北京:中国政法大学出版社,2001.

[30]张文显.法理学[M].4版.北京:高等教育出版社,北京大学出版社,2011.

[31]方益权.学生伤害事故赔偿——以相关司法解释和法规规章为中心[M].北京:人民法院出版社,2005.

[32]方益权.中国学校安全治理研究[M].北京:中国社会科学出版社,2017.

[33]张新宝.侵权责任法原理[M].北京:中国人民大学出版社,2005.

[34]杨秀朝.学生伤害事故民事责任制度研究——以中小学校、幼儿园为分析对象[M].北京:中国法制出版社,2009.

[35]谭晓玉.学生人身伤害事故研究[M].北京:中国人民公安大学出版社,2005.

[36]王利明.《侵权责任法》释义[M].北京:中国法制出版社,2010.

[37]王利明.侵权行为法归责原则研究[M].北京:中国政法大学出版社,2004.

[38]王利明,杨立新.侵权行为法[M].北京:法律出版社,1996.

[39]石旭斋,李胜利.高等教育法律关系透析[M].长春:吉林大学出版社,2007.

[40]劳凯声.中国教育法制评论[M].北京:教育科学出版社,2005.

[41]申素平.教育原理、规范与应用[M].北京:教育科学出版社,2009.

[42]于敏.日本侵权行为法[M].北京:法律出版社,2006.

[43]方益权.校园侵权法律问题研究[M].北京:法律出版社,2008.

[44]方益权,等.中国学校安全治理研究[M].北京:中国社会科学文献出版社,2017.

[45]张欣,黄锋.学生人身伤害赔偿[M].北京:中国法制出版社,2004.

[46]施皮尔.侵权法的统一——对他人造成的损害责任[M].北京:法律出版社,2009.

[47]乌尔里希·贝克.风险社会[M].北京:译林出版社,2004.

[48]杨仁寿.法学方法论[M].北京:中国政法大学出版社,1999.

[49]梁慧星.裁判的方法[M].北京:法律出版社,2003.

[50]梁慧星.民法解释学[M].北京:中国政法大学出版社,1995.

[51]陈金钊.法律解释学[M].北京:中国政法大学出版社,2006.

[52]邹海林.责任保险论[M].北京:法律出版社,1999.

[53]许飞琼.责任保险[M].北京:中国金融出版社,2007.

[54]郑贤君.公民受教育权法律保护[M].北京:人民法院出版社,2004.

[55]龚向和.受教育权论[M].北京:中国人民公安大学出版社,2004.

[56]郝光安,王东敏.体育伤害事故案例解读[M].北京:高等教育出版社,2010.

[57]郝维谦.各国教育法制比较研究[M].北京:人民教育出版社,1999.

[58]杨定玉.中小学强制责任保险制度研究[M].成都:西南交通大学出版社,2017.

[59]付子堂.法理学进阶[M].4版.北京:北京大学出版社,2015.

[60]国家安全生产监督管理总局宣传教育中心.学校公共安全教育模块实施手册[M].北京:国家行政学院出版社,2008.

[61]孙国华.法理学教程[M].北京:中国人民大学出版社,1994.

[62]梁慧星.民商法论丛(第40卷)[M].北京:法律出版社,2008.

[63]米歇尔·贝洛夫,蒂姆·克尔,玛丽·德米特里.体育法[M].郭树理,译.武汉:武汉大学出版社,2008.

[64]胡俊峰,侯培森.当代健康教育与健康促进[M].北京人民卫生出版社,2005.

[65]陈林林.裁判的进路与方法——司法论证理论导论[M].北京:中国政法大学出版社,2007.

[66]王献枢.国际法[M].北京:中国政法大学出版社,1995.

[67]舒国滢.法理学导论[M].2版.北京:北京大学出版社,2012.

[68]高家伟.教育行政法[M].北京:北京大学出版社,2007.

[69]秦琳.德国基础教育[M].上海:同济大学出版社,2015.

[70]徐久生.德国联邦公务员法,德国联邦公务员惩戒法[M].北京:中国方正出版社,2014.

[71]刘显娅.英国教育行政法[M].北京:中国政法大学出版社,2010.

[72]王文新.法国教育研究[M].上海:上海社会科学院出版社,2010.

[73]王晓宁,张梦琦.法国基础教育[M].上海:同济大学出版社,2015.

[74]雅基·西蒙,热拉尔·勒萨热.法国国民教育的组织与管理(第8版)[M].安延,译.北京:教育科学出版社,2007.

[75]德国行政法读本[M].于安,译.北京:高等教育出版社,2006.

[76]简涛.德国当代教师教育研究[M].北京:教育科学出版社,2017.

[77]张利春.星野英一与平井宜雄的民法解释论之争[M]//梁慧星.民商法论丛(第40卷).北京:法律出版社,2008.

[78]渠涛.从损害赔偿走向社会保障性的救济——加藤雅信教授对侵权行为法的构想[M]//梁慧星.民商法论丛(第2卷).北京:法律出版社,1994.

二、期刊论文类

[1]汤卫东.学校在学校体育伤害事故中的归责原则及法律责任[J].体育学刊,2002(3).

[2]汤卫东.侵权法视角下体育运动中的人身损害责任探析[J].体育科学,2014(1).

[3]向会英.学校体育伤害赔偿制度研究[J].南京体育学院学报,2012(1).

[4]李建军.中小学学生体育伤害事故及责任归结问题研究[J].天津体育学院学报,2005(2).

[5]陈华荣,王家宏.美国学校体育伤害事故责任分析[J].体育学刊,2009(3).

[6]周爱光.日本学校体育保险的法律基础[J].体育学刊,2005(1).

[7]周爱光.日本学校体育保险现状的研究[J].中国体育科技,2005(6).

[8]姚利.加拿大学校事故立法对我国学校体育伤害事故认定和预防的启示[J].中国学校体育,2003(4).

[9]刘水庆.论体育伤害纠纷司法解决中的利益衡量[J].中国体育科技,2018(4).

[10]赵毅,王扬.论多元化校园体育伤害救济模式之构建[J].成都体育学院学报,2017(6).

[11]赵毅.《民法典》施行背景下足球伤害法律适用的新发展[J].上海体育学院学报,2022(2).

[12]王菁,于善旭.体育伤害事故阻滞学校体育正常开展久治不果的致因与治理[J].首都体育学院学报,2014(5).

[13]郑晓剑.侵权归责与"公平分担损失"——《侵权责任法》第24条之定位[J].私法研究,2015(18).

[14]刘莉,焦琰.环境司法中利益衡量的规范化进路——以中国特色案例指导制度为基点[J].甘肃政法学院学报,2016(4).

[15]孙冬青,孙金蓉.高校体育伤害事故中"校方责任"确立的法理分析[J].武汉体育学院学报,2009(4).

[16]宁伟,谭小勇.校方在学校体育伤害事故中的法律责任与义务[J].体育科研,2013(1).

[17]雷磊.法教义学与法治:法教义学的治理意义[J].法学研究,2018(5).

[18]雷磊.从"看得见的正义"到"说得出的正义"——基于最高人民法院《关于加强和规范裁判文书释法说理的指导意见》的解读与反思[J].法学,2019(1).

[19]郑永流.法律判断大小前提的建构及其方法[J].法学研究,2006(4).

[20]窦海阳.侵权法中公平分担损失规则的司法适用[J].法商研究,2016(5).

[21]孙维飞.通说与语词之争——以有关公平责任的争论为个案[J].北大法律评论,2011,12,(2).

[22]张保红.公平责任新论[J].现代法学,2009(4).

[23]曹险峰.论公平责任的适用——以对《侵权责任法》第24条的解释论为研读为中心[J].法律科学,2012(2).

[24]陈科.公平责任一般条款的司法适用——以100份侵权案件判决书为分析样本[J].法律适用,2015(1).

[25]田土诚.论"损失分担"的性质和适用——以《侵权责任法》第24条为例[J].中州学刊,2013(12).

[26]杨猛宗.非形式逻辑视野下的法律论证评价标准[J].社会科学,2016(10).

[27]王利明.论受害人自甘风险[J].比较法研究,2019(2).

[28]王利明.建立和完善多元化的受害人救济机制[J].中国法学,2009(4).

[29]程啸.论侵权行为法上的过失相抵制度[J].清华法学,2005(1).

[30]程啸.中国民法典侵权责任编的创新与发展[J].中国法律论,2020(3).

[31]李倩.体育运动中"固有风险"的界定与体育伤害的归责——上海新泾公园篮球伤害案判决评析[J].体育成人教育学刊,2015(3).

[32]焦宝乾.利益衡量司法应用的场合、领域及步骤[J].人大法律评论,2012(1).

[33]梁上上.制度利益衡量的逻辑[J].中国法学,2012(4).

[34]梁上上.利益的层次结构与利益衡量的展开[J].法学研究,2002(1).

[35]方芳.学校体育政策执行困局及破解对策——基于学生伤害事故司法判例的视角[J].中国教育学刊,2018(5).

[36]劳凯声.中小学学生伤害事故及责任归结问题研究[J].北京师范大学学报(社会科学版),2004(2).

[37]劳凯声.教师法律身份的演变与选择[J].中国教育学刊,2020(4).

[38]刘志强.论人权法中的国家义务[J].广州大学学报(社会科学版),2010(11).

[39]吴鹏.中国宪法中公民受教育的权利和义务之解读[J].法学杂志,2008(3).

[40]傅扬.基于高等教育成本分担理论和风险管理视角的高校融资问题探讨[J].行政事业资产与财务,2014(3).

[41]姜广俊.公务法人制度探讨[J].学术交流,2008(4).

[42]费杰.学校体育伤害事故民事责任免责制度[J].体育科研,2012(1).

[43]李登贵.西方主要国家学校事故赔偿法制的比较研究[J].内蒙古师范大学学报(教育科学版),2003(4).

[44]陈莉,余君,胡启林.解析日本学校体育事故补偿制度[J].武汉体育学院学报,2008(10).

[45]王先亮,张瑞林,王瑞静.青少年体育保险的历史变迁与推进路径[J].首都体育学院学报,2017(4).

[46]张挺.日本综合救济论的生成与展开[J].北航法律评论,2011(1).

[47]毛振明,赖天德.体育教学中的安全和安全教育[J].中国学校体育,2006(6).

[48]王苗,石岩.小学生体育活动的安全问题与风险防范理论研究[J].体育与科学,2006(5).

[49]杨亚琴,邱菀华.学校体育教育组织过程中的风险管理研究[J].西安体育学院学报,2005(5).

[50]刘洪,石岩.学校体育活动风险告知理论与方法的研究[J].体育与科学,2009(4).

[51]石岩.中学生体育活动伤害事故的风险管理[J].体育与科学,2008(5).

[52]马小华,杨吉春.学校体育伤害事故法律问题研究[J].首都体育学院学报,

2003(3).

[53]陈华荣,王家宏.美国学校体育伤害事故责任分析[J].体育学刊,2009(6).

[54]何德福.学校体育伤害事故的责任界定[J].山东体育学院学报,2001(1).

[55]石文龙.国家责任——中国宪法学新的理论支点[J].上海师范大学学报(哲学社会科学版),2008(7).

[56]陶凯元.法治中国背景下国家责任论纲[J].中国法学,2016(9).

[57]邓成明,蒋银华.论国家义务的人本基础[J].江西社会科学,2007(8).

[58]尹文强,张卫国.受教育权的国家义务分类浅析[J].比较教育研究,2007(7).

[59]史小艳.论义务教育阶段受教育权的国家义务——基于基本权利功能的视角[J].云南大学学报,2014(3).

[60]杨军,阎建华.学校体育伤害事件责任分析[J].体育文化导刊,2008(12).

[61]杨蓓蕾,向会英.学校体育伤害事故基本法律问题研究——基于案例分析[J].体育科研,2013(1).

[62]庄静.学校体育伤害事故法律归责及预防措施研究[J].武汉体育学院学报,2014(1).

[63]牛志奎.日本中小学课外活动伤害事故赔偿责任的判例分析[J].中国教育法制评论,2015(13).

[64]宋军生,冯萌.学校体育伤害事故的赔偿主体及兑现途径的研究[J].体育科学,2004(12).

[65]胡林龙.学生伤害事故立法基本问题研究——兼论《学生伤害事故处理办法》之规定[J].中国教育法制评论,2003(2).

[66]解立军.在学生伤害事故中如何界定学校的注意义务和过错[J].中国教育法制评论,2004(3).

[67]李登贵.日本学校事故综述[J].中国教育法制评论,2003(2).

[68]覃壮才.国家教育权与社会教育权的权利行使模式探析[J].中国教育法制评论,2003(1).

[69]吴英杰.未成年学生意外伤害险限制性除外责任[J].中国教育法制评论,2003(1).

[70]胡文孟,姜洪友,彭媛媛.学校体育伤害事故的特征及防控措施——基于2312例裁判文书的荟萃分析[J].浙江师范大学学报(自然科学版),2019(11).

[71]李怡.学校体育伤害事故赔偿案例的法律分析与学校体育保险救济[J].武汉体育学院学报,2007(5).

[72]郭修金,周亦瑾.学校体育伤害事故的归责原则与预防措施[J].上海体育学院学报,2005(6).

[73]王岩芳,高晓春.论体育教学中伤害事故的责任性质[J].山西师大体育学院学报,2005(3).

[74]陈德平,姜付高.学校体育伤害的法律审视及其对策研究[J].辽宁体育科技,

2005(1).

[75]邓国良.学校体育伤害事故的法律责任问题探析[J].体育与科学,2005(1).

[76]沈舜尧.论中小学校体育伤害事故及预防[J].宁波教育学院学报,2004(4).

[77]张晓波.学校体育伤害事故的防范与处理[J].成都体育学院学报,2003(6).

[78]白莉,曹士云,季克异,等.关于学校体育伤害事故处理的若干法律问题的研究[J].武汉体育学院学报,2003(5).

[79]田雨.学生伤害事故的责任分析[J].山东体育学院学报,2003(2).

[80]郁俊,陈锡林.体育课学生伤害事故责任认定与处理的法律探讨[J].西安体育学院学报,2002(2).

[81]冯萌,宋军生.论学校体育运动中伤害事故的归责与处罚依据[J].浙江体育科学,2002(2).

[82]张扬.试析体育教学中伤害事故的法律责任承担[J].浙江师大学报(哲社版),2001(3).

[83]张厚福,张新生,李福田.学校体育中伤害事故的法律责任探讨[J].武汉体育学院学报,2001(1).

[84]刘一隆.试论体育课伤害事故及其法律处理[J].福建体育科技,2000(3).

[85]孙重秀,高仁兰.学生伤害事故责任的归责原则探析[J].临沂大学学报,2011(4).

[86]李宜江,张海峰.高校学生伤害事故的法律审思[J].黑龙江高教研究,2012(7).

[87]范志勇,杜青茶.论学校体育伤害事故中的学校责任[J].教学与管理,2008(16).

[88]杨军,阎建华.学校体育伤害事件责任分析究[J].体育文化导刊,2008(11).

[89]谭小勇,向会英,姜熙.学校体育伤害事故责任制度研究[J].天津体育学院学报,2011(6).

[90]谭小勇.自甘风险规则适用学校体育伤害侵权的司法价值与挑战[J].上海体育学院学报,2020(12).

[91]司伟.在校未成年学生人身伤害赔偿浅议[J].法学论坛,2001(4).

[92]褚宏启.学校在行政法律关系中的地位论[J].教育理论与实践,2000(3).

[93]胡劲松,葛新斌.关于我国学校"法人地位"的法理分析[J].教育理论与实践,2001(6).

[94]胡劲松.德国学校法的基本内容及其立法特点——以勃兰登堡、黑森和巴伐利亚三州学校法为例[J].比较教育研究,2004(8).

[95]石正义.公立学校教师法律地位新探[J].湖北社会科学,2012(12).

[96]金劲彪.民办高校与教师的法律关系探析[J].高等工程教育研究,2009(1).

[97]张榕.事实认定中的法官自由裁量权[J].法律科学,2009(4).

[98]叶名怡.重大过失理论的构建[J].法学研究,2009(6).

[99]熊瑛子,贺清.文体活动自甘风险条款中"重大过失"的识别——基于《民法典》

实施后一年内 96 份司法裁判文书的实证分析[J].武汉体育学院学报,2023(1).

[100]陈志红.罗马法"善良家父的勤谨注意"研究[J].西南民族大学学报(人文社科版),2005(8).

[101]周瑞生.这起案子为何学校不承担责任[J].人民教育,2003(23).

[102]汪全胜,宋琳璘,张奇.我国高危险性体育项目的立法缺陷及其完善[J].武汉体育学院学报,2020(6).

[103]刘水庆.论学生体育伤害事故中的校方责任及其追究限度[J].中国体育科技,2019(6).

[104]万毅,林喜芬.从"无理"的判决到判决书"说理"——判决书说理制度的正当性分析[J].法学论坛,2004(5).

[105]苏力.判决书的背后[J].法学研究,2001(3).

[106]武飞.论司法过程中的案件事实论证[J].法学家,2019(6).

[107]黄泽敏.案件事实的归属论证[J].法学研究,2017(5).

[108]周金荟.学生体育课受伤事件中学校的责任与限度——以湖北、江苏案件为例[J].体育成人教育学刊,2016(5).

[109]杨立新.自甘风险:本土化的概念定义、类型结构与法律适用[J].东方法学,2021(4).

[110]陈林林.方法论上之盲目飞行——利益法学方法之评析[J].浙江社会科学,2004(5).

[111]曹权之.民法典"自甘风险"条文研究[J].东方法学,2021(4).

[112]于田生,汤卫东.自甘风险条款在学校体育中的适用范围[J].河北体育学院学报,2022(12).

[113]韩勇.《民法典》中的体育自甘风险[J].体育与科学,2020(4).

[114]刘铁光,黄志豪.《民法典》体育活动自甘风险制度构成要件的认定规则[J].北京体育大学学报,2021(2).

[115]闫建华,田华钢.学校体育运动风险识别和应对理论与实践研究[J].浙江体育科学,2020(4).

[116]石记伟.自甘风险的法教义学构造[J].北方法学,2022(1).

[117]孙大伟.公平责任"依法"适用之解释论——以《民法典》第 1186 条为中心[J].政治与法律,2021(8).

[118]姜伟.论普通过失与业务过失[J].中国人民大学学报,1994(3).

[119]林灿铃.国际法的"国家责任"之我见[J].中国政法大学学报,2015(5).

[120]丁学军.国家赔偿法:概念·原则·作用[J].西北大学学报(哲学社会科学版),1999(1).

[121]谢冰清.我国长期护理制度中的国家责任及其实现路径[J].法商研究,2019(5).

[122]谢冰清.论中国长期护理保险制度中国家责任之定位[J].云南社会科学,

2019(3).

[123]涂春元.国家责任与政府责任辨析[J].辽宁行政学院学报,2007(5).

[124]杨挺,李伟.公办中小学教师作为国家公职人员的特殊法律地位[J].中南民族大学学报(人文社会科学版),2021(7).

[125]刘广慧.体育教师的安全教育能力培养研究[J].教育教学论坛,2016(11).

[126]龙玫,尹力.美国学校责任保险的基本运行模式及其特点[J].比较教育研究,2008(8).

[127]教育部外事司综合处.加拿大安大略省中小学教育保险[J].世界教育信息,1998(5).

[128]教育部外事司综合处.加拿大高等院校教育保险[J].世界教育信息,1998(6).

[129]李红艳,李宝婵.美国日本处理学生伤害事故的法理分析[J].浙江教育科学,2007(5).

[130]朱小玉.法国现行教育管理体制之一[J].法国研究,1995(4).

[131]朱小玉.法国现行教育管理体制之二[J].法国研究,1996(2).

[132]鲍传友,何岩.美法教育行政体制中的学区:比较与启示[J].国家教育行政学院学报,2011(6).

[133]方益权.关于构建我国学校侵权责任保险制度的若干思考[J].法学家,2004(4).

[134]方益权,易招娣,唐丽雪.论社会法视域下义务教育的国家义务性[J].温州大学学报(社会科学版),2011(5).

[135]方益权.学生伤害事故中学校过错的认定[J].教育评论,2003(3).

[136]张玲.论日本的工作物责任[J].外国法译评,1997(3).

[137]杨思斌.论社会救助法中的国家责任原则[J].山东社会科学,2010(1).

[138]尹力.学生伤害事故处理:一个"有条件"的《办法》[J].教育理论与实践,2003(21).

[139]肖永平,谢潇.《体育法》修订,为优先发展青少年和学校体育提供全方位法治保障[J].民主与法制周刊,2022(21).

[140]王国军,蔡凌飞.体育保险的国际比较及其对中国的启示[J].中国体育科技,2012(1).

[141]刘波,邵峰,韩勇,等.新时代修订《学校体育工作条例》的背景、依据和路径研究[J].体育科学,2022(6).

[142]刘庆谊.如何防止普通学校体操课中的伤害事故[J].兰州商学院学报,2002(3).

[143]徐士韦,肖焕禹,谭小勇.学校体育保险机制构建视角下的学生体育权利实现[J].西安体育学院学报,2013(5).

[144]周志.论我国学生平安保险的功能定位与法制完善[J].金融理论与实践,2019(1).

[145]张国斌.中国与发达国家学校体育保险比较研究[J].宜宾学院学报,2009(4).

[146]肖金明.为全面法治重构政策与法律关系[J].中国行政管理,2013(5).

[147]WILLIAMS P.Sport in schools:some legal liability issues[J].Legal issues in business,2001(3).

[148]REVUELTA R,SANDOR G.Degloving injury of the mandibular mucosa following an extreme sport accident:a case report[J].Journal of dentistry for children,2005(3).

[149]ROSSOUW J P,KEET W.Delictual liability of the school sports coach-a security matter[J].Potchefstroom electronic law journal,2011(6).

[150]GRAY G R.School sport safety:injury prevention[J].CAHPER journal,1985(51).

[151]HAO F X,TANG C J,HUANG D Y,et al.Pre-test into legal issues on the school sports injury accidents[J].2nd International Conference on Swarm,Evolutionary,and Memetic Computing,SEMCCO.2011.

[152]BURNER J A.Sports injuries information for teens:health tips about sports injuries and injury prevention[J].School library journal,2004(7).

[153]ABERNETHY L,MACAULEY.Impact of school sports injury[J].British journal of schools medicine,2003(4).

[154]POWELL J W.Injury Patterns in selected high school sports:a review of the 1995-1997 seasons[J].Journal of athletic training.1999(3).

[155]MACAULEYS A L.Impact of school sports injury[J].British journal of sports medicine,2003(4).

三、学位论文类

[1]郑金虎.司法过程中的利益衡量研究[D].济南:山东大学,2010.

[2]李红梅.学生伤害事故中校方责任承担问题研究[D].合肥:安徽大学,2011.

[3]杨艳.侵权法上自甘风险规则研究[D].长春:吉林大学,2016.

[4]李龙刚.我国公立中小学学校事故的国家赔偿责任研究[D].长沙:湖南师范大学,2009.

[5]杨定玉.中小学强制责任险制度研究[D].武汉:华中师范大学,2014.

[6]张赫.我国未成年学生学校体育伤害事故的法律责任认定研究[D].北京:北京体育大学,2013.

[7]柴英红.未成年学生伤害事故中学校民事责任研究[D].重庆:西南大学,2011.

[8]石连海.义务教育阶段公立学校侵权赔偿研究[D].重庆:西南大学,2008.

[9]杨柳欣.中、美、日体育保险发展现状的比较研究[D].北京:北京体育大学,2014.

[10]左爱爱.学校体育伤害事故之公平责任原则研究[D].南京:南京师范大学,

2013.

[11]王磊.学校体育伤害事件责任认定研究[D].北京:中国政法大学,2011.

[12]刘文平.受教育权实现的国家义务——以社会权的双重性为视角[D].厦门:厦门大学,2009.

[13]王秀云.义务教育适龄儿童受教育权国家保障的合法性研究[D].南京:南京师范大学,2005.

[14]乔京帅.义务教育视角下学校体育伤害事故国家责任研究[D].南京:南京师范大学,2017.

[15]宁雷.论学生体育权利[D].北京:北京体育大学,2013.

[16]王洁.学生体育权利研究——学校体育伤害事故为视角[D].南京:南京师范大学,2007.

[17]吴红枝.浅析学校伤害事故的认定和处理[D].武汉:华中师范大学,2006.

[18]常爱芳.学生伤害事故存在的问题及对策[D].济南:山东大学,2008.

[19]陈慧君.中小学生伤害事故归责原则及预防对策研究[D].金华:浙江师范大学,2006.

[20]段荣芳.体育运动伤害侵权责任研究[D].济南:山东大学,2011.

[21]周兰领.论政府与公立学校的行政法律关系[D].北京:中国政法大学,2007.

[22]孟艳.竞技体育中运动员侵权责任研究[D].北京:首都经济贸易大学,2014.

[23]连小刚.我国学校体育保险模式研究[D].太原:山西大学.2021.

[24]李登贵.日本学校事故及其赔偿责任研究[D].北京:北京师范大学,2006.

[25]王岩.我国学校体育伤害事故致因模型及其预防[D].北京:北京体育大学,2011.

[26]蒋怀兴.日本学校体育保险制度研究及其对我国的借鉴意义[D].上海:上海师范大学,2019.

后 记

自高中开始,我就对体育产生了兴趣,但我不是体育健儿,而是体育迷。体育运动中追求的速度、对抗、极限等,总是那么令人赏心悦目、令我着迷。我与体育法的结缘始于2015年在清华大学召开的中国体育法学研究会理事会会议暨2015年学术年会。那一年,我向大会提交了一篇体育法论文并获得机会在大会上作了报告,自此我萌生了对体育法的研究兴趣。2019年3月4日,在华南师范大学召开的国家社科基金重大项目"《中华人民共和国体育法》修改重大问题的法理学研究"开题论证会上(该项目由华南师范大学体育学院周爱光院长担任首席专家),我有幸参与其中"学校体育"部分的开题论证,从这里,我开始对学校体育法投入关注,并于2020年获得国家社科基金后期资助项目立项。于我而言,获得国家社科基金项目的立项并不容易,因此我十分珍惜这份机会,暗许要交出一份有质量的成果。学界有很多高产量的"大牛",我很是佩服,但我是万万做不到的,唯有慢工出细活。我不期望自己的作品能有多大的影响力,唯有对得起自己的初心。所以,在疫情的这几年里,我的课余时间基本上交给了对作品的修改。

体育与法的结合,于我而言是愉悦的,因为能把自己的爱好与工作实现有机结合是再好不过的事了。自加入体育法研究的大家庭以来,通过各种体育法会议和微信群的交往,我能够及时获得各种体育法信息,这对于我的项目修改多有帮助。同时,我也结识了于善旭、田思源、刘岩、周爱光、韩新君、韩勇、姜世波、赵毅、石岩、陆作生、罗嘉司、陈华荣、徐士韦、宋亨国、李倩、李先燕、姜熙等和实务界、律师界中的同道学人,我与他们因体育法而结缘。我真诚地希望借助体育法平台结识更多的体育法人。

本书的出版,获得了国家社科基金和厦门大学出版社的支持,同时得到了岭南师范学院法政学院、科研处领导和老师的关心和支持,感谢关心和支持本书出版的领导和老师。

由于学术水平有限,书中难免有错漏之处,恳请各位学者和同人批评指正!

韦志明

2024年8月12日